Mes démons

Edgar Morin

Mes démons

Stock

Un ordre d'idées
Collection dirigée
par Nicole Lapierre

ISBN 978-2-234-06180-4

L'appel des démons

J'avais, depuis mon adolescence, l'expérience gênante de ces rencontres où mes interlocuteurs, pensant tout naturellement que je partage leurs idées et leurs sentiments, m'annexent sans hésitation dans leur connivence. Mais ce n'est qu'en 1974 que, de cette gêne, est né le projet d'un livre dont le titre m'est immédiatement venu en tête : *Je ne suis pas des vôtres.*

J'éprouvais alors le besoin non seulement de secouer les étiquettes que l'on mettait sur ma personne, mais de me mettre à distance d'une nomenklatura intellectuelle ou universitaire dans laquelle on me croyait intégré. À cette époque, j'avais cessé d'être perçu principalement comme un marginal ou un déviant, au point d'avoir, pour certains, revêtu l'apparence d'un notable. En réalité, je me sentais toujours en opposition aux idées et aux mœurs dominantes des catégories où l'on m'enfermait (« sociologue », « professeur », « intellectuel », « intellectuel de gauche »). Aussi, dans ce projet initial, voulais-je avant tout affirmer une fidélité à moi-même et à mes idées.

En me décidant à entreprendre ce livre, vingt ans plus tard, j'ai découvert que mon propos défensifoffensif d'origine avait dérivé et évolué en un propos compréhensif et explicatif. Ma proclamation de départ – *Je ne suis pas des vôtres* – s'est réduit à un seul chapitre, puis a finalement disparu. Je ne voulais plus me définir par opposition à autrui, je voulais me reconnaître dans mes idées-force. J'ai progressivement ressenti le besoin de savoir comment et pourquoi je crois ce que je crois, comment et pourquoi je pense comme je pense et, au bout du compte, réexaminer ce que je pense à la racine même.

Ce livre s'est donc retourné en entreprise d'introspection-rétrospection à la découverte de mes démons.

J'avais été frappé par un travail de Holton[1], qui a désigné sous le nom de *thémata* les idées obsessionnelles animant la recherche et la pensée des scientifiques. Tout être humain a ses *thémata*. D'où viennent-ils ? Pourquoi sont-ils si puissants en nous ? Que font-ils de nous et que faisons-nous d'eux ? Peuvent-ils être modifiés, voire transformés par l'expérience de la vie ? J'ai donc voulu reconnaître les grands *thémata* qui ont occupé et animé mon esprit, et m'ont singularisé sans que j'aie cherché à me singulariser. Ainsi un certain nombre de thèmes ont surgi, réclamant chacun un chapitre. Chaque fois, j'ai voulu remonter à leur origine, voir comment ils se sont formés, m'ont formé, se sont transformés et m'ont transformé. Chaque fois, comme dans une pièce musicale, les autres thèmes sont venus interférer avec le thème du chapitre. Chaque fois, il s'est produit une boucle où la fin revient sur le commencement.

Mais, à la réflexion, le mot *thémata* m'a semblé

1. Gerald Holton, *L'Invention scientifique. Thémata et interprétation*, Paris, PUF, 1982.

insuffisant: c'est à des forces puissantes que nous obéissons sans le savoir, des démons qui, comme le *daimôn* de Socrate, sont des entités spirituelles à la fois intérieures et supérieures à nous. Dans *Le Banquet* de Platon, Éros est un *daimôn*, être intermédiaire entre le monde de l'être et le monde du devenir. Pour Jung, il y a une dialectique permanente du moi avec l'ombre, cette couche mouvante de l'âme où s'agitent les démons, qui nous possèdent tant que nous n'avons pas compris que ce sont nos sources vives. À la fin de ce livre, j'essaie de reconnaître à quelles erreurs mes démons m'ont conduit et à quelles vérités je demeure fidèle. Devenant enfin capable de dialoguer avec eux, je les assume désormais de façon consciente.

Ce livre comporte nécessairement des éléments d'autobiographie. Ma vie intellectuelle est inséparable de ma vie, ainsi que je l'ai écrit dans *La Méthode*: *Je n'écris pas d'une tour qui me soustrait à la vie, mais au creux d'un tourbillon qui m'implique dans ma vie et dans la vie*[1]. Nietzsche disait: «J'ai toujours mis dans mes écrits toute ma vie et toute ma personne... J'ignore ce que peuvent être des problèmes purement intellectuels.» Je ne suis pas de ceux qui ont une carrière, mais de ceux qui ont une vie. Toutefois, je n'ai pas voulu tout dire de ma vie, et je n'ai pas voulu dévoiler le plus intime de moi-même. Il y a certes dans ce livre d'incessantes évocations de vie, d'incessantes interférences de l'âme et de la chair. Mais, inévitablement, il y manquera beaucoup d'âme, et beaucoup de chair. Les amis dont je parle y paraîtront par conséquent comme des satellites ou des fantômes. J'ai contourné

1. Cf. *La Méthode*, tome 2, *La Vie de la vie*, Paris, Seuil, 1980, et «Points Essais», 1985.

les amours alors que je n'ai pu vivre sans amour : je dirais même que, sans haute combustion amoureuse, je n'aurais jamais eu le courage d'entreprendre *La Méthode.*

Aussi les amis sembleront des comparses, les amours entreront dans l'invisible, alors que l'amour et l'amitié sont le plus important de ma vie. Ce qui m'est le plus cher va perdre sa chair et même, pour l'essentiel, s'évanouir. Je veux seulement dire ici, pour moi-même, que les innommées me sont présentes, les vivantes qui ont été providence, les mortes qui avaient trop de sensibilité pour vivre.

Et de moi-même, il n'apparaît que la part émergée. Je ne révèle pas comment je suis un dingue, comme tout un chacun de l'espèce *homo sapiens demens.* Je ne livre pas mes zones d'ombre. Même si je voulais me connaître totalement, je sais, en vertu du principe de Tarsky selon lequel aucun système ne peut donner de lui-même une explication exhaustive, qu'il y a une part d'inexplicable de moi-même à moi-même.

En 1958, au terme d'*Autocritique,* je me posais la question : *Ai-je été sincère ?,* et je comprenais que la réponse à cette question était indécidable : *La sincérité n'est pas une pure flamme qui jaillit de l'esprit ; la volonté d'être sincère, quand il s'agit d'être sincère sur soi, se perd toujours dans les labyrinthes et les doubles fonds intérieurs… La sincérité ne peut être pure qu'à un moment particulier de combustion entre les gaz qui la nourrissent et la fumée qui s'en dégage.*

Aujourd'hui, avant de commencer, je me demande : « Serai-je véridique ? » Je sais que toute connaissance d'une société, d'une histoire, d'une vie, y compris de la sienne, est à la fois une traduction et une reconstruction mentales, et c'est ce problème clé que j'ai affronté dans *La Connaissance de la connaissance.* Je sais que la perception d'un événement peut comporter sélection de ce qui semble principal, occultation ou oubli de ce qui gêne, et je sais que le souvenir peut altérer gravement ce qu'il remémore. Je sais que les idées qui nous sont nécessaires pour connaître le monde sont en même temps ce qui nous camoufle le monde ou le défigure. Je sais que le regard du présent rétroagit toujours sur le passé historique ou biographique qu'il examine. Je sais que nul n'est à l'abri du mensonge à soi-même.

Que d'exemples passés et présents nous montrent que la recherche du moi perdu produit souvent une statue avantageuse. Ah ! la statue ! On la chasse et elle revient, non plus pompeuse, mais sous une pose modeste ennoblie d'autocritique. Elle revient toujours camouflée. Il faut déstatufier, mais la déstatufication est elle-même une belle pose sculpturale. Attention donc à l'auto-statufication dans l'anti-statufication. Je sais que je m'expose au danger de l'auto-statufication, y compris dans l'anti-statufication.

Je sais aussi qu'il est très difficile d'éviter l'égocentrisme intellectuel qui consiste à considérer et juger toutes choses en se mettant naturellement au centre du monde. J'avais écrit, au début d'*Autocritique* : *Quiconque écrit se croit soleil. Il juge en Amon-Ra les vivants et les morts. Pourrais-je, moi, briser le cercle de Ptolémée que chacun constitue autour de son esprit ? Non sans doute, et sur ce point le lecteur malveillant aura les lucidités qui me manquent. Mais du moins faut-il que je tente l'effort de me dédoubler en observateur-observé.* Cet impératif d'auto-observation s'est poursuivi dans *Le Vif du sujet,* où j'ai voulu observer ma vie subjective, et considérer l'état de mes propres idées. Il s'est prolongé dans mes investigations sociologiques, puis il est devenu un principe épistémologique premier : l'observateur/concepteur doit s'inclure dans l'observation et la conception. La connaissance nécessite l'auto-connaissance.

En dépit pourtant de ma pratique introspective, je suis le plus souvent à côté de moi-même, et à certains moments, justement parce que je m'observe, je ne sais plus ce que j'éprouve vraiment, vérifiant ainsi un principe d'incertitude psychologique : on ne peut à la fois pleinement s'observer et pleinement vivre. Parfois, je ressens la présence toute proche de mon double étranger à moi-même et qui pourtant est moi-même. Parfois, au contraire, étranger à moi-même, je m'observe à partir de mon double. Enfin, je reconnais, au fond de moi, un gouffre insondable qui, tout en m'étant propre, est celui de chacun et de tous.

Je ne peux donc donner aucune garantie. Je peux seulement plaider que la préoccupation principale de mon œuvre passée, d'*Autocritique* à *La Méthode*, est le problème de l'illusion et de l'erreur, à commencer par l'illusion et l'erreur sur soi-même.

1

Un omnivore culturel

Que m'a appris ma famille ? Elle m'a appris la Méditerranée, le goût pour l'huile d'olive, l'aubergine, le riz-haricots blancs, les boulettes d'agneau aromatisées, les rougets, les feuilletés au fromage ou à l'épinard. Toutes ces substances et ingrédients incorporés par mes ancêtres en Espagne, en Toscane, à Salonique sont devenus mes nourritures matricielles à Paris, où je suis né et ai grandi.

Néanmoins, mon père ne m'a pas enseigné une tradition et un savoir, des normes et des croyances. Il ne m'a apporté aucune vérité religieuse, aucun principe politique. Il possédait pourtant et était possédé par la religion de la famille, qui comportait le culte des parents et l'éthique spontanée de la solidarité familiale. Je n'ai pas hérité de cette culture très ancienne et profonde. D'abord parce que je fus enfant unique au sein d'une génération qui a vu s'opérer la désintégration de la grande famille ; mais surtout parce que après la mort de ma mère, à partir de mes dix ans, je me suis retranché, séparé psychiquement de mes parents.

Mon père m'a seulement transmis une culture de chansons, de caf'conc', d'opérettes. Il chantait et sifflait matin et soir, partout, et même à table quand il se sentait rassasié. Et moi, j'étais charmé par « La petite Tonkinoise », par « Cousine », et toutes les chansons 1900 de son répertoire. Ma mère aimait les airs d'opéra italiens, et donna ce goût à mon père qui chantait verre à la main « Biviamo » de *La Traviata* ou « Questa quella » de *Rigoletto*. Ils avaient aussi un goût commun pour les chansons espagnoles de Raquel Meller, *La Paloma*, *Valencia*, et enfin *El Reliquario*.

Mais ce que j'ai appris, non de ma famille, mais dans ma famille, fut le plus important de tout : j'ai appris à l'âge de neuf ans ce qu'est la mort.

La mort avait frappé ma mère dans un wagon de chemin de fer de banlieue, et on me l'avait dissimulé, en me racontant qu'elle était partie faire une cure à Vittel. Mon oncle Jo m'avait emmené chez ma tante Corinne, mon père était censé accompagner ma mère à Vittel. Je ne me faisais pas de souci.

La mort, je l'ai détectée le surlendemain, le 28 juin 1931, à deux souliers noirs, surmontés d'un pantalon noir et d'une veste noire, elle-même surmontée du visage de mon père, que je voyais d'en dessous, assis sur la pelouse du square Martin-Nadaud, qui jouxte le cimetière du Père-Lachaise, et qui était le jardin le plus proche de la demeure de ma tante, rue Sorbier.

Un Hiroshima intérieur m'envahit. La mort s'est aussitôt installée en mon être comme douleur, horreur et secret. Mais j'ai caché ce que j'avais compris, j'ai caché ce que je ressentais, et j'ai continué de le cacher à mon père, à ma tante, à tous les membres de ma famille.

Après la mort de ma mère, je mettais sans cesse le disque d'*El Reliquario* sur son petit phono Peter Pan, dont le ressort se cassa rapidement, et je faisais inlassablement tourner ce disque de mon doigt. Je ne comprenais pas ces paroles d'amour et de mort, mais c'est l'infini amour et l'irrémédiable mort que je ressentais dans *El Reliquario.*

Je ne cesse de le ressentir. Au colloque de Cerisy qui me fut consacré en juin 1986, Ana Sanchez me fit prendre connaissance des paroles, que je trouvai sublimes, et elle me les écrivit. Une femme se rend aux arènes un jour de la San Eugenio, elle rencontre un torero qui, descendant de sa calèche, la salue et lui dit, en jetant sa cape à terre pour qu'elle la marque de son pied – c'est alors le refrain :

Pisa morena pisa con garbo
Que un reliquario un reliquario me voy hacer
Con el trocito de mi capote
Que haya pisado tan lindo pie[1].

Plus tard, un lundi d'avril, la femme alla le voir toréer. Dès qu'elle l'a regardé, elle a cru « mourir de sentiment » (*de sentimiento créi morir*). Soudain, il tombe dans l'arène, blessé à mort, il la regarde, sort de sa poitrine le reliquaire qu'elle reconnaît aussitôt et, dans son délire, il lui chante à nouveau *Pisa morena,* etc.

Nous chantâmes et rechantâmes ensemble *El Reliquario,* et moi toujours dans les larmes. Il y a deux ans, et l'année dernière encore, pour le dîner de Noël chez mes chers Pépin et Cécile, celle-ci mit *El Reliquario* et, à soixante-cinq ans de distance, sans sanglots, les pleurs me sont revenus dans un étrange enchantement.

1. Pose le pied, Brune, pose le pied avec grâce/ Tu vas me faire un reliquaire/ Avec le bord de ma cape/ Qui a été marquée par un si beau pied.

Ainsi suis-je parti dans la vie sans Culture ni Vérité, avec seulement l'absence de la morte et la présence de la mort.

Que m'a appris l'école ?

L'école m'a appris la France.

Mes parents n'avaient pas quitté une patrie. Ils avaient quitté une cité, Salonique, qui avait forgé sa civilisation originale au sein d'un Empire, l'ottoman. D'origine livournaise, ma famille avait reçu la nationalité italienne au siècle dernier, et mes parents étaient en cours de francisation à ma naissance.

Moi, je suis devenu enfant de la patrie à l'école, où j'ai absorbé et intégré l'histoire de France. J'ai gémi sur la mort de la Gaule à Alésia, j'ai exulté à Bouvines, j'ai sanctifié la résurrection de la France avec Jeanne d'Arc, j'ai sauvé la République à Valmy, suivi Bonaparte en Italie, j'ai pâti à Sainte-Hélène avec le proscrit, j'ai pleuré sur Waterloo et sur *La Dernière Classe* d'Alphonse Daudet, j'ai pris ma revanche par deux fois sur la Marne. Ainsi je me suis incorporé la substance française et je me suis incorporé à elle.

Qu'ai-je appris par moi-même ?

Le reste...

La culture de la rue de Ménilmontant

Ma première culture s'est formée et nourrie rue de Ménilmontant, à Paris.

Dès mon installation à Ménilmontant[1], j'étais

1. J'ai vécu de dix à quinze ans rue Sorbier, puis, après un intérim d'un à deux ans, de dix-sept à dix-neuf ans rue des Platières, toujours à Ménilmontant.

devenu « addict » de cinéma. Le cinéma était la grotte des Mystères initiatiques pour ma génération. En nous mettant dans un état semi-hypnotique, il nous initiait à une vie supérieure, magique, sublime. Il nous projetait dans l'Antiquité, les Croisades, les guerres du passé, les bas-fonds criminels, les Afriques des explorations au son du tam-tam, les Asies des salles de jeu et des amoks, les tragédies du couple, de l'adultère, de l'amour. Bien que fantomatiques, les images de l'écran faisaient vivre des êtres hyperréels.

Le jeudi et le dimanche, je fréquentais avec mon cousin Fredy les trois cinémas – le Menil Palace, le Phénix, le XXe Siècle –, avec une prédilection pour le Phénix qui passait des films d'aventures ou des policiers américains. L'ouvreuse du Phénix, surnommée la « femme-torpille », veillait à ce que les enfants restent dans les travées de côté à prix réduit. Mais, dès les lumières éteintes, nous nous ruions vers les places du milieu, le plus à l'avant possible, sous les cris de la femme-torpille. Il y avait deux films par séance. J'étais avide de tout, westerns, drames d'après les pièces d'Henri Bernstein, mélos, opérettes filmées allemandes ; j'étais envoûté par les ports dans la brume, les légionnaires dans le désert, la cour de Russie avec Raspoutines barbus, les chevauchées dans l'Ouest avec attaque de diligence.

J'étais fasciné par les regards fascinés, les regards fascinants, les gros plans de visages. Vers mes douze ans, je reçus une double marque fatale. L'une vint de la Germanique Brigitte Helm, souveraine dans *L'Atlantide* où elle régnait en Antinéa, faisant de moi un autre Saint-Avit prêt à tuer son meilleur ami Morhange ; l'autre vint de la Méditerranéenne Gina Manès dans *La Voie sans disque*, dont le regard massacrant me mettait à sa merci.

Dans la plupart des films, les héros s'arrêtaient de parler, une musique arrivait du ciel, et ils se mettaient à chanter. Ainsi, j'ai aimé et ne cesse d'aimer la chanson de *Sous les toits de Paris*, la romance du *Quatorze Juillet*, et le chant d'*Un soir de rafle* où Albert Préjean, marin en bordée dans je ne sais plus quel port, rencontre la femme de sa vie, puis se met à chanter :

Si l'on ne s'était pas connus
Jamais nos cœurs, jamais nos lèvres
Non jamais n'auraient rien su
Du souvenir de nos heures de fièvre
Je n'aurais pas quand je te vois
Ce petit tremblement d'émoi
Tu n'aurais pas lorsque je pars
Besoin de revoir mon regard
L'amour ne serait pas venu
Si l'on ne s'était pas connus...

J'étais évidemment de ceux qui étaient passionnés par les courses cyclistes, notamment le Tour de France dont j'allais lire les résultats d'étape affichés sur l'immeuble du journal sportif *L'Auto*, rue Réaumur. J'étais surtout devenu un fervent des exploits aériens. Après la première traversée Paris-New York de Costes et Bellonte en 1930, puis la première liaison aérienne France-Amérique du Sud par Mermoz, je suivais la destinée de l'Aérospatiale, avec l'avion *Croix-du-Sud*, et je pleurai la disparition de Mermoz dans l'Atlantique Sud en 1936. J'aimais tellement l'aviation que je lisais régulièrement et intégralement l'hebdomadaire de couleur bleu ciel *Les Ailes*, et j'étais devenu connaisseur des différents prototypes de guerre, de tourisme et de transport.

J'étais un omnivore dans l'univers qu'on appellerait aujourd'hui médiatique. Mais, avec le cinéma, c'était le roman qui nourrissait ma substance la plus intime. Mon amour de la lecture m'était venu dès les petites classes où j'avais dévoré la comtesse de Ségur, la collection Nelson, les romans dont les héros sont des animaux, comme *Michaël chien de cirque* ou *Croc-Blanc*. Ma passion de lecture s'exacerba après la mort de ma mère et je plongeai dans l'immense univers romanesque. Je lisais des romans quasi sans interruption, chez moi à table pendant les repas, au lit, dans le métro, dans la rue, mais aussi à l'école, pendant les classes, les protégeant par un plumier ou les cachant sur mes genoux, en classes de quatrième, troisième et seconde. J'ai ainsi appris la littérature au lycée, mais beaucoup plus des livres que je lisais en cachette que de la parole des professeurs.

En remontant la rue de Ménilmontant après la classe, je m'arrêtais devant le petit chariot d'un bouquiniste. Nous l'appelions, mon cousin Fredy et moi, « Albert Ier » parce qu'il ressemblait vaguement avec sa petite moustache au roi des Belges. Il avait un mégot perpétuellement pendant sur la lèvre inférieure. Je lui achetais et échangeais des romans d'occasion, d'abord romans d'aventures de Gustave Aimard et romans de cape et d'épée de Michel Zévaco et Paul Féval père et fils. Les romans d'aventures de Gustave Aimard m'ont mis du côté des Indiens, les romans canins de Jack London m'ont fait comprendre l'amour et la souffrance animales, puis les romans d'Alphonse Daudet et de Dickens m'ont donné comme frères leurs enfants malheureux.

Ainsi a commencé mon cheminement autodidacte à partir du roman populaire, du film, de la chansonnette, à partir de la culture de la rue de Ménilmontant. Je dis autodidacte parce qu'il ne connaît pas de hiérarchie et de cloisonnement *a priori*, et qu'il opère sa sélection en fonction de besoins aussi profonds qu'inconscients. C'est dans ce cheminement sans chemin que je vais accéder par mes propres moyens à la culture des cultivés. Mais je ne reléguerai pas la culture de la rue de Ménilmontant dans mon musée personnel de l'enfance. Elle me charme toujours. C'est pourquoi je n'ai pas le mépris culturel des intellectuels issus des bonnes classes de la société et qui ne se sont jamais promenés sur les grands boulevards populaires ; je continue à trouver de l'attrait à des chansonnettes, à des romans non reconnus comme littéraires, à des films qui ne sont pas de cinémathèque et, aujourd'hui, à des séries télévisées. Quand j'ai déclaré, vers 1960, que j'aimais le western, devant un aréopage d'intellectuels de gauche, à Florence, Lucien Goldmann, indigné, bondit à la tribune pour expliquer que le western était la pire des mystifications capitalistes destinée à endormir la conscience révolutionnaire de la classe ouvrière, suscitant par ces lucides paroles un tonnerre d'applaudissements.

C'est fort de mes racines dans la culture de la rue de Ménilmontant que j'ai pu, avec une connaissance à la fois de l'intérieur et de l'extérieur, faire *L'Esprit du temps* et *Les Stars*. Si je n'avais pas participé de l'intérieur aux deux cultures, je n'aurais pu faire mes études sur la culture adolescente ni le *Journal de Californie*. C'est à partir de mon expérience que je me suis émerveillé que Chaplin ou Piaf puissent être aimés par des personnes de toutes classes sociales et de toutes nations, chose inconcevable pour le sociologue qui veut démontrer que les goûts musicaux littéraires, etc., relèvent exclusivement des catégories sociales, classes et habitus.

Comme je ne dispose pas au préalable d'une culture-vérité, je pars avec une ardeur insatiable, à travers la littérature, dans une vie imaginaire où je trouverai les vérités de ma vie concrète.

Après les romans à usage de la jeunesse, puis d'aventures historiques ou exotiques, je vais, à partir de treize ou quatorze ans, à l'âge adolescent où les lectures peuvent marquer en profondeur l'être tout entier, découvrir les livres qui vont compter dans ma vie. Un livre qui compte nous dévoile une vérité ignorée, cachée, profonde, informe, que nous portions en nous, et il nous procure un double ravissement, celui de la découverte de notre propre vérité dans la découverte d'une vérité extérieure à nous, la découverte de nous-même dans des personnages extérieurs à nous.

Je dis dans *Autocritique* : *Jusqu'à un certain âge, la littérature nous prépare à la vie. Elle canalise la circulation entre le réel et l'imaginaire. Elle allaite nos tropismes affectifs. Au sortir de l'enfance elle nous doue d'une âme… Elle propose des patrons-modèles sur lesquelles s'habilleront nos tendances individuelles, et cet habillage, qu'il soit du sur-mesure ou de la confection, donnera forme à notre personnalité. Elle nous offre des antennes pour entrer dans le monde. Je ne veux pas dire qu'elle nous adapte à ce monde : au contraire, ses ferments de refus et d'inadaptation, son caractère profondément adolescent contredisent ce monde. Mais ils le contredisent en nous y faisant accéder.*

Par le roman et le livre, je suis arrivé au monde.

Je tâte les livres d'Albert Ier et trouve des Balzac, des Zola qui me happent dans leur univers ; il me conseille les romans à succès du début du siècle, les

Paul Bourget, les Henry Bordeaux. « Ça, c'est du beau », me dit-il parfois. Je feuillette *Les Demi-Vierges* de Marcel Prévost – « Ça c'est du beau-léger ! » Et, par hasard, par chance, je vais trouver les livres qui me parlent, me bouleversent, me changent et me forment.

C'est vers quatorze, quinze ans que je rencontre presque en même temps *Jean-Christophe* de Romain Rolland et les romans d'Anatole France, que je vais tous lire à la suite. Le premier est romantique, lyrique, enflammé par l'amour de l'humanité. Le second est sceptique, critique, souriant, détaché. L'un et l'autre me dévoilent, me révèlent, expriment deux sentiments antagonistes très forts en moi, parce qu'ils me viennent du même événement fondamental : la mort de ma mère. D'un côté, je suis désabusé à jamais, j'ai perdu l'absolu, je suis conduit à douter de tout, et cela d'autant plus que j'ai subi très faiblement ce que j'ai appelé l'*imprinting* culturel, c'est-à-dire l'empreinte indélébile, sans retour, que l'on reçoit des parents, de l'école, de la société, dans l'enfance et l'adolescence[1]. D'un autre côté, j'éprouve l'aspiration infinie à retrouver l'intégration dans une substance maternelle ; elle me poussera non seulement vers tout ce qu'exprime le romantisme, mais aussi vers la recherche de la foi, de l'effusion, de la communion. En même temps, *Jean-Christophe* me révélait la voie pour me libérer de la culpabilité que je ressentais si fortement depuis la mort de ma mère : la maxime beethovénienne *Durch Leiden Freude*, la joie par la souffrance, fut un maître mot qui (je cite *Autocritique*), *rassemblant tout un puzzle de sentiments aveugles, leur donna forme, signification et leur ouvrit la promesse du*

1. Cf. *La Méthode*, tome 1, *Les Idées*, Paris, Seuil, 1991, p. 25-28.

salut, celle même de la logique magique qui exige les plus grands sacrifices pour réaliser les plus grands souhaits.

Ainsi, à partir de la perte de la mère, j'ai cherché à retrouver ailleurs, autrement, la communion et la consolation, mais j'ai, en même temps, toujours gardé le sentiment de l'irréparable, de la perte et du désastre. Le doute est demeuré incrusté au fond de moi-même, à la fois du fait de l'expérience de la mort et du non-retour de la mère, et du fait du faible *imprinting* culturel en mon esprit, d'où l'impossibilité, en dépit de mes efforts, de croire en une religion du salut, jusqu'à ce que, provisoirement, dans les conditions inouïes de la guerre, je puisse croire, pendant un temps finalement très court, à la religion communiste du salut terrestre.

Presque aussitôt après *Jean-Christophe*, je lus *Jean Barois* de Roger Martin du Gard, qui me ramena au scepticisme et à la contradiction : « Lorsqu'on est décidé à prendre au sérieux la vérité et à suivre notre conscience, il est bien difficile d'être de son parti sans être un peu de l'autre. » Puis vinrent les Russes. J'ai d'abord été illuminé par *Résurrection* de Tolstoï. Mais celui qui, pour moi, reste le plus révélateur, le plus présent, le plus intime, est Dostoïevski. Nul n'a porté autant à la fois le sens de la souffrance, de la tragédie, de la dérision, du délire proprement humain. Je l'ai découvert dans *Crime et Châtiment*, et cette lecture fulgurante a marqué mes idées les plus profondes[1]. Dimitri, Ivan, Aliocha Karamazov, Muichkine, Stavroguine et les héros des *Possédés* ne m'ont jamais quitté.

Sans doute, *Les Frères Karamazov* sont des héros qui réalisent des virtualités contradictoires de tout être, dont moi. Mais ce que je trouvais surtout, dans les

1. Cf. *infra*, chapitre 3, « Auto-éthique », p. 84.

œuvres de l'écrivain, plus aiguë, plus intense, plus douloureuse et violente que partout ailleurs, y compris les autres Russes, c'est la pitié infinie et hagarde pour la souffrance, le tourment des âmes déchirées, les instabilités profondes de l'identité, les moments de vérité de l'amour, l'insondable mystère des êtres et de la vie. Pour moi, il n'y avait pas deux Dostoïevski successifs, l'ancien révolutionnaire devenu traditionaliste, l'ex-occidentaliste devenu slavophile, il y avait le Dostoïevski un et double, maintenant en lui, dans un combat furieux, désespéré au sein de sa foi, la révolte, le doute, le nihilisme. Le combat en moi n'a jamais cessé entre foi et doute, espérance et désespérance.

Pendant mon adolescence, j'ai subi les alternances entre les vérités du cœur qui répondent à toutes mes insatisfactions en m'annonçant amour, rédemption, salut, et les vérités de la raison qui satisfont mon scepticisme et mon sens de la relativité. De même, les Lumières et le Romantisme répondent aux deux besoins de mon être. Je passe de l'une à l'autre polarité selon la dernière influence majeure, mais, ce faisant, je ne cesse – et ne cesserai – de nourrir l'une et l'autre.

Plus tard, dans l'adolescence, vinrent d'autres romans, d'autres livres, qui me nourriront, m'éclaireront, me révèleront, me réveilleront. Ainsi le Malraux de *La Condition humaine* et de *L'Espoir* contribuera à mon engagement dans la résistance communiste, Proust me révélera les complexités de chaque être et les miennes propres, Céline me fera plonger dans l'horrible épopée du siècle. Mon goût pour la littérature n'a pas cessé, bien que ma connaissance des romans soit de plus en plus lacunaire ; mon sentiment de la valeur et de l'importance de la littérature s'est même accru en moi, après la reconnaissance des limites des sciences humaines, psychologie et sociologie notamment. Je sens de plus en plus que seul un grand roman réussit à exprimer les multiples dimensions de l'expérience humaine, les vies subjectives intérieures, les comportements dans une société, une histoire, un monde, tout en posant, soit par la bouche des personnages, soit sous la plume de l'auteur, soit même implicitement, les problèmes de la destinée humaine. Il se dégage d'un grand roman une poésie visionnaire, qui se surimpressionne dans la vision réaliste même, et, comme dit justement Kundera, une méditation sur l'existence. C'est toute cette richesse inouïe du roman que j'ai trouvée bien plus tard dans *Migrations* de Tsernianski, *La Chronique de Travnik* d'Andrić, *Le Pavillon des cancéreux* de Soljenitsyne, *Vie et Destin* de Grossman, qui, entre autres, ont contribué non seulement à m'informer sur les tragédies historiques des Balkans et sur la tragédie historique de l'URSS, mais à réformer et re-former mon esprit.

À partir de la classe de philo, je me mets à lire des essais, retrouvant mes deux polarités antagonistes dans mon amour pour Montaigne et mon amour pour Rousseau. Je suis enthousiasmé par les livres des « moralistes », La Rochefoucauld, La Bruyère, Voltaire, Diderot, qui traitent de la nature humaine. Bien que passionné par les idées, je ne suis pas attiré par la philosophie. Cela tient peut-être au discours ennuyeux du professeur de notre classe, alors que Ferdinand Alquié, dans la classe voisine, suscitait des éveils philosophiques. L'année suivante, l'influence du marxisme contribue à me détourner de la philosophie. Celle-ci à mes yeux se meut de façon arbitraire dans la sphère des idées sans se soucier de les vérifier dans le monde réel. Peut-être ma préoccupation vérificatrice vient-elle de très loin. Je me souviens qu'à l'âge de trois, quatre ans, j'ai voulu vérifier l'existence du Père Noël : je suis resté éveillé dans mon petit lit jusqu'à ce que mes parents, de retour du réveillon, viennent sur la pointe des pieds porter leurs cadeaux sous la cheminée. J'ai feint de ne pas les avoir vus, les mystifiant ainsi dans leur mystification, et j'ai continué pendant des années à feindre de croire au Père Noël, que j'avais pourtant démasqué !

Musique et cinéma : les autres révélations

En même temps qu'une culture littéraire, je me formais une culture musicale. De la chansonnette, je passai aux chants de Kurt Weile dans *L'Opéra de quat'sous* et aux premières chansons noires de Prévert-Kosma, que chantait Marianne Oswald. J'entraînai mon père à l'Européen où avait été programmé son tour de chant. Quand elle chanta *Anna la bonne* et *À la belle étoile*, sa voix rauque et violente à l'accent allemand fut recouverte par les cris et les sifflets, et elle continua, humiliée et insultée comme les personnages de ses chansons.

Je suis passé à la musique via *Sur un marché persan* et le *Ballet égyptien*, qui me semblaient sublimes. Un jour soudain, d'une radio, le premier mouvement de la *Symphonie pastorale* me mit en ravissement ; je retrouvai le même état avec le premier mouvement du concerto pour violon de Beethoven, puis en général tous les premiers mouvements des symphonies de Beethoven. Je décidai d'aller découvrir la *Neuvième* que donnait l'orchestre Lamoureux sous la direction d'Eugène Bigot, salle Gaveau. J'étais aux galeries, debout. Il y eut d'abord l'infime frémissement émanant d'un vide primordial, puis soudain un double appel de deux notes suivi de deux notes de réponse suspensive, encore une fois l'appel et la sourde réponse, puis l'appel revenant, s'enchaînant, devenant insistant, fébrile, insupportable, s'élançant dans un mouvement irrésistible jusqu'à une déchirure incroyable, l'éclatement en *big bang* avec un martèlement gigantesque, une formidable création du monde. C'était la genèse, la naissance du cosmos dans le chaos, avec tout ce que cela comporte d'énergie colossale, et qui lance ensuite l'aventure de la vie avec alternance de tendresse, douceur, violence, folie, recommencement. Pour la première et seule fois de ma vie, mes cheveux se hérissèrent sur ma tête. Dès les premières mesures, je m'étais reconnu dans l'appel, et la réponse suspensive m'indiquait que l'appel avait été entendu. Puis le crescendo démesuré m'envahit alors totalement et, faisant surgir hors du néant le terrifiant enfantement du monde, il faisait jaillir mon être des eaux stagnantes, le dotant d'un formidable vouloir, comme une réitération ardente et désormais assumée de ma naissance ; je sentis alors me traverser un élan inouï, qui me donnait courage, confiance, résolution, pour l'aventure du vivre.

Je pris l'habitude d'aller au concert, le samedi en fin de matinée à la répétition générale des concerts du Conservatoire, le dimanche après-midi en faisant une queue de deux heures pour les concerts Colonne au Châtelet, avant de faire la course jusqu'au poulailler pour y trouver un bonne place. La musique entra dans ma vie, et elle n'a cessé de me parler de ce qui m'importe le plus, et que les mots sont incapables de dire.

Au cinéma, je passe de la consommation indifférenciée au choix délibéré, je vais chercher hors du quartier les films que j'ai envie de connaître, je fréquente le Studio 28, première des salles que l'on va appeler d'art et d'essai. Mes révélations sont *L'Opéra de quat'sous, À l'ouest rien de nouveau, La Tragédie de la mine, Toni, La Belle Équipe, Marius.* Par-derrière l'aimable comédie marseillaise, je ressentis dans *Marius* une tragédie à l'antique exprimant le mythe de mon destin : Marius, orphelin de mère, quitte son père, abandonne Fanny qui l'aime et qu'il aime, parce qu'il ne peut résister à l'appel absolu de la mer, la mère, l'infini...

Il y eut surtout *Le Chemin de la vie.* Ce film soviétique passa à La Bellevilloise, une coopérative qui avait vendu des produits soviétiques à l'époque du dumping, et qui n'avait gardé que sa salle de cinéma, du reste toujours quasi vide, et où je vis aussi *Les Joyeux Garçons,* le *Concerto de Beethoven. Le Chemin de la vie* pénétra juste au-dessous de la ligne de flottaison de ma conscience et jusqu'au centre de ce qu'il faut bien appeler l'âme. Dans un camp de rééducation pour jeunes délinquants, dans les années 20, l'orphelin Kolka se lie d'amitié avec l'ex-bandit Mustapha sans savoir que celui-ci avait tué sa mère en lui volant son sac ; puis Mustapha paie de sa vie son refus de retourner dans sa bande criminelle. Les jeunes pionniers construisaient une ligne de chemin de fer. À la fin du film, les pionniers attendent au terminus l'arrivée du premier train. La locomotive arrive au loin et l'orchestre joue une musique de fête. À mesure que le train approche, on discerne sur le tablier de la locomotive un corps inerte et l'on reconnaît Mustapha. L'orchestre se tait et, dans un silence de mort, on entend seulement, de plus en plus puissant, le halètement de la locomotive entrant en gare. Je fus happé, englouti dans ce film, m'identifiant simultanément à l'un et l'autre orphelin de mon âge, et m'identifiant également à l'aventure rédemptrice collective des pionniers, à la construction de la voie de chemin de fer, me retrouvant à la fois victime et assassin repenti, perdu et sauvé, mort et vainqueur de la mort, et communiant de façon extatique dans l'arrivée de la locomotive apportant en elle mort et victoire, sacrifice et salut. Dans une intense union de douleur et de joie jamais encore ressentie, je me réconciliai avec moi-même dans une catharsis éphémère, et je reçus avec une évidence aveuglante la révélation d'un message portant en lui de façon indissoluble la constellation fraternité, repentir, sacrifice, pardon, rédemption. Et, *dans cette réconciliation déchirée, je ressentis peut-être pour la première fois la possibilité du salut dans la rédemption collective de la Révolution*[1].

Aujourd'hui, je suis frappé par la concordance de tout ce qui m'a marqué dans le roman, la chanson, la musique, le film : la souffrance, l'humiliation, la misère, la rédemption, la fraternité, représentées tantôt de façon tragique ou épique, tantôt avec une dérision amère comme dans *L'Opéra de quat'sous* ou les chansons de Prévert-Kosma.

DE LA TENSION POLITIQUE AU MARXISME

Tout en continuant à me nourrir de littérature, musique et cinéma, le besoin d'une culture en sciences sociales va me venir par le biais de la politique.

Hitler avait accédé au pouvoir en 1933. Le scandale de l'affaire Stavisky, qui, comme l'écrivit *Le Canard enchaîné*, « avait été suicidé » dans un chalet de montagne, rejaillissait sur le Parlement, et le 6 février 1934, une manifestation de Croix-de-Feu[2], place de la Concorde, se dirigea vers le Palais-Bourbon et fut

1. Cf. *Autocritique*, Paris, Seuil, 1959, et « Points Politique », 1975 ; réédition avec une nouvelle préface, Paris, Seuil, 1992.

2. Association d'anciens combattants de droite.

réprimée dans le sang. Aussitôt il y eut contre-manifestations, puis formation d'un « front commun » communiste et socialiste. La politique fit irruption dans notre classe de cinquième en février 1934. Nous avions treize ans. Il y avait des remous dans la cour de récré où les lycéens reflétaient et transmettaient les réactions de leurs parents. Certains portèrent des insignes à la boutonnière, faucille et marteau communistes, trois flèches socialistes, fleur de lys royaliste. En classe, on s'opposa sur Coriolan, Catilina, Brutus, et, à propos d'une dissertation sur Albert Chenier, un condisciple communiste écrivit que le traître avait expié tandis qu'un autre, royaliste, demanda vengeance pour le martyr.

À l'époque, je suis « sceptique », et juge ridicules ces affrontements. Mais le Front populaire en 1936, la guerre d'Espagne en 1937 me poussent à me situer et à me reconnaître politiquement. Que penser ? Que faire ? Je cherche ici encore de façon autodidacte, par repérages au hasard. J'achète des journaux très divers : *L'Éveil des peuples* de Marc Sangnier ; *L'Unique* des anarchistes individualistes, *SIA* (Solidarité internationale anarchiste), *Essais et Combats*, organe des étudiants socialistes dissidents (piverto-trotskisants), *Le Canard enchaîné*, puis *La Flèche* (de Gaston Bergery, initiateur du « front commun » de la gauche devenu leader du « frontisme ») qui réunit, de façon éclectique, des réformistes nationaux, des pacifistes intégraux et des communistes défroqués.

Je cherche et trouve mon miel dans toutes ces publications, mais j'y retrouve aussi mes contradictions. D'une part, tout ce que la littérature, le film, la chanson ont révélé conflue dans ma recherche politique : le sentiment de la misère et du malheur, l'aspiration à la rédemption et au salut, et tout cela me porte vers l'idée de Révolution. D'autre part, je me rends compte que les temps sont tragiques, que les possibilités de révolution sont limitées ou incertaines, que la révolution soviétique a pris un tour autodestructeur et que la révolution nazie a pris un tour atroce, et je cherche les formules réalistes et prudentes de réforme dans le cadre national.

Je commets mon premier acte militant en allant au siège de SIA pour contribuer à la confection des colis de solidarité aux anarchistes de Catalogne ; très intimidé, j'avais fait des colis sans oser parler aux militants, et je m'étais senti trop gêné pour revenir. Je vais à mon premier meeting près du métro aérien Jaurès, dans un hangar quai de Valmy, au bord du canal Saint-Martin. C'est une réunion trotskiste, où se produit un groupe musical conduit par un récent exclu du PC (qui allait y revenir plusieurs fois, et se faire exclure plusieurs fois), entonnant avec flamme *Front rouge*, *La Varsovienne*, *Komintern*, l'adieu au révolutionnaire mort au combat. C'étaient des hymnes de fraternité (« Tends la main à ton frère ouvrier étranger »), de martyre (« Les meilleurs des nôtres/ Sont morts dans la lutte »), de rédemption (« Un sixième du monde a été libéré »). Certains tenaient de l'hymne religieux, d'autres de la marche militaire farouche, et quelques-uns unissaient les deux, comme *La Varsovienne* et *Front rouge*. *La Varsovienne* commence en marche quasi militaire et, au refrain, devient un hymne sacré, un grandiose cantique aux prolétaires. Ses paroles font alterner les invocations mystiques, les évocations épiques et, parfois, quelques expressions stéréotypées. Encore aujourd'hui, ces chants me plongent dans un état second.

Avec la revendication de Hitler sur les Sudètes, le danger de guerre se rapproche. Tout ce que j'ai appris sur la guerre entre impérialismes de 1914 vient justifier ma peur viscérale de la guerre. Je me fixe sur le frontisme de Bergery qui prône un socialisme national et le refus de la guerre. Je vais m'inscrire aux Étudiants frontistes où je rencontre des esprits très divers, les uns qui voient dans le socialisme national une formule française et humaine du national-socialisme, d'autres qui gardent la fibre internationaliste et sont influencés par le marxisme. Là, je me lie avec Georges Delboy, dont le prof de philo est le communiste Maublanc. Delboy m'indique que le marxisme est la vraie source de la connaissance des réalités humaines, et qu'il permet de fonder sur cette connaissance l'espérance d'un monde meilleur. J'entrai ainsi dans la voie tracée par Comte, Marx, Durkheim, pour qui l'aspiration à une autre société nécessitait une science de la société.

L'APPRENTISSAGE DE LA SOCIÉTÉ ET DE L'HISTOIRE

Le marxisme est alors pour moi ouverture et non fermeture. Au lieu d'y voir une théorie réductrice qui expliquait toute l'histoire humaine par la lutte des classes et le développement des forces productives, j'y voyais la véritable science multidimensionnelle articulant les unes aux autres sciences de la nature et sciences de l'homme. Le marxisme m'incitait au savoir « total », c'est-à-dire à la connaissance du tout en tant que tout permettant d'intégrer la connaissance des diverses parties constituant ce tout. Cette vision satisfaisait naturellement mon désir de tout embrasser. Mais le marxisme était alors ignoré à l'université. Les disciplines étaient séparées. Il fallait que j'arrive de moi-même à articuler les segments disjoints des sciences humaines. C'est pour cela que, devenant étudiant, je cherchai non à m'orienter vers une carrière (je ne ressentais aucune vocation pro fessionnelle), mais à répondre à mes besoins de connaissance : ainsi je me suis inscrit en histoire et géographie, en sociologie (liée à la morale dans un même certificat de la licence de philosophie), en droit (pour l'économie qui était enseignée en faculté de droit), et à l'École des sciences politiques.

Alors que les marxismes officiels étaient exclusifs et exclueurs, mon marxisme fut et demeura intégrateur, et il ne me détourna d'aucune école de pensée (l'exemple en est mon livre *L'Homme et la Mort*, écrit en 1949-1950).

Étudiant, j'ai beaucoup lu, souvent hors programme, parfois dans le cadre du programme. Ainsi les premiers siècles du christianisme, inscrits au programme d'histoire ancienne, m'avaient captivé : pourquoi, comment une petite secte déviante juive, un outsider parmi les innombrables religions du salut existant à l'époque, avait-elle pu, après une incubation de deux siècles, et à travers des hérésies multiples, se répandre triomphalement dans l'Empire romain pour y devenir religion officielle ? Je sentais là un problème qu'aucune théorie à ma connaissance ne pouvait expliquer.

Bien qu'aucun maître ne m'ait fourni une vision du monde où je puisse inscrire mes idées et savoirs, j'ai reçu deux idées clés de Georges Lefebvre, qui enseignait l'histoire de la Révolution à la Sorbonne, et je les ai incorporées définitivement à ma façon de penser. La première venait du constat que la Révolution avait été suscitée, à l'origine, par une réaction aristocratique qui, voulant profiter de la débilité du pouvoir royal pour retrouver d'anciennes prérogatives abolies par la monarchie absolue de Louis XIV, entraîna la convocation des états généraux, lesquels déclenchèrent le processus révolutionnaire contraire. L'idée que les conséquences de l'action échappent aux intentions de ses initiateurs est dès lors devenue omniprésente dans mon esprit, et je l'ai « théorisée » sous le nom d'écologie de l'action. La deuxième idée venait du constat que l'histoire de la Révolution française avait été sans cesse modifiée en fonction des développements historiques ultérieurs, comme le révélaient les ouvrages de Guizot, Michelet, Aulard, Jaurès, Mathiez. Du coup, les historiens eux-mêmes devaient être historisés. Ainsi je découvris que toute histoire du passé subit la rétroaction des expériences du présent, qui lui donnent un éclairage ou un obscurcissement particulier. Ce qui me conduisit à penser qu'il n'y a pas d'observateur pur, donc que l'observateur/concepteur doit s'observer et se concevoir dans sa propre observation. Cette idée a été surdéterminée en moi par la leçon d'auto-examen de Montaigne, ce qui me permit d'écrire une véritable « autocritique » en 1958.

Le désastre de 1940, la gigantesque crise dans laquelle se trouvent plongée la France puis le monde, relancent ma recherche pour comprendre le sens des événements, le sens de l'histoire. Je dévore les livres à la Bibliothèque municipale de Toulouse, où je passe mes journées de juillet 1940 à juillet 1942 : sociologie, histoire, littérature contemporaine, Marx, auteurs marxistes comme Daniel Guérin ou Henri Lefebvre. Le hasard me conduit à lire des livres pour Julien Benda. Le vieil écrivain, réfugié à Carcassonne, avait mis en chantier un livre, *La France byzantine,* où il voulait démontrer textes à l'appui que la plupart des écrivains et essayistes contemporains manquaient de rigueur logique et de rationalité. Comme il ne voulait pas perdre de temps à lire ces auteurs, il me demanda de consulter les œuvres dont il me donnait les titres avec la mission d'y relever toutes les âneries possibles. Ainsi je lisais Valéry, Alain, Malraux, mais j'y trouvai bien plus d'idées intéressantes que de stupidités. Pour faire plaisir au vieil écrivain, je notai toutefois ce que j'y trouvai d'arbitraire et le lui envoyai. Cependant, dans mes lettres et nos entretiens, j'essayais d'amender son jugement et de lui faire apprécier au moins le style de ces auteurs. Il m'incitait alors à lire Hippolyte Taine, Antoine Cournot, Fustel de Coulanges, comme exemples du grand « style d'idées ». C'est ainsi que je poursuivis des lectures alternées de rationalistes et de « byzantins ». En même temps, je suis assidûment les cours privés de Jankélévitch, qui, chassé de l'université, se font au premier étage d'un café de la place du Capitole, et sa philosophie frémissante de l'existence me fait découvrir l'importance du « je ne sais quoi » et du « presque rien ».

Mais, de plus en plus, à partir de juin 1941, je lis tout ce que je puis trouver pour découvrir le secret de l'énigmatique Sphinx soviétique : horrible régression barbare ou espoir de l'humanité ? Dans cette quête, je lis Lénine, Souvarine, Trotski, Gide, Friedmann (*De la Sainte Russie à l'URSS*). Je néglige les apologies de l'URSS auxquelles je ne saurais croire. Par contre, m'influencent les témoignages critiques, mais qui créditent l'URSS d'un développement pédagogique, culturel, social, économique. Comme je l'écris dans *Autocritique, les livres mis à l'index par le parti communiste, ceux de Friedmann et de Gide, les livres hérétiques, ceux de Malraux ou de Guérin étaient ceux-là mêmes qui nous conduisaient au communisme.* Finalement, sous la pression d'un désir de communier dans la lutte cosmique et de risquer l'épreuve de vie et de mort, je décidai que, jusque dans la régression barbare où elle avait puisé son énergie, l'URSS portait en elle l'espoir de l'humanité.

Pour justifier et rationaliser pleinement cette idée, il m'avait fallu la lecture de Hegel, qui me permettait d'affronter et, pensais-je, surmonter les contradictions majeures. Mon marxisme fut animé de l'intérieur par la dialectique hégélienne. Mon acceptation du risque de mort fut philosophiquement assumée par l'idée hégélienne que la pensée doit affronter explicitement et courageusement la mort. En même temps, J.-F. Rolland me faisait découvrir Rimbaud, et la *Saison en enfer* devint l'évangile de notre vouloir vivre dans l'intensité et la plénitude. Dans notre chambre de la Maison des étudiants de Lyon, nous déclamions cette œuvre oraculaire qui, comme la pythie de Delphes selon la parole d'Héraclite, « ne dévoile pas, ne dissimule pas, mais indique ». Rimbaud nous parlait de nos ardeurs, de nos folies, de la dureté des temps, de la résolution à prendre (« Il faut être absolument moderne »), de la nécessité de dire adieu, de partir pour l'aventure.

Ces quatre années de guerre, défaite, Occupation, Résistance, si lourdes pour le monde, pour la France et pour l'adolescent qui les vivait, furent mes vraies années d'école, l'école des livres que l'on cherche pour trouver réponse aux questions vitales, l'école de la tragédie historique qui nous emporte dans son tourbillon furieux, l'école où l'on essaie de comprendre, de s'orienter, de se déterminer, de faire ce qu'on doit, l'école de la vie et de la mort.

L'apprentissage anthropologique

La tourmente historique et sociale m'avait poussé au marxisme, qui, pensais-je, devait satisfaire ma recherche d'intelligibilité du destin humain, et le marxisme m'avait poussé à l'histoire et à la sociologie. Mon passage à vide d'après la Libération suscita ma fuite en avant en Allemagne, où je rejoignis la Ière Armée.

Je continuais sur ma lancée historique-sociologique en écrivant sur place mon premier livre, *L'An zéro de l'Allemagne*. Je n'en continuais pas moins à me nourrir de littérature, d'essais, et j'eus le bonheur, à mon retour à Paris en 1946, de vivre au sein d'une petite patrie d'amitié, le « groupe de la rue Saint-Benoît », chez Marguerite Duras, auprès de Dionys Mascolo et de Robert Antelme. Je ne saurais dire ce que je dois à leur façon d'exister. J'ai acquis auprès d'eux une culture d'existence. Je dois à Robert une leçon quotidienne de bonté et d'ouverture à autrui. Je dois à Dionys une leçon quotidienne d'amour pour l'écriture, sans parler de la découverte capitale du surréalisme et de Georges Bataille. Autour du noyau Duras-Mascolo-Antelme, dont j'étais l'électron le plus proche, il s'était constitué un bouillon de culture à température d'ébullition, avec discussions interminables, violentes et fraternelles, échanges d'idées sur tous les grands problèmes et sur tous les petits riens, rencontres fabuleuses avec des êtres mythiques devenant présences amicales comme Camus, Queneau, Merleau-Ponty.

J'ai continué à pratiquer l'assimilation omnivore, aussi bien dans la culture littéraire que dans la culture des sciences sociales, et sans doute serais-je resté « honnête homme » dans ces domaines si le hasard destin n'était intervenu pour propulser l'omnivore sur les terres de l'anthropologie, non pas l'anthropologie culturelle qu'on enseigne à l'université, et qui est une discipline a-historique et a-biologique vouée aux populations archaïques, mais la science globale comprenant en elle les dimensions de l'économie, de la psychologie, de l'histoire et, particulièrement, du mythe et de la biologie.

Une amie, Olga Wormser, qui avait aimé mon *An zéro de l'Allemagne* s'était vu confier par les éditions Corrêa la direction d'une nouvelle collection, « Dans l'histoire ». Elle me demanda un livre. Pourquoi, à ce moment-là, se cristallisa en moi un projet sur la mort ? Est-ce l'ombre très forte de la mort de tant d'amis de la Résistance et, une fois la guerre terminée, le sentiment d'absurdité provoqué par ses millions de morts ? Est-ce, souterrainement, l'impossibilité de pouvoir encore admettre la mort de ma mère ? Mon idée de départ était que, tôt ou tard, grâce aux progrès de la science, la mort odieuse serait refoulée jusqu'à ce que l'être humain devienne, non pas immortel, mais du moins amortel. De fait, le thème de la mort m'entraîna à une investigation anthropologique tout terrain qui réduisit le rêve délirant d'amortalité en une conclusion prospective. C'est en faisant ce livre que je me suis créé ma culture transdisciplinaire, traversant et puisant dans toutes les disciplines des sciences humaines : géographie humaine, ethnographie, préhistoire, psychologie de l'enfant, psychanalyse, histoire des religions, science des mythologies, histoire des idées, philosophie (pour y étudier les conceptions de la mort depuis les philosophes grecs jusqu'à Heidegger et Sartre).

Grâce à l'année de chômage qui suit mon « renvoi à la production », puis grâce à mon entrée au CNRS l'année suivante, mon temps peut être totalement consacré à mes recherches. En 1949-1951, je passe mes journées à la Bibliothèque nationale dans la préparation de *L'Homme et la Mort*, je m'aventure dans des contrées alors inconnues (la mort n'était traitée ni historiquement, ni sociologiquement, ni anthropologiquement), et dans des domaines très divers (de la biologie de la mort aux croyances mythologiques et religieuses en l'au-delà). Je découvre les œuvres anthropologiques de Freud, Rank, Ferenczi, Jung. Je découvre la biologie de la mort via Metchnikoff, Metalnikov (qui liaient le vieillissement à la sclérose du tissu conjonctif) et Carrel (qui semblait avoir démontré que les cellules embryonnaires sont amortelles). Je développe ainsi mon savoir et l'intègre dans un marxisme qui s'élargit jusqu'à ce qu'il ne soit plus qu'une enveloppe où s'opère la gestation inconsciente de ma conception de la complexité, laquelle le fera éclater et provincialisera Karl Marx... Mais, surtout, mon autodidactisme récolte enfin le miel de tant de butinages passés et, à partir du butinage, toutes les fleurs que nécessitent mes recherches pour ce livre ; les pollens d'une culture faite de bric et de broc, puisée dans tous genres de littérature et toutes disciplines de sciences humaines, se trouvent rassemblés et organisés. C'est la production de ce livre qui m'a fait élaborer une conception anthropo-sociologique réservant leur part aux deux aspects négligés de l'anthropologie, et que le problème de la mort mettait en relief : d'une part, la réalité biologique de l'être humain qui est mortel comme tous les êtres vivants ; d'autre part, la réalité humaine du mythe et de l'imaginaire qui partout échafaudent une vie au-delà de la mort.

Je poursuivrai l'investigation anthropologique sur l'imaginaire dans mon livre sur le cinéma, fruit de mes premières années de recherche au CNRS[1]. J'incorporerai en 1960 dans mon anthropologie la conception de Bolk sur l'inachèvement de l'être humain, qu'il exprime dans l'article que nous avons traduit et publié dans *Arguments*[2]. J'effectuerai de

1. Cf. *Le Cinéma ou l'homme imaginaire*, Paris, Éditions de Minuit, 1956.
2. Louis Bolk, « La genèse de l'homme », *Arguments* 4, 18, p. 3-13 (*Das Problem der Menschwerdung*, 1926, Iena).

nombreuses notations pour une « anthropologie générale » dans *Le Vif du sujet*[1] et y réfléchirai sur « l'anthropo-cosmologie ». Puis, dix ans plus tard, je reprendrai le dessein anthropologique dans *Le Paradigme perdu.*

« Arguments », plaque tournante et élargissements

Entre-temps, nous avions avec quelques amis fondé *Arguments,* qui parut de 1957 à 1962 et dont je fus directeur. Revue de réinterrogation des problèmes et des savoirs, *Arguments* était comme une université libre, amicale et joyeuse, qui a relancé et nourri mes curiosités omnivores ; elle m'a fait découvrir, et surtout grâce à Axelos, bien des penseurs et des textes que j'ignorais : Adorno et Marcuse, le jeune Lukács d'*Histoire et Conscience de classe,* les thèses définitivement iconoclastes de Karl Korsch sur le marxisme d'aujourd'hui, le Heidegger tardif de la réflexion sur la technique et la science. Nous publiions également des textes de scientifiques sur la microphysique et la cosmologie. Nous nous vouons en permanence à essayer de penser le monde contemporain, le tiers-monde, l'URSS, la Chine (que nous démythifiions avant l'heure), la question du bien-être, bref, *Arguments* est un bouillon de culture où je poursuis ma formation sur des terrains multiples.

1. *J'ai toujours pensé que je tenterais une anthropologie générale. Le mot doit être pris dans son sens allemand et non anglo-saxon. C'est science ou théorie générale de l'homme. Je dis science pour insister sur la nécessité de vérification empirique ; je dis théorie pour insister sur la nécessité de penser le problème humain et de chercher un système conceptuel qui puisse l'embrasser. Le Vif du sujet*, Paris, Seuil, 1969, et « Points Essais », 1982.

En même temps, je prends conscience de mes exigences fondamentales de connaissance, écrivant alors : *Nous ressentons une insatisfaction profonde devant toute observation qui n'est pas en mouvement et qui ne s'observe pas soi-même, toute pensée qui n'affronte pas ses propres contradictions, toute philosophie qui se réduit en maîtres mots et qui ne se met pas elle-même en question, toute parole particulière qui s'isole du devenir mondial.*

Au cours de cette période, j'ai effectué une repensée politique radicale, à la fois dans et par *Arguments* et dans et par mon *Autocritique*. Je suis prêt pour une nouvelle fondation politique, ce que j'ébauche dans un texte écrit en 1963 en même temps que *Le Vif du sujet*, et qui paraît de façon indépendante en 1965, *Introduction à une politique de l'homme*. Je poursuis la repensée théorique et politique en 1963-1965 dans un groupe d'amis, le Cresp, notamment avec Cornelius Castoriadis et Claude Lefort.

Le diagnostic sur événement et la sociologie du présent

À partir de 1956, j'avais commencé à effectuer à chaud des diagnostics sur le vif des événements qui surgissaient de façon inattendue dans la vie politique ou sociale et, du coup, perturbaient nos systèmes d'idées qui ne les avaient pas prévus. Ainsi, je fis divers articles sur le sens de la révolution hongroise et, après investigation sur place au début de 1959, des articles sur le sens et les conséquences de l'Octobre polonais. De même, nous décidâmes à *Arguments*, avant même que les événements aient pris tournure, de faire un numéro spécial sur le putsch d'Alger de mai 1958, qui allait finalement amener de Gaulle au pouvoir. Je fis, dans *France Observateur*, des diagnostics sur l'évolution de la guerre d'Algérie. Cette pratique du diagnostic se déplaça de façon inattendue en juin 1963 sur la petite explosion de la « nuit de la Nation » où des adolescents appelés par l'émission d'Europe 1 *Salut les copains* transformèrent un paisible rassemblement juvénile en fête sauvage de casseurs. *Le Monde* me demanda un article, et j'ai commencé ainsi une série de diagnostics portant sur les aspirations et révoltes adolescentes contemporaines, qui me conduisirent à faire tout naturellement, toujours à chaud et sur le vif, mes articles dans *Le Monde* sur Mai 1968. Le dernier avatar de cette aventure du diagnostic sera *La Rumeur d'Orléans* en 1969.

En 1965, le hasard/destin me projeta durant un an dans le microcosme de Plozévet, commune du pays bigouden en Bretagne[1] où, sous la bannière de la « sociologie du présent », je vais me consacrer aux grands courants qui traversent et modifient la société contemporaine. Je m'intéresse à détecter dans les années 60 l'émergence d'un néo-ruralisme, d'un néo-archaïsme, d'un néo-naturisme, et je suivrai ce triple courant jusqu'à sa confluence avec le grand courant écologique qui se développe à partir de 1969, auquel je consacre également divers diagnostics.

Au cours de cette période, donc, je me fais une culture du contemporain en inventant une sociologie qui interroge le concret, le phénomène, l'événement. Je satisfais à la fois ma curiosité pour tout ce qui arrive et mes interrogations sur le sens de ce qui arrive. J'avais mis en exergue de mon livre *La Métamorphose de Plozévet* la phrase d'Ortega y Gasset, *no sabemos lo que pasa y eso es lo que pasa* – « nous ne savons pas ce qui se passe et c'est justement cela qui se passe ». Sortir de

1. Cf. *Commune en France : la métamorphose de Plozévet*, Fayard, 1967 ; Livre de Poche, « Biblio Essais », 1981.

notre somnambulisme, hâter la venue de l'oiseau de Minerve, telle était ma préoccupation sociologique.

J'allais sans doute poursuivre dans ce sens si le hasard/destin, une fois de plus, ne m'avait détourné de la route du contemporain pour me remettre sur la rocade anthropologique et, au-delà, vers *La Méthode.*

Guider sa raison dans les sciences

Je m'étais continûment intéressé à la biologie, non seulement par curiosité omnivore, non seulement parce que j'avais voulu savoir ce qu'était la mort du point de vue biologique, mais aussi parce que, vu mon absence d'*imprinting* universitaire, j'ai toujours pensé bêtement que l'homme est aussi un être biologique et que tout ce qui concerne la biologie concerne aussi l'homme. En même temps, sans savoir encore que les noyaux, atomes, molécules dont nous sommes constitués venaient du cosmos, je sentais que l'homme était un être cosmique, et je me demandais si ce qu'il y a de plus énigmatique dans le monde n'était pas analogue à ce qu'il y a de plus énigmatique dans l'homme[1]. D'autre part, j'étais fasciné par l'univers microphysique, sous-jacent et constitutif du nôtre. Mais il a fallu encore des événements, des circonstances singulières pour que mes apprentissages prennent le chemin des sciences de la vie et de la *physis.*

J'ai été introduit aux problèmes de la biologie par deux entrées différentes. La première m'a été ouverte par Jacques Monod, qui m'avait fait lire en manuscrit *Le Hasard et la Nécessité.* Lui et John Hunt m'avaient fait inviter pour un an à l'Institut Salk de recherches biologiques à La Jolla, Californie, et là, auprès de

1. Cf. *Le Vif du sujet, op. cit.*, p. 328.

chercheurs de haut niveau qui prenaient plaisir à m'initier, je découvrais la « révolution biologique » qu'avait suscitée la découverte, par Crick et Watson, de la structure en double hélice du code génétique dans l'ADN. Mais, alors que la plupart des biologistes voyaient dans cette révolution le triomphe du réductionnisme, parce qu'elle montrait que la matière vivante n'était autre que la matière physico-chimique et qu'il n'existait donc pas de substance vivante, je voyais, grâce à ma seconde entrée dans les sciences, que le problème clé de la vie était celui de l'originalité de l'organisation vivante par rapport aux organisations seulement physico-chimiques.

En effet, je m'étais également introduit en biologie par une entrée de service lorsqu'en 1967 j'étais devenu membre du « groupe des dix » animé par Jacques Robin. Henri Laborit et Jacques Sauvan m'avaient révélé le caractère fécond de la pensée cybernétique que j'avais jusqu'alors méconnu. Une fois dans le formidable bouillon de culture californien de la fin des années 60, je m'initie aux « trois théories » qui s'entrepénètrent et s'entrecomplètent de façon inséparable : la cybernétique (cette fois en lisant Wiener et Bateson), la théorie des systèmes et la théorie de l'information. Commençant alors à concevoir la possibilité d'une théorie de l'organisation à partir de l'intégration, de la repensée et du dépassement des trois théories, je fus amené à la conviction que le sens véritable qu'il fallait dégager de la révolution biologique était organisationnel.

Par ailleurs, la lecture du manuscrit de Jacques Monod m'avait fait découvrir le rôle du hasard dans la naissance et dans l'évolution des êtres vivants. Même si Monod avait tendance à hypostasier le hasard, il n'en restait pas moins que celui-ci devait être inclus dans une conception de la vie. De même, on ne pouvait en exclure le désordre : Schrödinger s'était demandé, dans *What is life,* pourquoi l'être vivant, au lieu de succomber au désordre en vertu du second principe de la thermodynamique, réussissait à maintenir son organisation. Un peu plus tard, la lecture de von Neumann me montrait que l'organisation vivante avait la propriété de se maintenir et de se développer non seulement malgré, mais avec du désordre, en utilisant les dégradations moléculaires ou cellulaires pour s'autorégénérer. C'est sur cette lancée qu'après un mien article en 1971 sur Monod et Jacob, Henri Atlan me retrouva et m'initia à la pensée de von Foerster et à la théorie de l'auto-organisation. La lecture de von Foerster me révélait, en même temps que la notion d'auto-organisation, le principe *order from noise.* Un certain désordre, dans certaines conditions, pouvait produire de l'organisation. C'est ce que me confirma la lecture des articles de Prigogine sur la constitution des « structures dissipatives » dans des conditions thermodynamiques éloignées de l'équilibre. Muni désormais de ces idées de base, je pouvais m'aventurer dans une compréhension de la vie comme auto-éco-organisation. Dès lors, je pouvais remonter vers le « haut », en direction d'une bio-anthropologie qui renouvellerait mon anthropologie générale, et descendre vers le « bas », ou plutôt la base, le monde de la *physis.*

J'entrepris en même temps la prospection vers le haut et vers le bas. Vers le haut : à mon retour de Californie, et avec le soutien de Jacques Monod, François Jacob, Salvatore Luria, Jonas Salk, puis avec l'aide de Massimo Piattelli-Palmarini, je lance le Centre Royaumont pour une science de l'homme. Nous organisons de nombreuses rencontres inter- et trans-disciplinaires, notamment sur le cerveau et sur les jumeaux homozygotes, pour arriver à un grand colloque international, *L'Unité de l'homme*[1].

Au cours de cette période, je reprends le dessein de l'anthropologie générale, avec, cette fois, une attention particulière à l'« unidualité de l'homme », c'est-à-dire à la double nature, biologique et culturelle, cérébrale et psychique, qui constitue son unité même. J'ai non seulement profité de mon initiation biologique à l'Institut Salk, mais j'ai assimilé les acquisitions des années 1960-1970 – d'une part en éthologie animale, notamment sur les singes supérieurs et chimpanzés, d'autre part en préhistoire humaine – qui ont fait découvrir le très long processus de l'hominisation. De plus, j'avais profité du travail de Moscovici envisageant l'hominisation du point de vue de l'évolution d'une société de primates à la société humaine[2]. Dès lors, j'ai tenté d'articuler ces connaissances avec ma conception de l'auto-organisation. C'est sur la base de cette culture renouvelée que j'ai rédigé ma longue communication au colloque *L'Unité de l'homme.* J'ai presque aussitôt développé ce texte dans un livre, *Le Paradigme perdu : la nature humaine,* où j'ai poursuivi, développé et transformé l'entreprise commencée avec *L'Homme et la Mort.*

En même temps, *via* les « trois théories », je pénètre dans la *physis,* c'est-à-dire l'univers d'où nous sommes nés et dont nous faisons partie. À travers les lectures dont fait état le tome 1 de *La Méthode,* j'essaie de comprendre le deuxième principe de la thermodynamique, les idées auxquelles conduit la théorie des quantas, la nouvelle cosmologie qui a fait

1. Dont on trouve les communications dans l'ouvrage du même titre, Paris, Seuil, « Points », 1978, 3 vol.

2. Cf. *La Société contre nature,* Paris, réédition Seuil, « Points », 1994.

totalement exploser sous une déflagration initiale le monde mécanique et déterministe du siècle passé. Tout cela m'amène à concevoir un tétragramme dialogique ordre/désordre/interactions/organisation, et ce tétragramme me permet de mieux dégager l'importance que prendra de plus en plus la dialogique dans ma façon de penser.

C'est dans ce mouvement même de rencontres et réapprentissages et, plus profondément, de réorganisation dans les principes mêmes de la connaissance, que s'impose à moi l'idée d'un livre qui s'intitulerait *Méthode*. Je poursuis mon investigation tout terrain en apprenant, en lisant, en notant. J'en rédige au cours d'un heureux séjour à New York la préface (véritable texte hologrammatique qui concentre en lui tout ce qui va être développé par la suite), puis j'alterne lectures et embryons de rédactions, lesquelles, par les problèmes que je rencontre, suscitent de nouvelles lectures. Ainsi, tout en écrivant, je continue à étudier, à assimiler. Dans ce cheminement inséparable de l'étude et de la rédaction, plusieurs versions sont modifiées, des concepts passent les uns du centre à la périphérie, d'autres s'introduisent modestement à la périphérie puis deviennent progressivement centraux et dominateurs.

Je suis amené naturellement à relire Bachelard, à lire Gotthard Günther, Tarsky et Wittgenstein, Popper, Lakatos, Feyerabend, Holton, et à entrer dans les problèmes logiques posés par le théorème de Gödel. En travaillant ainsi, le mot *Méthode* éclaire progressivement son sens : il s'agit de la nécessaire réforme des principes mêmes de notre connaissance, réforme qui concerne aussi bien les sciences naturelles, les sciences humaines, la politique, notre vie mentale quotidienne.

J'ai dû m'arracher de Paris en 1974 pour réaliser le

premier volume. J'ai pris la route dans ma Volkswagen remplie de livres, notes, documents, me retirant dans un château à demi ruiné sur une colline magique en Toscane maritime, et j'ai entrepris la rédaction de l'œuvre qui veut répondre au problème que me pose ma culture, et qui ne pouvait être traité qu'avec l'apport de toute ma culture.

Quelle culture ?

J'ai écrit ailleurs que j'étais animé par ce que le tao appelle l'esprit de la vallée, « qui reçoit toutes les eaux qui se déversent en elle ». Mais je ne me vois pas comme une majestueuse vallée ; je me vois plutôt comme une abeille qui s'est enivrée à butiner aux mille fleurs pour faire de tant de pollens divers un seul et même miel. Aujourd'hui, considérant rétrospectivement mon cheminement, je vois que l'absence de culture est à la source de ma culture. Mon vide culturel originaire a créé un appel d'air pour la curiosité, le savoir, l'imaginaire, la recherche de la vérité, la recherche du bien, l'élaboration de mes propres normes. J'ai été fait par ce dont j'avais soif. Mon ouverture omnivore a entretenu mon autodidactisme, lequel a entretenu mon ouverture omnivore. À travers mon autodidactisme, je me suis découvert, j'ai découvert mes vérités contraires. Chose paradoxale, ma curiosité, qui me singularise par rapport aux normalisés, satisfaits ou résignés, est ce qui fait de moi un être peu singulier et relativement indéterminé.

J'ai gardé les curiosités de l'adolescence, j'ai continué à m'interroger sur les questions premières. J'ai toujours été travaillé par l'interrogation, je n'ai cessé de réinterroger. Le jeu antagoniste de mes aspirations contradictoires, la curiosité pour des choses très diverses ont suscité une dynamique ininterrompue qui a animé de l'intérieur la formation et le développement de ma culture et, finalement, de ma philosophie de la complexité. J'ai fait des études diversifiées et acquis une polycompétence. J'ai continué à apprendre au-delà des études dans le sens de mes curiosités. Je me suis laissé interpeller par les événements et ai remis en question mon mode de pensée chaque fois que l'événement le contredisait.

Évidemment, des circonstances singulières ont favorisé ce développement. Celui-ci a bénéficié non seulement de chances exceptionnelles, mais aussi de rejets qui m'ont empêché d'être intégré sans toutefois me conduire à ma perte. Peut-être en serais-je resté à ma culture littéraire et musicale si la tourmente des années 1930-1940 ne m'avait pas conduit au marxisme et à la réflexion sur l'histoire et la société. Puis, si je ne m'étais pas habitué à la vie libre de militant clandestin, j'aurais sans doute profité des examens offerts aux résistants sur un plateau pour devenir enseignant. J'aurais pu être professeur d'histoire, la matière me plaisait beaucoup, mais je ne pouvais, après trois années de vie non programmée, envisager de m'enfermer dans une existence fonctionnaire. Mon incapacité à entrer dans les cadres journalistiques, communistes ou non communistes, mon incapacité à entrer dans la vie civile normale m'ont envoyé d'abord en Allemagne où j'ai été amené à écrire mon premier livre, puis au chômage qui m'a permis de mener mes investigations à la Bibliothèque nationale pour *L'Homme et la Mort*. En somme, j'ai eu de vingt à trente ans la chance d'avoir été aux écoles de la vie et d'avoir répondu aux besoins de mon esprit, mais j'ai eu ensuite la chance d'être intégré au CNRS où j'ai été libre...

C'est parce que je n'ai pu m'insérer dans le

journalisme, ni voulu au départ m'intégrer dans l'enseignement, c'est parce que le CNRS m'a accueilli avant que je me résigne à accepter un métier comme représentant d'encre d'imprimerie, que j'ai pu devenir l'étudiant permanent qui a élaboré sa culture dans le sens de ses interrogations et de ses curiosités. Grâce aux conditions singulières favorables qu'a constituées pour moi une carrière au CNRS, l'autodidactisme ne s'est pas arrêté. Je n'ai pas cessé d'être étudiant parce que j'ai été chercheur au sens plein et existentiel du terme. Je l'étais avant d'entrer au CNRS, et je continue.

J'ai été et suis resté un étudiant choisissant ses éducateurs, et butinant à la fois dans la culture universitaire et parmi les auteurs exclus ou ignorés par cette culture. Dans un sens, je suis le fruit de la culture universitaire ; dans un autre sens, mon indisciplinarité et ma transdisciplinarité m'ont fait condamner par son haut mandarinat pendant des décennies. Combien de dédains m'a valus, parmi les éducateurs, mon désir de m'éduquer !

Je suis et demeure étudiant en étant auteur et parce qu'étant auteur. Chacun de mes livres est parti d'une interrogation, et j'ai fait étude et recherche sur tous les terrains empiriques et théoriques où me portait mon interrogation. Je continue mon travail d'investigation tout en rédigeant, ce qui me contraint parfois à recommencer totalement un livre que je croyais presque terminé. Ainsi, je suis fondamentalement un étudiant parce que je suis moi-même – parce que je suis chercheur, parce que je suis auteur –, et je n'ai pu être moi-même que parce que j'ai pu être chercheur et auteur, et réciproquement.

Ma culture s'est nourrie de ma vie et ma vie s'est nourrie de ma culture. Mon premier livre, *L'An zéro de l'Allemagne*, a été le fruit de mes expériences vécues et de mes interrogations vitales de l'époque. *L'Homme et la Mort* a été ma façon de considérer le défi que m'a jeté la mort en enlevant ma mère, puis quelques-uns de mes meilleurs amis pendant la Résistance. Quand je me suis replié sur le cinéma dans mes premières années au CNRS, je n'avais pas seulement pour intention de m'abriter à l'intérieur d'un thème politiquement désamorcé et considéré comme culturellement mineur, c'était une façon de me ressourcer dans ma vie imaginaire, la vie de ma formation adolescente dans les cinémas de la rue de Ménilmontant. De même, dans *L'Esprit du temps,* j'ai pu traiter de la culture de masse non seulement de l'extérieur et de haut, mais en même temps du bas et de l'intérieur. Sans ma culture des rues, je n'aurais pu développer ma culture. Sans mes expériences de vie, je n'aurais pu nourrir ma culture. Celle-ci est marquée par le concret, le vivant, le singulier. Et, par la suite, toujours ma vie, mon travail, ma culture n'ont cessé de s'entre-nourrir.

Je me suis formé une culture qui ne s'est jamais fermée. J'ai essayé de me faire une culture à partir des problèmes de tous, avec mes propres moyens et avec ma curiosité. Non pas par accumulation, mais par diversité et multifocalité ; non pas additivement, mais en cherchant les nœuds stratégiques de connaissance qui contrôlent de vastes secteurs, les articulations qui permettent de relier le séparé, et cela pour permettre à chacun, tous, et moi-même d'abord, d'essayer d'échapper à l'aveuglement parcellaire et à l'ignorance respectueuse. Or, faire ainsi communiquer les connaissances isolées m'isole d'autant plus parmi les professionnels et spécialistes des connaissances... J'ai voulu, dans *L'Homme et la Mort* et *Le Paradigme perdu,* lier les connaissances biologiques, anthropologiques et sociologiques, aspirant à une bio-anthropo-sociologie. Puis, dans *La Méthode,* je n'ai pas cherché la connaissance encyclopédique, mais la connaissance encyclopédante, qui met en cycle les connaissances disjointes afin qu'elles prennent sens en se reliant les unes aux autres. Et c'est cette volonté de relier qui elle-même a fait émerger puis se développer la pensée complexe.

DES CULTURES À LA CULTURE

Étant de curiosité omnivore, d'une part pour les faits, les phénomènes, les événements, d'autre part pour les problèmes dits philosophiques et pour les idées, j'ai toujours circulé de l'empirique au théorique, de l'anthropologique au contemporain, puis de la culture des humanités à la culture scientifique. Le hasard m'a poussé alternativement dans le sens de mes différents tropismes, et finalement j'ai un peu obéi à chacun et à tous.

Aussi ai-je d'abord fait la navette entre le contemporain et l'anthropologique de *L'An zéro de l'Allemagne* à *L'Homme et la Mort,* puis de l'anthropologique au contemporain, du *Cinéma ou l'homme imaginaire* aux *Stars* jusqu'à *La Rumeur d'Orléans,* avant de m'avancer pour lier l'un à l'autre, le biologique et l'anthropologique, puis le biologique au physique, ce qui m'a amené à la nécessité de dégager et formuler les principes d'une pensée qui relie. Autrement dit, d'une pensée complexe au sens où *complexus* signifie « ce qui est tissé ensemble ».

Du fait même que j'ai voulu établir la communication, je n'ai jamais pu m'enfermer dans la sociologie close, l'anthropologie close, la philosophie close ou la science close. Ainsi suis-je naturellement arrivé à faire la navette entre la culture humaniste et la culture scientifique. Au cours de ces années, je ne me suis pas fait une vraie culture scientifique, c'est-à-dire qui soit passée par les départements de sciences dans les universités, et qui respecte les découpages disciplinaires. Par les voies de pénétration des « trois théories », j'ai voulu me saisir de notions stratégiques et d'idées clés, j'ai cherché à comprendre leur portée, j'ai essayé de problématiser, de relier et de réfléchir. Bref, j'ai voulu introduire la culture humaniste dans la culture scientifique et la culture scientifique dans la culture humaniste, pour un dialogue qui les modifie l'une et l'autre.

Ce que j'ai écrit est un travail de culture : j'ai relié des thèmes ou des connaissances qui étaient séparés, et j'ai essayé de dégager et réfléchir la conception qui se dégageait de cette liaison. Ainsi en est-il de *L'Homme et la Mort*, du *Paradigme perdu*, de *Terre-Patrie* où j'associe la vision historique de l'ère planétaire, la vision anthropologique de la nature et des origines terriennes de l'être humain, la vision cosmologique de la perdition terrestre, pour élaborer justement la notion de Terre-Patrie.

La culture humaniste séparée et la culture scientifique séparée sont deux sous-cultures. Aujourd'hui, je comprends que la culture, c'est la jonction de ce qui est séparé, et j'ose affirmer que je milite ainsi pour la culture, c'est-à-dire pour la communication entre ce qui est fragmenté et dispersé en morceaux de puzzle, enfermé en compartiments hermétiques, que j'œuvre pour une articulation réintégratrice de ce qui est désintégré. En d'autres termes, la culture c'est la polyculture.

Aussi est-ce mon désir, mon souci d'être cultivé qui me vaut les sarcasmes. Et c'est seulement récemment que j'ai compris que ma singularité aberrante n'est autre que mon message universaliste : il faut être cultivé. Ce que devrait signifier aujourd'hui « être cultivé », c'est ne pas être enfermé dans sa spécialisation, ni se satisfaire d'idées générales jamais soumises à examen critique parce que non raccordables aux connaissances particulières et concrètes. C'est être capable de situer les informations et les savoirs dans le contexte qui éclaire leur sens ; c'est être capable de les situer dans la réalité globale dont ils font partie ; c'est être capable d'exercer une pensée qui, comme disait Pascal, nourrit les connaissances des parties des connaissances du tout, et les connaissances du tout des connaissances des parties. C'est, du coup, être capable d'anticiper, non pas certes de prédire, mais d'envisager les possibilités, les risques et les chances. La culture est en somme ce qui aide l'esprit à contextualiser, globaliser et anticiper.

La culture n'est pas accumulative, elle est auto-organisatrice, elle saisit les informations principales, sélectionne les problèmes principaux, dispose de principes d'intelligibilité capables de saisir les nœuds stratégiques du savoir. L'aveuglement des esprits parcellaires et unidimensionnels tient à leur défaut de culture. Ces aveugles veulent convaincre *urbi et orbi* qu'il n'est plus possible d'être cultivé comme sous la Renaissance, ou honnête homme comme au XVIIe siècle, alors que Goethe, Marx, Freud, Koestler, Popper, Paz, Eco, Castoriadis nous montrent que les esprits polyvalents sont possibles au XIXe et au XXe siècle.

Certes, la culture ne peut être que lacunaire et trouée, inachevée et changeante. Elle doit sans cesse intégrer le nouveau à l'ancien, l'ancien au nouveau. D'où la nécessité vitale de principes à la fois organisateurs et critiques de la connaissance pour contextualiser, globaliser, anticiper. J'essaie d'être cultivé, m'intéressant non seulement aux grands écrits de la littérature, aux problèmes clés que traitent les sciences, mais aussi à mille détails qui tissent la vie quotidienne[1]. J'essaie d'être cultivé, sur les changements dans l'ordre de la connaissance – je lisais jusqu'à une période récente les revues *Science* et *Nature*, je continue à lire des revues scientifiques et non scientifiques, des petits bulletins, des textes et articles sur les problèmes du monde, des magazines divers (comme *Time Magazine* et surtout le polyscopique *Courrier international*) ; j'ai toujours vu et vois toujours des gens de compétences diverses et d'opinions opposées, ce qui me permet de connaître et examiner sans cesse la multiplicité des points de vue. Je butine toujours dans mille fleurs dont je me nourris, j'essaie de rassembler l'épars, *sparsa colligo*, mais je lis beaucoup moins, j'abandonne de vastes pans dans l'actualité du savoir, je ne peux plus agiter mes pseudopodes dans tous les sens, et, pourtant, je suis toujours à la limite de la dispersion. Se cultiver est une aventure dangereuse.

Mais je crois que, dans cette aventure même, j'ai acquis les principes qui me permettent d'intégrer les informations, d'examiner les théories, d'articuler les savoirs, c'est-à-dire de me faire une culture auto-exo-productrice et auto-exo-organisatrice. Ainsi j'essaie d'intégrer, certes partiellement et avec bien des carences, mon savoir dans ma vie et ma vie dans mon savoir.

1. Il était naturel que mon caractère omnivore me porte vers la culture gastronomique et la culture œnophile. La culture est un ensemble complémentaire de connaissances, de compétences et de savoir-faire, qui permet d'obtenir le plus savoureux ou le plus exquis. Ainsi y a-t-il une culture du café qui comporte l'élection du grain, le degré de torréfaction, la finesse de la mouture, le tassage du moulu, le contrôle de la condensation de la vapeur et du goutte-à-goutte.

2
Le travail des contradictions

Je n'ai cessé d'être soumis à la pression simultanée de deux idées contraires qui me semblent aussi vraies l'une et l'autre, ce qui me conduit tantôt à aller de l'une à l'autre selon les conditions qui accentuent ou diminuent la force d'attraction de chacune, tantôt à accepter comme complémentaires ces deux vérités qui pourtant devraient logiquement s'exclure l'une l'autre. J'ai à la fois le sens de l'irréductibilité de la contradiction et le sens de la complémentarité des contraires. C'est une singularité que j'ai vécue, d'abord subie, puis assumée, puis intégrée.

Tout récemment, j'ai pris conscience d'une contradiction initiale, sans doute tapie au plus profond de mon être. Mon père m'a révélé bien tard le « secret de ma naissance ». Non pas enfant royal enlevé par des bohémiens, mais embryon condamné par sa mère à ne pas naître. La vie de ma mère exigeait ma mort, ma vie la menaçait de mort. Je n'aurais pas dû naître et je suis né mort. Je l'ai raconté dans *Vidal*[1] : ma mère, victime de l'épidémie de grippe espagnole de 1917 qui avait failli la tuer, souffrait d'une lésion au cœur, mais elle avait caché à son mari qu'il lui

1. Cf. *Vidal et les siens*, Paris, Seuil, 1989.

était interdit d'avoir un enfant. Enceinte une première fois, elle s'était fait avorter par une faiseuse d'anges, mais la seconde fois, les plantes et méthodes abortives ne réussissant pas, elle dut se résigner aux risques de l'accouchement, et la sage-femme avertit son mari au cinquième mois de la grossesse. Le gynécologue appelé dit qu'en tout état de cause il sauverait la mère. De fait, je suis mort-né, sorti par le siège, étranglé par le cordon ombilical, et il a fallu une demi-heure de gifles sur le bébé suspendu par les pieds pour qu'il pousse son premier cri.

Ainsi je devais être rejeté avant d'être aimé, assassiné avant d'être adoré. *Je devais mourir pour qu'elle vive, elle devait mourir pour que je vive.* Vivre de mort, mourir de vie, cette formule d'Héraclite, qui n'a cessé de me hanter depuis que je l'ai connue, exprime la tragédie de cette genèse : ma mère devait vivre de ma mort, et mourir de ma vie, comme moi je devais vivre de sa mort et mourir de sa vie. Et nous avons été rescapés l'un et l'autre par miracle. Voici donc l'événement initial de ma vie : je suis né dans la mort et j'ai été arraché à la mort. J'ai été aimé et adoré pendant dix ans, et puis j'ai été abandonné. Après lui avoir accordé par deux fois un sursis, la mort a frappé ma mère le 26 juin 1931. Alors, cette mort m'a totalement envahi et je l'ai totalement cachée. En même temps, ma mère est demeurée intégralement vivante en moi tout au long de ma vie. Cette mort a sans discontinuer travaillé ma vie. Je n'en ai jamais parlé jusqu'à l'âge de dix-neuf ans. Ce que j'ai appris bien plus tard, et qui peut-être avait également travaillé en moi, mais dans la plus totale inconscience, c'est qu'avant même de naître, mais déjà fœtalement vivant, j'avais été condamné à mort pour que vive ma mère, elle-même condamnée à mort par ma naissance.

Je trouve dans un article de Sean Kelly sur Tarras cette idée : « C'est dans le processus de naître que chacun d'entre nous est initié au monde du soi-séparé, une initiation qui, bien qu'occasionnée par notre naissance, est l'expérience de la mort à la conscience originelle de l'unité organismique indifférenciée avec la mère. » Aussi ai-je vécu plus radicalement que d'autres l'expérience dialectique de la mort-naissance, et je l'ai littéralement revécue dix ans plus tard, et cette fois par la séparation fatale, avec l'irruption de la mort dans ma conscience.

La contradiction vécue

Il s'est sans doute mené un combat agonique en moi entre les forces de vie et les forces de mort pendant plus d'une année. Je me souviens d'une douleur inconsolable, de pleurs versés dans les cabinets ou, la lumière éteinte, dans mon lit le soir ; je me souviens d'une fascination pour une maison fantôme dans l'île de Chatou, où j'allais attendre, espérer peut-être, l'apparition du spectre de la morte, et je me souviens en même temps de jeux, de rires, de farces, de balades à vélo… Il y avait comme une contradiction permanente entre mon désespoir de vivre et mon vouloir-vivre, qui se traduisait par une alternance de l'un à l'autre[1]. Le vouloir-vivre craqua peut-être au

1. J'ai gardé l'aptitude à la tristesse dans la joie, et l'aptitude à la joie dans la pire mélancolie : enfant, adolescent, et même devenu adulte, quand j'étais seul, triste, ne pouvant communiquer avec personne, incapable de parler avec quiconque, sans espoir, sans attente sinon de l'impossible, l'arrivée du printemps, un jour de soleil et de ciel bleu me donnaient une joie indicible, un bonheur cosmique qui submergeait et dissipait ma peine…

cœur de l'été 1932 : je fus envahi par une fièvre qui atteignit 41 degrés et ma gorge fut bouchée par des aphtes. Le médecin de famille, impuissant, fit venir des confrères qui diagnostiquèrent à tout hasard une fièvre aphteuse, maladie des bovins. À nouveau, mais de façon nouvelle, je me trouvai entre la vie et la mort jusqu'à ce que, à l'aide des soins prodigués (la glace répandue sur le corps, l'extirpation des aphtes à la main), la vie l'emportât.

Comme je l'ai dit dans le chapitre précédent, j'ai vécu depuis l'enfance le combat entre désespérance et espérance. Ce combat, issu d'une contradiction entre la conscience que la mort de ma mère était irréversible et l'espoir irrépressible de son retour (elle n'a cessé de revenir dans mes rêves), s'est déplacé dans le monde de mes idées et dans mes idées du monde, et est devenu le combat entre un scepticisme irrémédiable et une espérance toujours renaissante.

De ce trou noir d'une densité infinie, d'un vide infini, viennent, d'une part, désespoir et scepticisme, d'autre part, espérance et foi, et cela a suscité, généré une dialogique : aucun des deux termes antagonistes n'a jamais été vaincu ni vainqueur totalement, ils ne se sont pas entre-amortis, entre-ramollis, ils ont commencé à dialoguer en se combattant, à devenir productifs, c'est-à-dire à produire ce que je pense, ce que je suis.

En même temps, j'ai vécu la contradiction entre un sentiment d'innocence et un sentiment de culpabilité profonde (je me sentais coupable, comme il arrive souvent à l'orphelin, d'avoir tué ma mère des chagrins que je lui avais faits, et peut-être plus obscurément du savoir inconscient que j'aurais dû ne pas naître pour qu'elle vive). Mon sentiment d'innocence s'est fortifié du fait que je n'accomplissais pas de vilenies, que je n'étais pas envieux, que je ne souhaitais même pas le mal pour qui me faisait du mal (non, je ne fais pas de l'autosanctification, je me situe à un niveau débonnaire assez commun car, bien qu'ils soient très efficaces, les ignobles et les vils sont minoritaires), mais ce sentiment n'a jamais réussi à dissiper celui de culpabilité. Ce qui a fait reculer ma culpabilité, c'est l'épreuve de mort durant la Résistance, ou durant mon hospitalisation au Mount Sinai Hospital.

J'ai déjà dit comment mon esprit a privilégié les livres qui alimentaient scepticisme et espérance, ainsi que ceux qui annonçaient la rédemption après tant de douleurs. La contradiction entre foi et doute a toujours été vécue, violente, inextinguible, inaltérée, jamais dépassée, avec des poussées messianiques m'annonçant rédemption et salut, et des poussées néantiques me confirmant que tout est perdu à jamais. D'où mon attraction irrésistible pour le doute fondamental (Montaigne) mais aussi pour l'élan fondamental au-delà du doute et de la raison (Rousseau) ; pour les vérités du cœur qui répondent à toutes mes insatisfactions en m'annonçant amour, rédemption, salut, et les vérités de la raison qui satisfont mon scepticisme et mon sens de la relativité. D'où mes poussées jamais épuisées vers le scepticisme, le mysticisme, la rationalité, la poésie, le réalisme, l'utopisme. D'où ma fascination pour les auteurs qui ont vécu le plus intimement et intensément cette contradiction (Pascal, Dostoïevski), pour les philosophes de la contradiction qui, en profondeur, ne la suppriment jamais (Héraclite, Hegel). Je passe de l'une à l'autre polarité selon la dernière influence majeure, mais, ce faisant, je ne cesse de nourrir l'une et l'autre.

Comme je n'avais pas de culture-vérité, qui

m'enjoignait de rejeter automatiquement toute idée incompatible avec les siennes, la culture que je me forme à travers mes lectures se nourrit de mes contradictions et les nourrit, et leur affrontement devient le moteur de ma culture. Ainsi commence et se poursuit ma [illegible]alogique intérieure entre espoir/désespoir, d[illegible]i et, sous un autre angle, entre « vérités du [illegible]t « vérités de la raison ».

Je devi[illegible]de contradictions motrices et destructric[illegible]on entre égoïsme et altruisme se [illegible]stitutive ; mon introversion va [illegible]centrisme d'enfant unique, [illegible] l'altruisme s'est institué, [illegible] extrovertie d'un [illegible] part à partir du [illegible]nte de mon égoïsme. [illegible]uction et d'échec, née de [illegible]onter à un effort de rédemp[illegible] culpabilité. Une sentimentalité [illegible]perdu, errant, renaissant, va se heurter à u[illegible] permanente née de l'autodérision et du s[illegible]nt de la vanité de tout. Une conscience dés[illegible]ntée du réel va coexister avec un permanent ré[illegible]chantement fantasmatique, poétique, amoureux… Ainsi ce sont les faces contradictoires de ma personne, ou plutôt les personnes contradictoires de ma face qui se combattent, alternent, se mêlent…

La contradiction politique

Comme je l'ai indiqué, la politique envahit mon adolescence dans l'époque de tourmentes et de contradictions que sont les années 1930-1940. Les années 30 sont des années où se trouvent bouleversées toutes les configurations idéologiques de la gauche et de la droite. La violence de la crise qui frappe les économies capitalistes des démocraties, l'accession de Hitler au pouvoir, la transformation du bolchevisme en stalinisme, puis le réarmement de l'Allemagne, l'Anschluss, la guerre d'Espagne, Munich, tout cela introduit des remises en question et des contradictions dans les esprits de gauche et de droite. Les défaillances et corruptions de la démocratie parlementaire, les aspirations à une autre société et à une autre vie réaniment l'idée de révolution – mais quelle révolution ? Mounier prône la révolution personnaliste, Aron et Dandieu publient *La Révolution nécessaire* pour un ordre nouveau qui serait anarchiste. Ceux qui aspirent à la révolution socialiste doivent assumer un choix horrible entre stalinisme ou nazisme. Le nationalisme nazi se dit révolutionnaire tandis que le Parti communiste devient national tout en demeurant internationaliste. Affrontements, confusions, impératifs contradictoires, conversions du communisme au nazisme, ralliement d'esprits libéraux au communisme, d'esprits pacifiques au nazisme, suivi parfois de repentirs comme celui de Gide après son séjour en URSS, tout cela exprime le déboussolement des esprits en proie à des contradictions inattendues.

La gauche socialiste, pacifiste, qui avait condamné Versailles parce que le traité lésait l'Allemagne en lui retirant des territoires germaniques, se trouve affrontée à un hitlérisme de plus en plus agressif dans des revendications qui semblaient jusqu'alors légitimes à cette gauche. L'expérience atroce de la guerre de 1914-1918 va maintenir pacifiste à tout prix une partie de la gauche, tandis que l'autre se mobilise contre l'hitlérisme pour lui faire la guerre. L'horreur du fascisme s'oppose à l'horreur de la guerre. L'horreur du stalinisme s'oppose à l'horreur du nazisme. La guerre d'Espagne elle-même n'est pas le conflit sans équivoque du fascisme contre l'antifascisme. Au sein du camp républicain, il y avait guerre dans la guerre, avec la répression brutale des communes libertaires et la liquidation des trotskistes et poumistes par les communistes.

Mes premiers pas dans les idées politiques se font au sein de ces contradictions (qui ont sûrement surdéterminé mon sens de la contradiction) et je les intériorise d'autant plus que je tends naturellement à écouter les idées contraires ; d'un côté, je suis porté au « réalisme », entendu au sens d'un pragmatisme prudent, et, d'un autre côté, les appels messianiques à la rédemption de l'humanité me portent vers un révolutionnarisme libertaire, trotskisant et antistalinien. En 1938-1939, la peur d'un conflit armé et la critique révolutionnaire des « guerres impérialistes » me poussent conjointement vers le pacifisme. Le pacifisme me pousse davantage vers le « réalisme ». Je trouve dans *La Flèche*, le journal du mouvement frontiste de Gaston Bergery, un syncrétisme qui ficelle, assez lâchement, les sentiments qui s'embrouillent en moi : la fraternité antifasciste, la critique libertaire, le pacifisme, le réalisme sceptique (l'acceptation de perspectives restreintes), de sorte que mon désordre intérieur se sent à l'aise dans le désordre de *La Flèche*, tout en y puisant une impression d'ordre. Je m'inscris aux étudiants frontistes. Comme chez certains autres compagnons de ce groupe militant, mon révolutionnarisme mystique est récessif, mais non liquidé. Et si je suis attiré par le marxisme, c'est parce que je subodore que c'est une pensée qui affronte et surmonte les contradictions.

Puis, fin 1941, dans le déchaînement de la guerre et avec la résistance de Moscou, le messianisme l'emporte, après avoir nécessité une difficile conversion au communisme stalinien. Je fais cette conversion avec le même argument qui m'aurait fait me résigner à l'Europe nazie triomphante. Cet argument, je l'avais puisé dans un article pour moi mémorable de Simone Weil, dans *Les Nouveaux Cahiers* je crois, en 1938 ou 1939. Elle rappelait que l'Empire romain s'était constitué dans la pire brutalité et cruauté, avec le sac de Corinthe, la prise de Numance, la destruction de Carthage, etc. Pourtant cette conquête barbare avait créé un très grand espace de paix et une civilisation, qui avait abouti à l'édit de Caracalla donnant la citoyenneté romaine à tout habitant de l'empire. La culture de la Grèce vaincue et saccagée avait même finalement submergé la culture romaine (« la Grèce vaincue a conquis son farouche vainqueur »). De même, disait Simone Weil, en cas d'hégémonie allemande sur l'Europe, le nazisme serait vaincu par sa propre victoire et, avec le temps et la paix, un socialisme européen à visage humain et un épanouissement culturel effaceraient la marque bestiale du vainqueur. En somme, l'Allemagne hitlérienne ferait l'Europe socialiste en croyant faire l'empire nazi.

Cela, j'ai pu le penser tant que l'Allemagne hitlérienne dominait l'Europe puis, à partir de juin 1941, envahissait sans résistance l'Union soviétique ; elle était arrivée en trombe devant Leningrad et Moscou, avait atteint le Caucase. L'URSS semblait devoir se décomposer : des armées entières anéanties, des millions de prisonniers. Mais la résistance de Moscou durant l'hiver 1941-1942, la résistance anglaise à El-Alamein, l'entrée en guerre des États Unis me montrèrent que tout n'était pas accompli ; ce n'était pas la nouvelle *pax romana* qui s'établissait, mais la guerre hitlérienne qui se déchaînait, et mon argument pacifiste se décomposait en même temps que je me voyais sommé de prendre parti et de faire mon pari dans une lutte gigantesque et incertaine engageant toute l'humanité.

Dès lors, je reportai l'argument de Simone Weil sur l'Union soviétique, avec l'aide de l'idée hégélienne de « ruse de la raison » : les moyens infâmes du stalinisme ne doivent pas masquer la perspective du devenir historique ; l'URSS stalinienne, si elle est victorieuse, fera le socialisme universel et la paix des peuples : c'est sa victoire qui provoquera son dégel et ainsi le stalinisme sera vaincu par sa propre victoire. L'idée hégélienne de ruse de la raison, que je venais d'assimiler, me confirmait désormais non seulement mon espoir, mais ce que je croyais être mon réalisme. J'étais désormais à la fois réaliste et révolutionnaire, j'acceptais d'aller vers le futur émancipateur à travers la boue et le sang.

Encore aujourd'hui je ne suis pas sûr que, si l'Allemagne nazie avait vaincu rapidement l'URSS et établi sa paix européenne, elle n'eût pas subi l'évolution « à la romaine » envisagée par Simone Weil, et je ne suis pas sûr que, si l'Union soviétique avait étendu son empire sur l'Europe occidentale, elle ne se serait pas humanisée et libéralisée à terme... Mais je ne subordonne plus ma morale à un probable devenir historique, et je suis totalement converti à l'idée de résistance, contre le nazisme, le stalinisme et, désormais, les nouvelles barbaries.

J'ai vingt ans, vingt ans en 1941. Je suis au cœur de la tragédie où le destin hésite. Vichy dans sa zone non occupée subit de plus en plus la pression allemande. L'occupant fusille des otages en zone occupée, dont mon camarade de lycée Lalet. Puis soudain, à la fin de l'année, la résistance de Moscou rejette de quelque cent kilomètres les troupes allemandes. En décembre 1941, Pearl Harbor marque la destruction de la flotte américaine, mais déclenche aussi l'entrée de l'Amérique dans la guerre. Et j'ai peur de cette guerre devenue mondiale, énorme, massacreuse, j'ai peur que Vichy se transforme en piège pour moi ; je ne suis pas encore directement menacé, mais je n'ai aucun avenir personnel ; je pourrais fuir : je songe à me réfugier en Espagne, ou en Suisse à l'institut Claparède, chez Piaget. L'antisémitisme nazi aurait pu me conduire à fuir la France. Mais – j'y reviendrai – il ne pouvait me conduire à la lutte. J'ai besoin de vaincre ma peur, j'ai besoin de donner ma vie à une grande cause, j'ai besoin de croire, de me mêler à la lutte de l'humanité, je commence sous l'effet de ce besoin à me convertir à l'idée qu'il n'y a que l'alternative communisme ou nazisme, bien que je répugne encore au stalinisme...

En 1941-1942, il me fallait surtout surmonter l'antagonisme aigu entre mon peureux vouloir survivre et mon ardent vouloir vivre, l'un qui me poussait à me planquer, l'autre à risquer ma vie, ou plutôt à risquer ma mort pour ma vie. Je veux surmonter ma peur, j'entends à la radio les appels de l'ouverture du *Vaisseau fantôme* comme s'ils m'invitaient à larguer les amarres, à me lancer dans l'aventure inconnue. Des amis me poussent à l'action, je commence fin 1941, début 1942 à faire des inscriptions contre la collaboration au pochoir sur les murs et à distribuer des tracts ; insensiblement, je deviens résistant sous direction communiste jusqu'à ce que, sous la pression de J.-F. Rolland, je sois vraiment incorporé dans le Parti. Levée d'une contradiction ? Escamotage d'autres contradictions ? Szekeres disait, quand il nous voyait arriver ensemble: « Rolland est preux, mais Edgar est sage. » N'est-ce pas l'élan romantique, sous la conduite du preux Rolland, qui a balayé les sages contradictions ? À l'époque, j'ai cru en la levée de mes contradictions parce que je me suis servi de la dialectique de Hegel pour les surmonter.

La contradiction assumée et pensée

J'ai lu Hegel dans des circonstances à la fois universitaires (au sein de la bibliothèque universitaire de Toulouse, puis de celle de Lyon) et extra-universitaires – la pression de la guerre. Ce fut l'éblouissement ; je découvrais que la contradiction était au fondement de l'être (la notion d'être dans son indétermination est équivalente à celle du non-être, tout en lui étant contradictoire), de la vie (la vie est l'union de l'union et de la non-union), de la pensée. Hegel me révélait une vision de la vérité qui répondait à mon besoin : était fausse toute idée close, figée, abstraite, séparée de la totalité dont elle fait partie, mais toute idée fausse était vraie dans la mesure où elle exprimait une parcelle de la totalité. La vérité était la totalité, mais comme la totalité était toujours en mouvement, toujours inachevée, la vérité était en cheminement ininterrompu, se faisant et se défaisant. La dialectique était l'effort pour adhérer à ce mouvement propre à la totalité, en affrontant et assumant les idées contraires, en faisant éclater leurs gangues, en les entre-fécondant pour que jaillisse une « synthèse » qui les dépasse tout en les intégrant... L'idée magique de dépassement m'exaltait. Le dépassement conservait ce qui était dépassé tout en arrivant à une conception supérieure et plus riche. Ainsi Hegel réconciliait en lui deux de mes polarisations antagonistes, la rationalité des Lumières et le romantisme ; il intégrait en lui l'énergie critique du scepticisme tout en le dépassant. Le scepticisme était un moment de la « négation », laquelle se nie à son tour et devient positive. Je pouvais donc conserver mon scepticisme critique au sein de mon élan vers les au-delà[1]. Le concret n'était pas seulement le singulier, le sensible, le charnel, c'était aussi l'inclusion dans la totalité. Je pouvais continuer à reconnaître toutes les carences et lacunes du système stalinien, mais je devais les inclure comme moment du devenir historique. J'apprenais de Hegel la ruse de la raison, qui se sert de processus apparemment irrationnels ou d'actes voués à des intérêts apparemment particuliers. Ainsi la soif de conquêtes de Napoléon avait été une ruse de la raison historique pour répandre les idées de la Révolution française en Europe. La domination de la nouvelle caste de l'appareil stalinien en URSS était la ruse de la raison contemporaine pour effectuer la marche en avant du devenir humain.

Le sentiment que mes contradictions fondamentales étaient désormais surmontées libérait alors mon besoin de foi : celle-ci se cristallisait dans l'idée du salut de toute l'humanité et me pressait à consacrer ma vie pour cette mission sublime. Mais, à la différence de ceux qui croyaient que l'URSS constituait déjà la cité heureuse, je savais qu'il nous fallait, pour le bien futur, assumer le mal qu'elle portait en elle. Rimbaud aidait Hegel pour sublimer notre adhésion à la force barbare qui devait civiliser le monde. Nous,

1. De toute façon, mon doute n'était que refréné puisque j'écrivais encore le 5 juin 1943, en note finale dans mon journal : *Besoin d'action ou conviction profonde ? je ne sais dans quelle mesure l'un s'est mélangé dans l'autre. On verra ça plus tard dans quatre ou cinq ans.*

militants de l'ombre, nous nous sentions incarner les « horribles travailleurs » de sa *Lettre du voyant*; comme nous le disait la fin de la *Saison en enfer* que nous nous récitions avec ferveur, Jacques-Francis Rolland et moi, nous devions « tenir le pas gagné », recevoir « tous les influx de vigueur et de tendresse réelle » et, jusqu'à l'aurore où « nous entrerons aux splendides villes », nous « armer d'une ardente patience ».

Je pouvais donc désormais assumer avec bonheur mes contradictions, les affronter et, enfin et surtout – ici Marx et Hegel étaient indissolublement complémentaires –, les surmonter dans et par la praxis révolutionnaire. L'action révolutionnaire était la réalisation de la philosophie (je fis du reste un article grotesque, sitôt Paris libéré, dans *Libres, où sont les philosophes ?*, pour dire que la philosophie n'était plus dans les universités, mais était en marche avec les troupes alliées vers Berlin ; l'article se terminait ainsi : *C'est sur le Rhin, c'est sur l'Oder que sont les philosophes* « Ah ! m'avait dit narquois un ami, Georges Le Breton, je ne m'étais pas rendu compte que les troufions étaient philosophes »).

Le retour des contradictions

Mais les contradictions sont revenues après la Libération, avec le dogmatisme intellectuel grossier du jdanovisme, puis avec le retour des procès en sorcellerie contre des dirigeants communistes accusés d'espionnage, dans un déluge de mensonges énormes et d'accusations ignobles[1]. Alors la contradiction apparut au sein même de ce qui m'avait fait « dépasser » mes contradictions. La contradiction

1. J'ai raconté cela dans *Autocritique, op. cit.*

devint virulente entre mes besoins d'un minimum d'intelligence critique et l'acceptation passive d'une bêtise de plus en plus gigantesque, entre mon besoin d'un minimum éthique et l'acceptation silencieuse de l'immonde.

J'avais annoncé en 1948 que je ferais un livre sur « le double jeu de l'histoire » ; je voulais illustrer l'idée que l'histoire produit dans le même mouvement les meilleures et les pires possibilités, et que le même événement est un Janus à deux faces dont on ne sait jamais d'avance quel sera le visage qui s'imposera. Ainsi le doute revenait et corrompait de plus en plus ma foi. En même temps, je revenais aux contradictions de l'adolescence et préparais des notes pour un livre sur Rimbaud, *Les Secrets de l'adolescence* ; je renonçais à l'idée de « posséder la vérité dans une âme et un corps », je croyais désormais nécessaire de maintenir les aspirations antagonistes de l'adolescence.

De 1948 à 1950, je fus assailli par des contradictions que ma machine mentale hégélianisée ne pouvait plus dépasser. Au-delà d'un certain seuil, vite franchi, mon esprit ne pouvait plus transformer les ignominies et stupidités staliniennes en scories inévitables du processus émancipateur. Alors, je me sentais écrasé par la contradiction entre l'exigence éthique, inhérente à l'espérance révolutionnaire de l'émancipation, et le système qui niait cette exigence en la ridiculisant comme stérile et petite-bourgeoise. Le merveilleux système hégéliano-marxiste éclata sous les virulences simultanées de la critique rationnelle, de l'exercice du doute, de la révolte morale. Il me fallut reconnaître que mon système était contradictoire en soi et que cette contradiction-là était non pas au-delà de la logique aristotélicienne, mais en deçà de toute logique, y compris dialectique. Il me fallait reconnaître que ma foi était placée dans ce qui suscitait en moi un doute de plus en plus radical, que mon espérance était placée dans ce qui me faisait désespérer.

Alors le système se brisa. Cette rupture me ramena aux contradictions premières et me poussa à élaborer une conception qui les réaffrontait sans chercher à les dépasser à tout prix. L'idée de « totalité », qui m'avait tant séduit, perdit son caractère triomphal. Je compris que nul ne pouvait prétendre détenir la vérité du tout, mais je gardai l'idée que, dans tout savoir partiel, il faut garder la conscience du tout en tant que tout. La prétention à la totalité était désormais bannie et je me ralliai à la parole d'Adorno : « La totalité est la non-vérité. » Surtout, la totalité fut reconnue comme toujours inachevée, morcelée, fragmentée, incomplète, mais je continuai plus consciemment que jamais à prôner la résistance à la fragmentation et au morcellement, et à œuvrer pour la pensée multidimensionnelle. Tout ce travail de décomposition et recomposition s'opéra durant la période de révision féconde d'*Arguments* et préluda à l'élaboration de ma conception de la complexité. Ce qui était abandonné à jamais était la synthèse euphorique. Ce à quoi j'étais devenu allergique était le dévergondage dialectique. Mais ce qui était plus fort que jamais était la nécessité du dur affrontement des contradictions.

L'affrontement des contradictions

De toute façon, j'en étais arrivé, dans *L'Homme et la Mort*, puis dans *Le Cinéma ou l'homme imaginaire*, à l'idée que les notions de réel et d'imaginaire étaient non seulement antagonistes, mais complémentaires et inséparables. Ainsi s'est fortifiée l'idée de l'irréalité incluse dans la réalité. Je pense, en même temps et contradictoirement, que ce monde à demi imaginaire, à demi irréel est notre seule réalité de chair, de sang, d'âme, d'amour, de passion, de vie. Je pense même, à l'instar des penseurs du Grand Véhicule, que *samsara* et *nirvana* sont les deux faces opposées du même.

Ma plus grande acquisition a été de comprendre que la pensée ne peut dépasser des contradictions fondamentales, et que le jeu des antagonismes, sans pour autant susciter de synthèse, est en lui-même producteur. La lecture de Stéphane Lupasco, dans les années *Arguments*, m'a renforcé dans l'idée non tant d'une logique du contradictoire, mais d'une béance de la logique classique pour aborder les problèmes de fond, tant en ce qui concerne la structure microphysique de la matière que tout ce qui concerne l'organisation physique. L'idée intéressante, qu'il reprit sans cesse, était qu'il y avait en toutes choses une dialectique du virtuel et de l'actuel, que toute actualisation potentialisait son antagoniste, et que toute virtualisation contre-équilibrait une actualisation. De plus en plus, s'enracinait en moi la conscience que la pensée rencontre des contradictions logiquement indépassables dès qu'elle arrive dans les régions profondes de la réalité. Et finalement, au début des années 70, en lisant un recueil de textes de Niels Bohr[1], j'ai trouvé, d'une part, l'idée que le type de contradiction complémentaire entre les notions d'onde et de corpuscule (l'une excluant logiquement l'autre, mais l'une et l'autre étant nécessaires pour décrire la particule) peut se retrouver entre les notions d'individu et d'espèce, d'individu et de société ; d'autre part, l'idée que le contraire d'une vérité profonde est une autre

1. Cf. *Physique atomique et connaissance humaine*, Paris, Denoël, 1964 ; Paris, Gallimard, « Folio essais », 1991.

vérité profonde (alors que le contraire d'une vérité triviale est une erreur stupide). Plus tard, je redécouvris ce que Pascal avait déjà dit : « L'erreur n'est pas le contraire de la vérité, elle est l'oubli de la vérité contraire. »

De toute façon, ce fut toujours le choc entre deux idées contraires qui suscita chacun de mes livres. Ainsi *L'An zéro de l'Allemagne* est hanté par cette interrogation : comment la nation la plus cultivée du monde a pu produire une des pires barbaries dans le monde ; comment le pays où sont nées la musique, la poésie, la philosophie qui me touchent le plus a-t-il fait naître les idées qui me répugnent le plus ? Je me suis efforcé de maintenir ce paradoxe, de le comprendre, non de le réduire. *L'Homme et la Mort* part de la contradiction entre nos mythes d'immortalité et la réalité biologique inexorable de la mort, de la contradiction entre notre horreur de la mort et notre aptitude à risquer notre vie. *Le Cinéma* part de la contradiction entre la quasi-irréalité des jeux d'ombres et de lumières sur écran, et le sentiment de réalité intense qui naît à leur vue, ainsi que de la double conscience du spectateur qui, tout en sachant qu'il voit un spectacle imaginaire, y participe de toute son affectivité.

L'Esprit du temps décrit le film (et au-delà les autres productions médiatiques) comme le produit d'un jeu dialogique (à la fois complémentaire et conflictuel) d'art/industrie, de création/production, de standardisation/invention. *Commune en France* me demande en même temps le plein emploi de la subjectivité et le plein emploi de l'objectivité. Ce travail m'enjoint à la fois de fermer et d'ouvrir le champ de mon étude (la commune de Plozévet du pays bigouden), l'ouvrir pour comprendre les courants nationaux et internationaux qui la transforment, le fermer pour ne pas dissoudre sa singularité. En même temps que les courants dominants, je cherche les contre-courants que vont déclencher nécessairement les courants dominants, et je discerne déjà dans Plozévet les annonces de la crise de la modernité. Plus largement, je vois que la sociologie est traversée par la ligne de rupture entre la culture humaniste et la culture scientifique, et je crois en la nécessité de conjuguer les apports spécifiques des deux cultures antagonistes (ce que je développe dans mon livre *Sociologie*).

Dans *La Nature de l'URSS*, l'URSS apparaît comme le produit d'une dialectique entre les déterminations externes (arriération de la Russie tsariste, encerclement des puissances capitalistes) et les déterminations internes au bolchevisme. La force de l'URSS est fondée sur sa faiblesse : le développement de l'industrie lourde, d'un système concentrationnaire, du contrôle policier, de la répression généralisée, puis le développement du complexe militaro-industriel constituent chaque fois un accroissement de force pour surmonter une faiblesse radicale (l'échec de la révolution mondiale, l'échec d'une culture socialiste, l'isolement de Staline, puis l'échec de la réforme khrouchtchévienne). Et je disais (en 1980) qu'il était impossible de prévoir si la force l'emporterait une fois de plus, ou si le système succomberait de sa faiblesse.

Dans *Penser l'Europe*, je conçois l'Europe à partir de notions antagonistes : *Si c'est le droit, c'est aussi la force ; si c'est la démocratie, c'est aussi l'oppression ; si c'est la spiritualité, c'est aussi la matérialité ; si c'est la mesure, c'est aussi l'ubris, la démesure ; si c'est la raison, c'est aussi le mythe, y compris à l'intérieur de l'idée de raison.* Je définis la culture européenne des temps modernes comme une dialogique permanente, à partir d'une problématisation toujours recommencée, entre l'héritage judéo-chrétien et l'héritage gréco-romain, entre foi et doute, religion et raison, singularité et universalité.

Dans *Le Paradigme perdu*, je conçois *homo* non seulement comme *sapiens*, mais aussi comme *demens*; au lieu d'opposer l'unité biologique de l'homme à la diversité des cultures, je pose que l'unité de la nature humaine, dans sa complexité cérébrale, est source de diversités illimitées.

Dans *Terre-Patrie*, je montre que les processus d'unification et de solidarisation de la planète provoquent d'eux-mêmes morcellement, balkanisation et guerres, et je mets en évidence l'ambivalence profonde de ce qui fut longtemps considéré comme seulement bénéfique : la science, la technique, l'industrie. Je conçois à la fois les vertus et les vices de l'individualisme, je vois la misère morale de la société riche, les carences de la société prospère, le mal-être dans la civilisation du bien-être. Je retrouve la phrase de Walter Benjamin qui m'avait tellement frappé quand je l'avais découverte au début des années 50 dans *Les Temps modernes*: « Il n'est pas un signe de civilisation qui ne soit aussi un signe de barbarie. »

Enfin, c'est bien entendu dans *La Méthode* que la dialogique se substitue irrévocablement à la dialectique ; j'élabore et définis la dialogique comme association d'instances à la fois complémentaires et antagonistes, et j'envisage les innombrables dialogiques particulières dans le monde physique, le monde vivant, le monde humain. Le cosmos est chaosmos. Le monde physique est le produit d'une désintégration organisatrice ; on ne peut le concevoir sans se référer à un tétragramme incompressible ordre-désordre-interactions-organisation : ces quatre termes sont à la fois complémentaires, concurrents et antagonistes. J'introduis la contradiction dans l'idée d'organisation, puisque celle-ci est à la fois plus et moins que la somme des parties qui la constituent et comporte un antagonisme interne. De même, la vie est inintelligible si l'on ne fait appel à la dialogique : l'être vivant vit à la température de sa propre destruction, il vit de mort et meurt de vie, il est autonome-dépendant, auto-éco-organisateur. La relation entre l'individu humain, l'espèce, la société, est également dialogique : nous possédons des gènes qui nous possèdent ; nous possédons des idées et des mythes qui nous possèdent ; nous sommes générés par la société que nous générons.

Je dégage, outre le principe dialogique, deux autres principes qui comportent chacun un antagonisme interne en leur sein : le principe de « récursion organisationnelle » où les produits sont nécessaires à la production de ce qui les produit ; le principe « hologrammatique » où non seulement la partie est dans le tout, mais où également le tout en tant que tout est à l'intérieur de la partie. Je traite enfin, dans le quatrième volume, du problème logique des contradictions, antinomies et apories, et de la brèche irrefermable désormais ouverte au sein de la logique ; j'examine le problème des limites de la logique déductive/identitaire ; la rationalité comporte à mes yeux non le refus de la contradiction, mais l'affrontement des contradictions qui surgissent à partir de l'examen empirique-logique des problèmes. Je ne nie pas la logique classique, je la mets en dialogique avec la transgression logique. Je ne dis pas que la contradiction est au cœur de la réalité, je dis que notre esprit, dès qu'il approche le cœur de la réalité, débouche sur des contradictions.

Je sais désormais qu'il faut penser avec et contre la contradiction : « La source de toutes les hérésies est de ne pas concevoir l'accord de deux vérités opposées » (Pascal). Je sais en même temps que « l'émergence d'inévitables contradictions, antinomies et paradoxes dans la logique [n'est] pas le symptôme d'un échec subjectif, mais une indication positive que notre raisonnement logique est entré dans une nouvelle dimension théorique avec de nouvelles lois » (Gotthard Günther). Ce que dit d'une autre façon Whitehead : « Dans la logique formelle, une contradiction est l'indice d'une défaite, mais dans l'évolution du savoir, elle marque le premier pas du progrès vers la victoire. »

Désormais, pour moi, ainsi que je l'écris dans le quatrième tome de *La Méthode, le surgissement de la contradiction opère l'ouverture d'un cratère dans le discours sous la poussée des nappes profondes du réel… Elle constitue à la fois le dévoilement de l'inconnu dans le connu, l'irruption d'une dimension cachée, l'émergence d'une réalité plus riche, et elle révèle à la fois les limites de la logique et la complexité du réel.* Ainsi ma conception de la contradiction débouche d'elle-même sur la pensée complexe.

Penser, vivre, et agir dans la contradiction

Aujourd'hui, tout ce que je pense peut à la fois s'exprimer de façon paradoxale ou antinomique tout en s'explicitant de façon rationnelle. Par exemple : la civilisation contient aussi la barbarie ; la raison contient aussi la déraison ; l'un contient aussi l'autre ; le parfait est monstrueux ; l'ordre contient aussi le désordre ; les intellectuels critiquent les mythes et produisent les mythes ; le progrès de la connaissance fait progresser le mystère ; etc.

Comme je vais l'indiquer dans le chapitre suivant, la contradiction est également au cœur de l'éthique dans le sens où les vrais problèmes éthiques sont ceux où s'affrontent des impératifs antagonistes (et les progrès de la biologie et de la médecine ont fait surgir de nouveaux antagonismes éthiques). En même temps, ma conception de l'« écologie de l'action » introduit non seulement l'incertitude, mais aussi la contradiction dans toute action éthique ou politique. Toutefois, je sais de plus en plus que nous pouvons répondre aux incertitudes par la stratégie, et aux contradictions par le pari.

Enfin, la contradiction, revenue en force au cœur de ma conception politique, ne cesse de me travailler. J'ai toujours été droitier/gauchiste : droitier dans le sens où je ressens l'impératif de respecter les libertés et de ne pas violenter la société ; gauchiste dans le sens où je suis convaincu qu'une transformation radicale des relations entre êtres humains est nécessaire. Pour moi, ce n'est pas une contradiction entre réalisme et utopie, mais plutôt une contradiction au sein du réalisme, parce que le réalisme complexe ne s'enferme pas dans la réalité immédiate et comporte en lui le possible et l'improbable. Certes, ma contradiction demeure accrue, parce que je ne me résignerai qu'en cas extrême à la transgression de mes idées droitières, et que je ne vois pas comment on pourra effectuer la grande transformation qui nous fera concitoyens de la Terre-Patrie.

Je sais que la contradiction demeure et demeurera au cœur de l'action, de l'éthique et de la politique. Je sais qu'il ne suffit pas de bonnes intentions ni même de bonnes actions pour avoir de bons résultats. Je sais que les moyens pervers contaminent les fins, mais je sais aussi que des moyens vertueux peuvent avoir des effets pervers. Je sais que nous ne serons jamais sûrs de ce qu'est le réalisme. Je sais qu'il faut faire des compromis avec l'horreur mais que ces compromis me font horreur. Je sais que je me méfie des apprentis sorciers révolutionnaires mais que je me défie aussi des résignés et des pragmatistes au jour le jour. Je sais qu'il faut à la fois conserver et révolutionner. Je sais que l'histoire n'est pas le tribunal suprême, mais je sais qu'on ne peut se mettre hors de l'histoire.

AUJOURD'HUI

La présence permanente des contradictions en moi a un caractère à la fois existentiel et intellectuel : orphelin, j'ai vécu la contradiction entre désespérance et espérance ; autodidacte, j'étais naturellement ouvert aux arguments contraires ; « néo-marrane[1] », j'ai ressenti à l'intérieur de moi-même l'affrontement de vérités qui s'excluaient. Pour toutes ces raisons singulières qui se sont entre-renforcées, je suis devenu un homme quelconque (sous-déterminé, non spécialisé) qui porte en lui les contradictions essentielles de l'humaine condition.

C'est au cours de mes apprentissages et de mes expériences, l'expérience de la guerre ayant été décisive, que j'ai dû affronter des alternatives impossibles, des vérités antinomiques, jusqu'à ce que j'aie découvert la possibilité d'assumer mes contradictions, mieux, de les mettre au centre de mes pensées et de mes conceptions. J'ai cru d'abord en Hegel-Marx, à la possibilité d'une pensée et d'une praxis qui surmontent les contradictions, puis j'ai trouvé dans le maintien des contradictions l'expression même de mes vérités.

Aujourd'hui, je boucle la boucle, je reviens aux contradictions ombilicales ; elles animent en permanence ma façon de penser. Pour moi, la pensée qui vit est celle qui se maintient à la température de sa propre destruction. C'est quasi instinctivement que,

1. Cf. *infra*, chapitre 4, « Du sous-marrane au post-marrane », p. 134.

devant toute idée, je cherche son contraire. Je vis sans cesse l'assaut des vérités contraires, des impératifs contraires. Parfois je peux dépasser/déplacer la contradiction en trouvant un méta-terrain ou méta-point de vue. Sinon, je fais un choix et un pari.

Les contradictions sont inhérentes à ma vision, à mon sentiment et à ma conception du monde. Je retourne sans cesse aux contradictions-mères d'Héraclite : l'union de l'union et de la désunion, de l'accord et de la discorde, vivre de mort, mourir de vie. J'ai attirance pour toutes les cosmogonies qui, comme la Gnose, l'Origénisme ou la Kabbale, nous disent que le monde matériel est né d'une rupture, d'une déchéance en chaîne, et je tire de la cosmologie contemporaine l'idée que le monde, né d'un désastre inconcevable, s'organise dans la désintégration.

Je pense à la fois que tout n'est qu'illusion, et que pourtant cette illusion est notre seule réalité. Je vis la contradiction entre mon sentiment du peu de réalité de la réalité et mon sentiment que notre seule réalité est celle de ce monde phénoménal ; je vis tantôt le sentiment d'être comme un fantôme dans le monde des apparences, et tantôt celui de jouir du miracle inouï de la vie ; je sens parfois le néant partout et je ressens parfois une plénitude extatique qui me fait chavirer. Je sais que notre seule réalité se trouve dans les phénomènes fugitifs qui ont si peu de réalité, mais que le plus fragile et le plus éphémère, l'amour, est aussi la réalité le plus sublime.

Si je suis de plus en plus profondément touché par Pascal et Dostoïevski, c'est qu'ils n'ont cessé de vivre intérieurement une contradiction fondamentale, un antagonisme irréductible ; même lorsqu'ils ont manifestement choisi un parti contre l'autre, ce dernier a travaillé souterrainement, mais activement, à l'intérieur du premier. C'est la pensée de Pascal qui cor respond aujourd'hui à l'acceptation et à la nourriture de mes contradictions : doute/foi, rationalité/mysticisme. Certes, chaque être humain est le siège à la fois d'une rationalité, d'une mystique, d'une foi, d'un doute, mais, en général, ils sont compartimentés, non communicants, ou bien l'un refoule puissamment son antagoniste. En moi, ils sont chacun intensifiés, s'étendant sur toutes choses, en lutte et en accouplement.

Chez Pascal, la rationalité, travaillée par le doute, reconnaît ses propres limites et sert à affronter les contradictions au lieu de les escamoter. Le scepticisme et la rationalité ont convaincu Pascal que l'on ne peut prouver Dieu ni logiquement ni empiriquement, mais ils fournissent à sa foi la conception du pari. Rationnel, scientifique, sceptique, Pascal est plus que croyant, il a fait l'expérience mystique bouleversante de l'illumination et du mystère. Chez moi, à ma façon, la rationalité est sortie trempée et complexifiée de son commerce avec le doute et la contradiction. Assumer la contradiction m'a poussé à assumer la complexité et à élaborer la pensée complexe, à faire la théorie ouverte, à promouvoir la rationalité ouverte. De même, ma rationalité s'est trouvée fortifiée de son commerce avec l'irrationalisable, qui l'a toujours sauvée de la rationalisation : je n'ai jamais laissé le système d'idées ronger et détruire le problème même de l'existence et de la subjectivité. Aussi me suis-je nourri, en même temps que des lectures marxistes de mes années de formation, de lectures « existentialistes », comme celles de la première traduction de Heidegger en fragments (*Qu'est-ce que la métaphysique ?*), des écrits de Jean Wahl sur Kierkegaard, de ceux de Heidegger, de Scheler et de Jankélévitch, du Sartre pré-marxiste, etc.

Mon scepticisme n'en est pas resté à la critique, à la

résistance aux dogmes et aux vérités proclamées. Il s'est approfondi : plus d'explication première, plus de dernière analyse, plus de cause finale, plus de fondement. Mais, à la place des fondements perdus, il y a un inconcevable à partir de quoi émerge le concevable...

Ma foi prend l'exemple sur celle de Pascal : je réponds à l'incertitude et à la contradiction par le pari. La foi improuvable en Dieu est devenue pour moi la foi improbable en un monde moins barbare, en une intelligence moins aveugle, et la foi imperturbable en la vérité de l'amour. Jamais je n'ai pu m'enfermer dans une foi. Ma foi a toujours gardé le doute en elle. Jamais je n'ai pu croire comme la plupart croient, même quand j'étais dans l'élan messianique de ma résistance de guerre (et le doute est revenu corroder rapidement la croyance). Mais jamais je n'ai pu m'enfermer dans le doute, et mon doute a toujours gardé la foi en lui.

Sans cesse, mon problème est de sauver la tolérance au sein de la foi (l'espérance), sauver la foi (l'espérance) au sein de la tolérance. Cette dialogique, issue de ce qu'il y a de plus profond et en même temps de plus contradictoire en moi, ne s'est jamais arrêtée, même au cœur de mon adhésion au communisme stalinien – je n'ai jamais été un fanatique. Mon mysticisme qui surgit comme émotion devant le mystère des choses se manifeste soudain en regardant un scarabée, un chat, une pâquerette, un visage. Il se manifeste dans l'expérience de l'extase, de l'ivresse, de la poésie, de la musique. Il se concentre sur l'Amour.

Je ressens toujours en moi l'attente messianique en une rédemption, en un autre monde. Mais ce messianisme est recouvert, virtualisé, contenu. Elle est morte, la Grande Promesse : « Armés d'une ardente patience nous entrerons aux splendides villes ! » Et c'est par le même Rimbaud que je me vois « rendu au sol, avec un devoir à chercher et la réalité rugueuse à étreindre ». J'ai perdu la Grande Promesse, mais je n'ai pas perdu l'espérance, au point de formuler six principes d'espérance dans *Terre-Patrie*, mais, ainsi que je conclus ce livre, *nous ne pouvons nous soustraire ni à la désespérance, ni à l'espérance. La mission et la démission sont également impossibles...*

Ainsi, plus que jamais et pleinement, je vis, subis et me nourris de la dialogique permanente entre foi et scepticisme, mysticisme et rationalité. Le travail des contradictions continue. En voici la conséquence existentielle : *Vivre dans le duel des contraires, c'est-à-dire ni dans la duplicité sans conscience ni dans le « juste milieu », mais dans la mesure et la démesure ; non dans la morne résignation, mais dans l'espoir et le désespoir, non dans un vague ennui ou un vague intérêt devant la vie, mais dans l'horreur et l'émerveillement*[1].

1. Cf. *Le Vif du sujet, op. cit.*

3

Auto-éthique

Je me suis senti sourdement coupable après la mort de ma mère. Aussi mon éthique a-t-elle certainement une source subjective « névrotique » : d'une part, la conscience coupable m'a fait aspirer à la rédemption par l'épreuve ou le sacrifice ; d'autre part, l'hémorragie d'amour déclenchée par la mort de la mère m'a voué à la recherche éperdue de la communion, de la ferveur, de l'adoration.

C'est sans doute pour cela qu'autour de quatorze et quinze ans, j'ai été si bouleversé par *Résurrection*, *Crime et Châtiment* et le film *Le Chemin de la vie.* À partir d'un magma douloureux et indistinct, ces livres et ce film ont fait prendre forme et force à mes vérités éthiques les plus profondes. Chacun m'apportait un message identique, libellé de façon différente ; de plus, celui de *Crime et Châtiment* et de *Résurrection* contenait l'incommensurable vertu de la compassion. Ce fut comme l'allumage d'un soleil qui allait rayonner sur toute ma vie, illuminant et nourrissant ma foi, mes vérités, ma morale.

Ce message me permettait de tirer les conséquences universelles de l'expérience juive de l'outrage. Comme je l'ai dit, je n'ai personnellement souffert ni d'offense ni d'humiliation dans l'enfance et l'adolescence. Toutefois, j'ai entendu prononcer avec mépris le mot « youpin », de même que le mot « bicot », le mot « boche », l'expression « sale étranger », et, chaque fois, j'ai ressenti en moi-même la blessure de l'humiliation et de l'offense. Le mot « bougnoule », le mot « négro » me font autant horreur que le mot « youpin ». Et j'ai toujours eu autant horreur du mot « bicot » que du mot « boche », que je n'ai d'ailleurs jamais employé durant l'occupation allemande.

Ainsi le message tolstoïen-dostoïevskien, dans tout ce qu'il comportait de christianisme naissant, fut totalement vécu et intégré par ma sensibilité juive à l'humiliation. À la différence de beaucoup d'autres, je n'ai pas méprisé l'ethnie, la religion, la race, la classe, la personne de ceux qui méprisaient ou me méprisaient – j'ai méprisé le mépris lui-même. En même temps, a surgi en moi, et notamment en voyant *L'Opéra de quat'sous* (mais sans doute était-ce déjà présent depuis l'enfance avec la lecture de *Sans famille* d'Hector Malot), la sensation d'une équivalence entre la misère matérielle et la misère morale. Aussi ai-je été naturellement porté à compatir avec ceux qui subissaient l'une ou l'autre misère. En même temps, je me suis senti en communauté avec ceux et celles qui avaient été marqués par la souffrance. Cela a sans doute été aussi déterminant dans la fixation amoureuse : les femmes vers qui j'ai été aimanté ont toutes souffert dans leur enfance.

J'étais prédisposé à croire en l'amour. Mais quelque chose de plus m'est advenu. J'ai cru, je crois en la fraternité. J'ai cru, je crois en la compassion. J'ai cru, je crois au repentir, au pardon, à la rédemption. C'est cela qui est au noyau de la « foi » que j'ai déjà évoquée et à la source de l'éthique dont je parlerai ici.

Quand je considère mon engagement simultané dans la Résistance et dans le communisme, j'y vois non l'obéissance à un impératif catégorique m'enjoignant de faire mon devoir, mais un complexe de motivations qui, s'entre-conjuguant et s'entre-renforçant, m'ont fait surmonter ma peur.

J'avais peur, et j'avais peur de demeurer lamentablement dans ma peur. Un étudiant communiste, que nous étions quelques-uns à surnommer « Passepoil », avait voulu me recruter en juin 1941 pour le Front national que le PC formait après l'attaque hitlérienne en URSS. J'avais refusé en avouant la crainte de risquer ma vie. (« Et que feriez vous si les bombes tombaient sur votre maison ? – Je me cacherais sous mon lit. – Alors restez sous votre lit... ») Mais, quelques mois plus tard, je fis une succession de sauts jusqu'au grand saut final. Ce qui me déclencha, ce fut à la fois l'aspiration adolescente à la « vraie vie », le besoin inconscient de me libérer de mon sentiment de culpabilité dans l'épreuve de vie et de mort, l'appel intérieur pour me joindre à la jeunesse du monde emportée dans un gigantesque sacrifice, l'élan pour participer à l'émancipation du genre humain.

Le sentiment d'obéir à un devoir était présent, mais intégré dans le formidable système de justification hégéliano-marxiste dont j'ai parlé dans le chapitre précédent et qui, du reste, me masquait le caractère religieux de ma conversion au communisme. Or, pour cette religion, était moral ce qui sert la révolution, immoral ce qui la dessert.

Je devins « sous-marin » par accident. Nous devions, Jacques-Francis Rolland, Victor Henri, Henri Pozzo di Borgo et moi, être versés aux FTP[1] puisque, pour éviter de partir en Allemagne pour le STO[2] au printemps 1943, il nous fallait entrer dans une clandestinité totale. Mais André Ulmann (qui nous avait fourni des vraies identités de prisonniers encore en captivité et des faux papiers de rapatriement, ce qui nous a permis d'obtenir de vraies cartes d'identité, d'alimentation, etc., dans une mairie) nous dit que nous avions mieux à faire en nous intégrant dans le mouvement de résistance qu'il constituait. « Et le Parti ? – J'arrangerai cela avec le Parti », dit-il d'un air entendu, nous faisant comprendre qu'il était un grand sous-marin. Être sous-marin comportait la dissimulation de son affiliation communiste auprès des compagnons de résistance non communistes. Le Parti demandait aux résistants qui manifestaient l'intention de se rallier à lui de rester à leur poste dans leur mouvement non communiste, tout en établissant une liaison permanente avec le Comité central, qui leur fournissait les directives et instructions – ainsi devenait-on « sous-marin ».

Ce statut entraînait des services occultes rendus à la cause. Certes, je ne dissimulais pas mes idées à mes amis proches, mais je celais mon affiliation au point même de devenir l'artisan, au cours de la fusion entre mon mouvement de résistance et celui de François Mitterrand, de l'introduction d'un troisième mouvement, en réalité fantôme, dit « du Front national » afin d'implanter une codirection

1. Francs-tireurs et partisans, organisés par le Parti communiste.

2. Service du travail obligatoire pour les jeunes des classes 1941-1942.

communiste au sein du nouveau MNPGD[1]. Ces ruses ou tromperies auxquelles je me prêtais non sans gêne intérieure me semblaient justifiées par les fins sublimes du communisme.

De plus, j'obéissais personnellement, sans directives du Parti et même à son insu, à l'injonction intérieure m'enjoignant d'aider la résistance allemande à Hitler. *Via* mon ami Felix Kreisler, que j'avais déjà « sauvé » deux fois, je rendais service au Parti communiste autrichien en exil, qui était isolé et démuni. Alors que la résistance française, y compris communiste, était anti-allemande sans discrimination, je considérais de mon devoir d'aider tous les allemands antinazis et de donner une conscience résistante aux soldats allemands en France. Je fis entrer officiellement Felix à mon mouvement, le MRPGD[2], en dissimulant non seulement sa nationalité, mais aussi son appartenance communiste, ce qui était une tricherie type de sous-marin.

Enfin, quand j'avais une bonne source d'information, je favorisais un réseau dirigé par d'autres sous-marins. Ainsi j'avais pu entrer en confiance avec les plus hauts responsables de la SNCF. Mme et M. Barré, parents de mon ami Henri Luce, qui était au STO en Allemagne, m'avaient un temps hébergé et me recevaient souvent à déjeuner. Quand j'eus informé M. Barré, qui était un Lorrain patriote, que j'étais un résistant, il me présenta à ses supérieurs, qui connaissaient tous les horaires des trains spéciaux qu'exigeait d'eux la Kommandantur allemande. Je confiai cette liaison à Roger Vailland, qui dirigeait le réseau Mithridate, sachant que ce réseau envoyait directement des messages radio à Londres, mais aussi qu'il informait les services militaires soviétiques.

1. Mouvement national des prisonniers de guerre et déportés.
2. Mouvement de résistance des prisonniers de guerre et déportés.

Par ailleurs, j'étais plutôt heureux de ma double affiliation. Je vivais en fait dans un milieu résistant non communiste, où les relations humaines étaient moins soumises à hiérarchie que dans le Parti, où la langue de bois ne fonctionnait pas entre compagnons, où donc je me sentais bien, tout en étant lié mystiquement avec le Parti, mais fort heureusement de l'extérieur[1].

Cela ne m'empêcha pas d'obéir à l'éthique bolchevique lorsque je pensai que deux membres de notre mouvement avaient été retournés par la Gestapo. Il m'avait semblé qu'un grand nombre des arrestations qui nous avaient frappés étaient dues à leur délation. Aussi pensai-je qu'il fallait les liquider physiquement : « Même s'ils n'ont pas trahi, les arrestations sont dues à leur imprudence et ils sont dangereux. » Je m'entretins avec François Mitterrand de la nécessité de prendre cette décision. Il fut d'accord, mais l'insurrection de Paris arriva avant qu'elle pût être exécutée. L'un des deux supposés délateurs fut retrouvé à la Libération et mis dans une chambre d'un hôtel transformé en prison par notre mouvement, tandis que l'autre avait rejoint à temps la Ière armée. Ici, se place un épisode qui montre que l'empreinte bolchevique n'était pas assez profonde en moi. J'allai voir le prisonnier avec Dionys Mascolo. Il était étendu, lamentable et larmoyant, sur le sol de la chambre-cellule, et jurait de son innocence. Je crois que Dionys fut d'accord avec moi pour laisser tomber. Ce souvenir souligne un trait significatif sinon de mon éthique, du moins de mon caractère : autant je pense qu'en état de guerre il faut tuer l'ennemi, voire l'irresponsable qui nous met en danger, autant je pense que, la

1. Je reviendrai sur cette double identité quand j'évoquerai mon sous-marranisme (chapitre 4, p. 134).

bataille terminée ou le danger passé, il faut devenir clément.

Du reste, et j'y reviendrai, la véhémente attitude du Parti à la Libération, demandant le « châtiment des traîtres » et dénonçant les lenteurs et défaillances de l'épuration, m'incommodait. Les listes noires de chanteurs, d'artistes et d'écrivains me répugnèrent. Comme je l'ai dit dans *Autocritique*: *Je concevais la mise à mort comme un acte de guerre, je ressentais la mise à l'index comme un acte d'obscurantisme.*

La révolte

Je fus presque par inadvertance le déclencheur de la petite rébellion culturelle qui agita les sphères intellectuelles du Parti en 1947-1948. Je fis d'abord un article à l'occasion du prix Nobel de Gide en mai 1947 où, pour réagir contre un article de Jean Kanapa s'indignant qu'on eût osé couronner un vieux fasciste pédéraste, je soulignais que Gide « eut une immense influence libératrice » et que « son retour d'URSS ne lui avait pas subitement ôté tout talent » (Aragon et Elsa Triolet avaient alors décrété qu'un anticommuniste ne pouvait avoir de talent). Puis Dionys et moi fîmes, dans *Les Lettres françaises*, en juin 1947, une interview de notre ami Elio Vittorini où nous contestions l'argument selon lequel « il ne faut pas se placer sur le terrain de l'adversaire ». Enfin lorsque, après la publication du rapport Jdanov, chef-d'œuvre d'obscurantisme crétiniste, Laurent Casanova, membre du Bureau politique, réunit les intellectuels « pour renforcer la lutte sur le front idéologique », j'osai relever cette phrase de Casanova parlant d'Elio Vittorini – « Qu'est-ce que c'est que cet Italien qui vient nous donner des leçons à nous autres

Français ! » – pour dire que la nationalité de Vittorini n'avait rien à faire avec le problème que nous abordions. J'ai raconté tout l'épisode dans *Autocritique.* Mais je veux m'en souvenir ici pour marquer une réaction à la fois viscérale et éthique contre l'excès de bêtise et de bassesse qui se déchaînait dans mon propre camp. Certes, j'avais circonscrit ma révolte au seul domaine culturel, m'interdisant de critiquer la politique du Parti (quoi que décide le Parti, il faut le suivre, même s'il se trompe, puisqu'il agit pour l'émancipation du genre humain).

Lorsque survint la nouvelle glaciation stalinienne et les procès en sorcellerie, dont celui de Rajk à Budapest, c'est alors le Parti lui-même qui devint l'objet de ma révolte. Mais ma révolte éthique subjective se brisait contre la marche objective de l'Histoire, mon système me donnait tous les arguments pour la détruire, puisque je devenais identique à tout ce qu'avait déjà réfuté ce système : idéaliste petit-bourgeois, moraliste désincarné, subjectiviste égocentrique, « belle âme »... Moralement, je rejetais le système, mais idéologiquement je rejetais ma morale. Et, comme mon idéologie était porteuse de la morale supérieure, la morale révolutionnaire, cette morale rejetait ma morale. Il m'a fallu deux années de combat intérieur pour que le système se brise.

Grâce à la dialectique, nous pouvions assimiler, digérer quelques bêtises, beaucoup de bêtises, beaucoup de rites magiques, beaucoup de mensonges, quelques procès en sorcellerie, quelques milliers de morts, quelques centaines de milliers de concentrationnaires ; nous pouvions soit les inscrire au compte « profits et pertes » comme les morts innocents des bombardements alliés, la population d'Hiroshima, les victimes innocentes de notre Libération, soit les faire endosser à la Raison rusée de Hegel ; mais venait un moment où cette Raison nous devenait absurde, et où nous étions débordés par un irrémédiable écœurement. Ce fut l'excès de mensonge, de bêtise, de cruauté qui brisa à la fois la rationalité et la moralité du système dans ma conscience. Je ne fus pas le seul. Je découvris que bien d'autres comme moi, en France, en Pologne, en Tchécoslovaquie, en Amérique latine, avaient rompu avec le stalinisme non pas pour avoir découvert ses erreurs économiques ou stratégiques, ses carences doctrinales, son dogmatisme théologique, mais par asphyxie morale, par révolte éthique. Nous avions de nous-mêmes, à un moment ultime, ressenti ce que plus tard Soljenitsyne allait clairement formuler comme impératif premier : *ne pas participer au mensonge*.

Je ne repris pas ma carte, profitant de mon déménagement de la rue Saint-Benoît à Vanves, mais n'osai pas rompre ouvertement avec le Parti. Cela dura trois ans pendant lesquels le Parti ignorait que je n'étais plus des siens. Puis, à la suite d'un article anodin, mais jugé sacrilège, dans *France Observateur*, le Parti coupa le cordon ombilical qui me reliait encore à lui. Je demeurai malheureux une journée, orphelin, puis soulagé à jamais : libre. Désormais, je n'allais plus subordonner ma morale à un devenir historique, et j'allais progressivement me convertir à l'idée de résistance contre le mensonge politique.

Ainsi donc, depuis la double rupture (celle venue de l'intérieur de moi-même, celle venue de l'intérieur du Parti), je ne cherche plus de solution par une nouvelle intégration de l'éthique dans une philosophie totalisante. Je suis même rapidement arrivé à l'idée qu'il n'y a pas de telle solution.

L'exigence éthique s'est alors imposée à mon esprit sans avoir d'autre fondement qu'elle-même.

Ainsi s'est fondée en moi une éthique sans fondement : une auto-éthique.

L'auto-éthique est une émergence, c'est-à-dire une qualité qui ne peut apparaître que dans certaines conditions historiques et culturelles. Les éthiques traditionnelles sont des éthiques intégrées (dans la religion, la famille, la cité) avec des impératifs de solidarité, d'hospitalité et d'honneur. L'auto-éthique ne peut apparaître que dans la civilisation individualiste avec l'érosion et, souvent, la dissolution des éthiques traditionnelles. Son champ s'élargit à partir du moment où l'économie, la science, la politique, les arts sont libérés des considérations et contraintes morales autres qu'intrinsèques. L'auto-éthique signifie que l'éthique s'autonomise et ne se fonde que sur elle-même, mais cette autonomie est bien sûr dépendante des conditions historiques, sociales, culturelles, psychiques où elle émerge.

Les déterminants et le principe

Mon auto-éthique dépend d'une certaine façon de mon caractère, qui est plutôt débonnaire. N'ayant jamais cherché à acquérir du pouvoir, je n'ai pas eu à me livrer aux manœuvres et intrigues des ambitieux et des tueurs. Je ne fais pas naturellement des croche-pieds ni ne porte des coups bas. Je ne respecte pas la loi du milieu. Je me sens végétarien dans un monde carnassier. Je suis certes capable de vilaines pensées, mais elles ne durent guère, et il en faut peu pour les apaiser. Le souvenir d'un forfait commis à mon encontre s'efface en moi au terme de dix ans, comme si la prescription s'y effectuait de façon toute naturelle…

Mon auto-éthique dépend aussi de ma « névrose »

de culpabilité. Cette culpabilité a pu être plus ou moins jugulée lorsque j'ai risqué ma vie durant la Résistance, et cela d'autant plus que je faisais le don mystique de ma personne à l'Humanité. Ma culpabilité n'a jamais été pour autant totalement exorcisée. Elle a repris virulence à chaque crise profonde. Lors de ma crise intérieure dans le Parti communiste, je me sentais à la fois coupable d'y demeurer et coupable de vouloir l'abandonner. Elle est revenue lors de ma crise personnelle de 1962, et ce fut la plongée dans les limbes, au Mount Sinai Hospital, qui m'en délivra. Contrôlée ou jugulée, elle peut néanmoins resurgir violemment. Mais, demeurant à l'état souterrain, elle entretient en continuité ma « foi » en la rédemption par l'amour. Ainsi la névrose de culpabilité joue-t-elle un rôle clé dans mon auto-éthique.

L'auto-éthique ne se fonde que sur elle-même, mais elle ne pourrait s'affirmer sans une « foi » qui la nourrit et l'éclaire. Mon auto-éthique relève surtout de la « foi » en l'amour, en la compassion, en la fraternité, au pardon et à la rédemption qui a marqué mon adolescence. Mais ma « foi » en la rédemption est désormais strictement individuelle. J'ai perdu l'espérance en la rédemption collective du genre humain. Je sais que nous ne pouvons échapper à la perdition [1], et c'est sur cette perdition que j'assieds ma « foi » en la fraternité et en l'amour.

Mon horreur de l'exclusion vient sans doute de l'expérience juive, mais cela ne suffit pas – tant de juifs ou d'Israéliens rejettent et excluent les Arabes. Elle a sans doute été renforcée par mon exclusion du Parti communiste, mais celle-ci n'a pu être que surdéterminante. Déjà, j'avais universalisé mon aversion

1. Cf. « L'Évangile de la perdition », in *Terre-Patrie*, Paris, Seuil, 1993, p. 194-208.

pour tout ce qui offense, et l'auteur d'*Humiliés et offensés* avait su me faire abhorrer toute humiliation faite à autrui, quel qu'il soit. Aussi je hais la haine, je méprise le mépris, je rejette ce qui rejette. Je n'ai jamais accompli ce geste premier d'exclusion qui est de refuser sa main à qui l'offre. Je n'ai jamais anathémisé, je n'ai jamais demandé l'interdiction d'une parole, d'une idée, d'une musique. Je n'ai jamais admis les mises à l'index, et j'en ai connu – sous l'Occupation, à la Libération, durant le stalinisme et au-delà, au nom de l'antifascisme. De même, l'interdiction de Wagner après la déclaration de guerre de 1939 en France, comme la même interdiction en Israël, me semblent non seulement absurdes, mais porter un germe répugnant. C'est pour ne pas laisser contaminer la musique par autre chose qu'elle-même que j'ai assisté au concert donné par l'Orchestre philharmonique de Berlin dirigé par Fürtwangler à Lyon, en 1942 ou 1943, concert que les résistants avaient décidé de boycotter.

J'ai toujours naturellement donné la primauté à l'amitié sur les intérêts, les relations et l'idéologie. Je n'ai pas rompu avec mes amis qui, à partir du pacifisme, avaient glissé, dérivé vers la collaboration. Au sein du PC, j'étais ami avec Jean-René Chauvin, trotskiste que j'aurais dû refuser de voir. Je reste ami de Serge Thion, qui a pris la défense du négationniste Faurisson. La qualité de la personne m'importe plus que la qualité de ses idées ou opinions. Comme dit Lichtenberg, « règle d'or : ne pas juger les hommes sur leurs opinions, mais sur ce que leurs opinions font d'eux ». Mon principe est que l'amitié traverse les différences et les oppositions politiques. Et c'est parce que je crois en l'amitié que celle-ci est pour moi trans-politique, trans-classiste, trans-ethnique et trans-raciale. J'ai vécu au sein du grand Parti ce paradoxe d'une camaraderie chaleureuse qui n'était pourtant pas de l'amitié : sitôt tombée la condamnation par l'Appareil, on tournait le dos, on cessait de voir l'ami. Ailleurs, j'ai vu aussi les limites de la camaraderie militante – Jean Rous, qui avait voué sa vie à la cause de l'émancipation du tiers-monde, est mort seul.

J'ai vécu l'altération des rapports humains en milieu militant. Hors de ce milieu, j'ai voulu mener une résistance à l'embourgeoisement. J'étais certes toujours endetté en fin de mois, mais l'amélioration de ma situation matérielle me faisait craindre de devenir prisonnier du bien-être, des commodités, du confort. Cela a été une obsession dans les années 50, jusqu'à mon hospitalisation au Mount Sinai Hospital à New York en 1962, et la nouvelle vie qui s'en est suivie m'en a délivré. Je me suis installé avec dix livres dans une chambre amie, et j'ai été heureux de vivre de peu. Depuis, j'ai voulu ne pas être possédé par ce que je possède. Du moins, jusqu'à aujourd'hui, puisque je suis désormais prisonnier de mon ordinateur et de mon fax, parce qu'ils me libèrent !

Tout cela relève certes d'une morale banale. Mais ce qui me semble différencier mon auto-éthique relève de trois exigences : le souci autocritique dans l'éthique-pour-soi ; la conscience de la complexité et des dérives humaines ; une morale de la compréhension.

L'ÉTHIQUE-POUR-SOI ET L'AUTOCRITIQUE

Le problème clé de l'éthique-pour-soi est celui de la relation avec notre propre égocentrisme. Il y a en chacun un noyau égocentrique inéliminable et, de ce fait, il y a dans la vie morale une part amorale, du reste nécessaire à l'exercice de la morale, ne serait-ce que parce qu'elle permet la survie. Un cal d'indifférence est nécessaire pour ne pas être décomposé par la douleur du monde : on ne peut vivre sans être partiellement bouché et obtus, aveugle et pétrifié. Mais, du coup, il est nécessaire d'être conscient de ses propres zones aveugles et de ses carences, et c'est ici que l'auto-examen critique nous permet de nous décentrer relativement par rapport à nous-mêmes, donc de reconnaître et juger notre égocentrisme.

Ainsi l'éthique-pour-soi nous demande de ne pas nous croire au centre du monde, de ne pas nous poser en juges de toutes choses (« c'est un con », « c'est un salaud » sont les deux expressions qui expriment ordinairement la prétention à la souveraineté intellectuelle et morale). Elle nous demande de ne pas céder aux délires et hystéries, mais de les comprendre chez autrui. Elle nous demande de ne pas céder à l'intimidation. Elle nous demande de lutter contre l'adultération, de lier les secrets de l'adolescence aux secrets de la maturité. Elle nous incite à la vigilance. Entendons-nous : la vigilance n'est pas le soupçon permanent sur autrui, mais l'état de veille en soi-même.

Mais, surtout, l'éthique-pour-soi doit comporter l'éthique de l'honneur, qui ennoblit l'égocentrisme. L'auto-éthique de l'honneur est à la fois différente des éthiques traditionnelles de l'honneur, et analogue. L'analogie concerne la nature de l'honneur, qui est le maintien d'une image de soi sans tache. Mais, dans les morales traditionnelles, l'image de soi est sociale : l'honneur est déterminé par les normes et les interdits de la société – ainsi le général japonais vaincu ressent impérativement la nécessité de se faire hara-kiri. Dans l'auto-éthique, l'image de soi est personnelle : c'est pour soi-même, en fonction des normes qu'on a personnellement adoptées et assumées, qu'il faut préserver l'honneur. L'honneur est la morale de l'égocentrisme.

Ainsi l'honneur nous demande qu'il n'y ait pas disjonction et, surtout, contradiction entre notre vie et nos idées.

L'intégration de l'observateur dans son observation, le retour sur soi pour s'objectiver, se comprendre et se corriger, constituent pour moi à la fois un principe de pensée et une nécessité éthique. Je considère *Autocritique* comme l'acte qui, accomplissant l'examen réflexif de tout ce que j'ai cru et pensé jusqu'à son écriture, m'a permis par la suite d'intégrer dans mon cheminement l'exercice permanent de l'auto-observation. Un tel exercice suscite une seconde conscience – une conscience vraie – qui se développe en se reliant, d'abord à mon autre Moi sceptique, ironique et esthétique, ensuite à mon Surmoi moralisateur, et enfin au Moi-témoin, tapi profondément en chacun de nous. Il s'agit de donner consistance à cette conscience autocritique de contrôle apte à examiner avec le moins de discontinuité possible nos comportements et nos pensées pour y reconnaître les pièges du mensonge à soi-même et de l'autojustification. L'autocritique devient ainsi une culture psychique quotidienne plus nécessaire que la culture physique, une hygiène existentielle qui entretient une conscience en état de veille permanent.

Ainsi, par exemple, une exigence à la fois intellectuelle et éthique m'invite (elle n'y réussit pas toujours) à me mettre en boucle dans une discussion et, surtout, une dispute. Alors que chacun s'autojustifie et condamne l'autre dans la querelle, je sais que, le plus souvent, le jeu réciproque des critiques, puis des reproches, puis des invectives, puis parfois des insultes, vient de la boucle inter-rétroactive que constitue la querelle elle-même. Il est d'autant plus salubre de se mettre en boucle que la vie quotidienne de chacun est tissée, selon un processus « hystérique[1] » de bonne-mauvaise foi, d'inconscience obtuse de ses propres agressions, d'hyper-conscience de celles des autres, de déformations incessantes des propos d'autrui.

Ainsi, également, la culture psychique me fait voir non pas la « mauvaise foi » de l'adversaire, mais le produit de cette force d'auto-conviction où l'on se dupe soi-même, ce pour quoi l'anglais a le mot *self-deception.* D'où mon refus, dans les débats d'idées ou d'opinion, de rejeter comme « malhonnête » et « de mauvaise foi » l'argument ou la personne d'autrui.

« Canaille, va ! » disait Laurent Casanova en citant un texte anodin de Sartre énonçant que ce n'est pas parce que l'existentialisme exprimerait les désarrois de la petite bourgeoisie qu'il en serait nécessairement erroné. J'ai tellement entendu « ah ! les salauds » dans le Parti, hors du Parti, contre ceux du Parti, partout et hélas surtout chez les intellectuels, que j'avais décidé, déjà au sein du Parti, de ne pas employer ce terme. Je me souviens que Dionys Mascolo puis Claude Lefort ricanaient quand je les reprenais après qu'ils avaient employé ce mot de salaud : « Tu te prends pour Jésus-Christ », me disait Claude, sarcastique. J'ai maintenu et je maintiens. Autour de moi, on continue à user et

1. J'ai toujours considéré l'hystérie comme phénomène anthropologique global : *Pour comprendre l'hystérie, il faut associer les termes antinomiques de simulation et de sincérité, de jeu et de sérieux, d'imaginaire et de vécu. L'hystérie suppose une dualité fondamentale, une duplicité structurale au sein du moi-un... La simulation entretient une relation dialectique avec l'authenticité et la sincérité... Si l'on suppose que l'hystérie clinique n'est que le cas extrême d'un phénomène normal, c'est toute notre expérience vécue, toute notre vie affective qui pourraient être définies selon les structures élémentaires ou embryonnaires de l'hystérie...* (*Le Vif du sujet, op. cit.*).

abuser des mots « honnête », « bonne foi », « mauvaise foi ». On donne des brevets d'honnêteté et de bonne foi, on décide de la mauvaise foi et de la malhonnêteté d'autrui. Quelle assurance pour juger l'autre comme si on était à l'intérieur de sa conscience ! Je crois même que, chaque fois que nous dénonçons des « salauds », nous nous refusons rageusement à prendre conscience d'une vérité qui nous offense.

Je suis incapable de dire : « Il est malhonnête », parce que c'est désigner comme menteur délibéré celui qui affirme une opinion relevant de l'erreur, de l'aveuglement ou de la *self-deception*. Je n'emploie jamais les mots « bonne foi » ou « mauvaise foi » car je sais que, dans la plupart des cas, la vérité d'une foi vient d'une étrange combinaison de l'une et de l'autre. Le jugement éthique sur autrui doit tenir compte de l'erreur, qui n'est pas une faute morale, mais une faute intellectuelle : il y a les erreurs de fait, comme en ont commis tant de trompés sur la nature du vichysme ou du stalinisme ; il y a l'erreur sur le sens de l'action entreprise, l'erreur sur le résultat escompté, etc. Dès lors, l'autocritique nous demande d'éviter la condamnation péremptoire, irrémédiable, comme si l'on n'avait jamais soi-même connu la défaillance ni commis des erreurs.

Pour toutes ces raisons, je crois plus à l'auto-vigilance qu'à cette « vigilance » qui fonctionne par dénonciation et appel à la purification éthique. La purification éthique transforme le débat intellectuel en prophylaxie au Fly-tox et par mises à l'index d'adversaires jugés indignes de réfutation. Sans doute le complexe de l'exclu me donne-t-il spontanément l'horreur de toute exclusion. Mon auto-éthique confirme ce sentiment. Je n'ai pas changé et ne changerai pas.

La lutte fondamentale de l'autocritique porte contre l'auto-justification. Partout fonctionne la machine cérébrale à s'innocenter, se légitimer et s'auto-statufier. Ainsi Touvier rend-il responsable Radio Londres, qui appelait au meurtre de Philippe Henriot, de l'assassinat des sept juifs qu'il a lui-même ordonné en représailles à Rilleux. Représailles, vengeance, châtiment, les assassins politiques sont toujours autojustifiés. Et la vie quotidienne est faite d'autojustifications qui se heurtent en aveugles les unes aux autres.

En moi aussi, évidemment, fonctionne la machine mentale à m'autojustifier, mais il me semble que mon sentiment latent de culpabilité et, surtout, l'auto-examen critique y mettent des freins. Je ressens comme tout le monde la rancune et la rancœur, mais l'exercice autocritique m'aide, sinon à les surmonter, du moins à ne pas les laisser me surmonter. L'auto-examen n'est pas seulement mon garde-fou : il m'empêche de trop me cacher à moi-même mes négligences, mes défaillances, mes inconstances, mes erreurs et mes stupidités…

Par ailleurs, l'auto-éthique me demande de ne pas camoufler ma subjectivité dans mes écrits, de ne pas me poser en propriétaire de la vérité objective, mais de me laisser voir au lecteur, y compris dans des faiblesses et des petitesses, au risque de donner à mes adversaires des motifs de me ridiculiser. Je fais un effort constant pour dégrader toute auto-statufication, effort que j'ai déjà manifesté dans *Le Vif du sujet*, dans *Le Journal de Californie* ou dans *Vidal*. Or la statue extérieure, celle qu'on montre aux autres, vient de la statue intérieure, celle qu'on sculpte inconsciemment pour soi.

Ainsi suis-je de plus en plus convaincu que l'autocritique est en profondeur le meilleur auxiliaire contre l'illusion égocentrique et pour l'ouverture sur autrui. De ce fait, l'autocritique s'aveuglerait elle-même si elle repoussait les critiques extérieures. L'autocritique ne se substitue pas à la critique d'autrui, elle l'appelle – elle appelle un dialogue auto-hétéro-critique. La conséquence logique est que l'éthique-pour-soi, surtout quand elle comporte l'autocritique, entraîne nécessairement une éthique pour autrui.

La complexité humaine et les dérives historiques

Mon éthique pour autrui a pour source la « foi » dont j'ai parlé, mais elle a pour appui ma conception de l'être humain. J'ai développé dans *Le Paradigme perdu* l'idée d'*homo sapiens-demens*, tirant les conséquences logiques de la conception de MacLean du cerveau triunique qui comporte en lui le paléocéphale (héritage reptilien, source de l'agressivité, du rut, des pulsions primaires), le mésocéphale (héritage des anciens mammifères où les développements de l'affectivité et de la mémoire à long terme sont liés), le cortex qui, très modeste chez les poissons et les reptiles, s'accroît chez les mammifères jusqu'à envelopper toutes les structures de l'encéphale et former les deux hémisphères cérébraux, enfin le néo-cortex qui, chez l'homme, atteint un développement extraordinaire. Or il n'y a pas hiérarchie mais plutôt permutations rotatives entre ces trois instances cérébrales, c'est-à-dire entre intelligence/affectivité/pulsion, avec, selon les moments et les individus, domination d'une instance sur les autres, ce qui indique non seulement la fragilité de la rationalité, mais aussi que la notion de responsabilité pleine et lucide n'aurait de sens que pour un être contrôlé en permanence par son intelligence rationnelle.

De plus, ma conception de l'individu comporte la notion de multipersonnalité potentielle que j'ai déjà amplement développée[1] : *Le phénomène de dédoublement de personnalité, dans son caractère pathologique extrême, ne fait que révéler un phénomène normal, selon lequel notre personnalité se cristallise différemment, non seulement selon les rôles sociaux que nous devons jouer (ainsi, le petit fonctionnaire soumis devant son chef de bureau sera un tyran domestique arrogant) mais selon les circonstances : la colère, l'amour, la haine, la tendresse nous font véritablement muter d'une personnalité à l'autre, modifiant non seulement nos voix et nos comportements, mais la hiérarchie interne paléo-méso-néo-céphalique. Ainsi avons-nous sans doute plusieurs personnalités, l'une dominante et d'autres qui émergent occasionnellement...*

Nous portons en nous des personnalités potentielles que des événements ou des accidents peuvent actualiser. Ainsi la Révolution a fait surgir le génie politique ou militaire chez des jeunes gens voués à une médiocre carrière en temps normal ; la guerre fait advenir des héros et des bourreaux ; la dictature totalitaire a transformé des êtres falots en monstres. L'exercice incontrôlé du pouvoir peut « rendre fou le sage » (Alain) mais peut rendre sage le fou, et donner du génie au médiocre, ce qui fut le cas pour Hitler et Staline. Aussi les possibilités de génie ou de démence, de cruauté ou de bonté, de sainteté ou de monstruosité, virtuelles en tout être, peuvent se déployer dans des circonstances exceptionnelles. À l'inverse, ces possibilités ne verront jamais le jour dans la vie dite normale : de nos jours, César aurait été fonctionnaire

1. Notamment dans *Le Vif du sujet* et que je résume ici d'après une note du *Paradigme perdu*.

à la CEE, Alexandre aurait écrit une vie d'Aristote pour une collection de vulgarisation, Robespierre aurait été adjoint de Pierre Mauroy à la mairie d'Arras, Bonaparte aurait été de la suite de Pasqua.

Ces considérations me conduisent non pas au laxisme, à l'impossibilité de juger, mais à la nécessité de complexifier mon jugement. Ici, mon éthique est indissociable de la connaissance complexe, et elle conduit d'une part à la *tolérance*, d'autre part à la *compréhension*.

La tolérance... Il y a une première tolérance, celle qu'a exprimée Voltaire, et qui nous contraint à respecter le droit de proférer un propos qui nous semble ignoble. Cela n'est pas tolérer l'ignoble en lui-même, c'est éviter que nous imposions notre propre conception de l'ignoble pour prohiber une parole. Ainsi, pour l'orthodoxe, toute hérésie est ignoble ; pour le stalinien, la critique de l'URSS était une ignoble calomnie. La seconde tolérance est inséparable de l'option démocratique : le propre de la démocratie est de se nourrir d'opinions diverses et antagonistes. Le principe démocratique enjoint à chacun de respecter l'expression des idées contraires aux siennes. La troisième tolérance obéit à la conception de Niels Böhr pour qui le contraire d'une idée profonde est une autre idée profonde ; autrement dit, il y a une vérité dans l'idée antagoniste à la nôtre, et c'est cette vérité qu'il faut respecter. La tolérance s'oppose à la purification éthique.

La compréhension, elle, peut être spécifiée à partir de la parole de Hegel sur l'assassin : « La pensée abstraite ne voit dans l'assassin rien d'autre que cette qualité abstraite [tirée hors de son complexe] et [détruit] en lui, à l'aide de cette seule qualité, tout le reste de son humanité. » Je m'enjoins de ne pas enfermer, de ne pas réduire un être humain à son crime, ni même – s'il a commis plusieurs crimes – à sa criminalité. Ce qui est vrai des rois criminels et des gangsters et que nous révèlent à la fois Shakespeare et les films noirs de Hollywood – à côté de leur cruauté et de leur férocité, il y a aussi amour et parfois amitié –, est vrai aussi de Staline et de Hitler, de Beria et de Himmler. Hitler, Staline s'émeuvent de musique et d'opéra, aiment des enfants, des chiens, des chats. Eva Braun aime Hitler ; elle caresse des enfants, joue avec des chats... Il est tellement insupportable au commentateur d'un document filmé sur la vie de Hitler de voir Eva Braun dans cette humanité quotidienne que ce commentateur veut en faire un signe de monstruosité en s'exclamant : « Et cela au moment où l'on jetait des enfants dans les fours crématoires. » De même, on veut enfermer Touvier dans son crime milicien en se détournant du fait qu'il aime sa femme et soit aimé d'elle, ait souffert d'être traqué pendant des dizaines d'années. On veut qu'ils soient criminels en permanence, monstrueux en tout. On ne veut pas comprendre que nul criminel n'est intégralement criminel, et qu'il a lui aussi une multiple personnalité.

Ma saison en Stalinie m'a rendu allergique aux dénonciations, amalgames et dénaturations, diabolisations et demandes de châtiments. Mon attitude serait celle du professeur Muhammed Nezirović qui m'a écrit, le 9 janvier 1994, de Sarajevo : « Nous ne sommes maintenant que des bêtes traquées et notre vie ne vaut rien. La chasse est ouverte. Et, malgré tout, les gens veulent vivre. Je ne sais pas si la résignation est telle ou si la volonté est grande, mais nous voulons tout surmonter et, peut-être pour cela, malgré les obus, on rencontre les passants dans la rue, on entend les rires et les cris des enfants, pauvres enfants de Sarajevo. Quant à moi, malgré toutes mes années, je reste surpris, interrogé comme un enfant car il y a des choses que je ne peux comprendre : pourquoi les frères de même langue que tout unissait, qui avaient les mêmes superstitions, qui s'accueillaient dans la nuit des temps – ce qui est pour moi la preuve des mêmes racines –, s'entre-tuent-ils ? Jusqu'à une époque très récente, nous avons eu les mêmes fêtes, les mêmes joies, les mêmes chagrins. Quelle est cette malédiction qui s'abat périodiquement sur l'homme balkanique ? Pourquoi cette rage meurtrière de tout détruire, de tout casser ? Sommes-nous si différents des autres ? Malgré tout, je n'ai pas de haine, même d'animosité envers mes frères ennemis ; ébahi, je reste sans mots… Un jour, les guerriers et surtout leurs chefs seront fatigués, mais moi je me demanderai toujours : que sont mes amis devenus ? »

Pas d'imprécations, pas d'appel à la vengeance en dépit du siège barbare et atroce : « Je n'ai pas de haine, pas même d'animosité envers mes frères ennemis. » Ici, l'axiome de Robert Antelme – *ne retrancher personne de l'humanité* – est et demeure présent dans mon esprit. C'est là que je me différencie non seulement des condamnants et des imprécateurs, mais de tous ceux qui réduisent le criminel à son crime.

La conscience des dérives

Mon auto-éthique ne s'appuie pas seulement sur ma conception de l'être humain, elle s'appuie sur l'expérience de ce que les déterminations et les événements peuvent faire de l'être humain.

J'ai examiné, dans mon livre *Les Idées*, les déterminismes spécifiques qui pèsent sur la pensée, les croyances et les idées, et qui prennent forme et force d'*imprinting* – d'empreinte matricielle qui donne structure et conformité à une pensée – et de normalisation – qui élimine le non-conforme[1]. Celui qui obéit à l'*imprinting* et à la norme est convaincu en toute certitude des vérités qui ont été engrammées en lui. Celui qui a été éduqué dans la croyance que tout le mal sur terre vient de la conspiration judéo-maçonnique, ou celui qui est convaincu d'obéir à la volonté divine en massacrant l'infidèle, comme l'intégriste terroriste musulman d'Algérie ou l'intégriste terroriste juif d'Hebron, sont évidemment inconscients du caractère monstrueux de leur conception ou du caractère criminel de leurs actes. Il y a une dissymétrie inévitable entre l'éthique du fanatique et l'éthique du compréhensif: celui-ci comprend le fanatique qui veut le tuer et le fanatique ne comprendra jamais celui qu'il tue.

De plus, dans ce même livre, j'ai voulu montrer que les idées ne sont pas que des outils intellectuels, que ce sont aussi des entités possessives. Comme pour un Dieu, nous sommes les serviteurs de l'idée qui nous sert. Comme pour un Dieu, nous pouvons vivre et mourir pour une idée. Les idées nous manipulent plus que nous ne les manipulons. Au service de l'idée, les mots acquièrent pouvoir de vie et de mort. Ceux qui sont à la fois possédés par une idée et possesseurs d'un pouvoir ont l'opportunité de libérer ce qu'il y a de plus monstrueux en eux, dont la jouissance de torturer. Le pouvoir devient le lieu shakespearien par excellence parce qu'il possède ceux qui le possèdent et qu'il les met au-dessus de toutes les lois communes. Enfin, ainsi que je l'ai déjà souligné, les circonstances exceptionnelles de guerre ou de révolution sont des tornades qui emportent les destinées et actualisent des potentialités qui, sinon, n'auraient

1. Cf. *Les Idées*, *op. cit.*, p. 25-58.

jamais vu le jour. En même temps, souvent, le surgissement de l'inattendu et de l'impensable altère le jugement et le diagnostic. Des impératifs antagonistes s'affrontent dans les esprits : auquel obéir ? Devant une bifurcation, un rien, un petit déclic, entraîne une vie dans un flux qui va irrémédiablement la charrier.

C'est alors que commencent les dérives. La dérive personnelle est ce que j'ai le mieux observé. J'ai vu la dérive de pacifistes socialistes humanistes qui, d'abord par haine de la guerre, ont accepté la défaite, puis se sont imaginé que l'hégémonie allemande établirait une *pax germanica* qui permettrait le socialisme européen : ils se sont trouvés emportés dans le déchaînement d'une guerre devenue mondiale jusqu'à collaborer avec ce qu'au départ ils haïssaient le plus, la guerre et le fascisme. Je n'ai pas grand mérite à avoir résisté à cette dérive, puisque ma condition juive (même si je refusais à me laisser déterminer par cette condition) ne pouvait me conduire à la collaboration.

J'ai observé d'autres dérives, notamment celle de Pierre Courtade que j'avais connu dans la Résistance à Lyon en 1942. J'ai raconté dans *Autocritique* comment était devenu le pire stalinien l'esprit le plus vif et le plus sceptique d'entre nous (il m'avait dit : « Je ne suis pas devenu communiste parce que j'ai été en URSS avec ma femme [d'origine russe] en 1938 »). Promu en 1946, sans l'avoir cherché, éditorialiste en politique étrangère de *L'Humanité* et membre du Parti par Maurice Thorez, il démontra en 1948 « de façon scientifique » que Tito était fasciste, puis, envoyé en septembre 1949 au procès Rajk de Budapest, il fit des articles ineptes et ignobles où il affirmait que Rajk ressentait la jouissance de sa trahison. Le rapport Khrouchtchev le prenant à contre-pied, il fit quelques articles pour prouver qu'il avait eu raison d'avoir tort alors qu'avaient tort ceux qui avaient eu raison... J'ai vu bien d'autres dérives analogues. Combien qui, au départ, voulaient se mettre au service de l'humanité, combattre l'exploitation de l'homme par l'homme, ne se sont-ils pas mués en Torquemada fanatiques, crétins politiques et monstres d'insensibilité, assassins en fait ou en puissance ?

J'étais dans ce courant qui dérivait, et c'est de ma résistance au sein du courant que je suis le plus fier. J'ai résisté parce que j'avais sauvegardé à la fois un minimum d'examen critique et de résistance morale à l'ignoble. J'ai résisté à Pierre Hervé et à Pierre Courtade que j'avais tant admirés, alors que Claude Roy et Jacques-Francis Rolland se laissaient berner par eux ; j'ai résisté à la machine du Parti qui emportait et broyait tant d'autres. Mais, justement, d'avoir résisté, je sais que, si je ne m'étais pas raccroché fermement à quelques branches, j'aurais pu être également emporté par le courant. Je sais que certains qui, comme Pierre Hervé, se sont laissé emporter, se sont ressaisis et avec un courage farouche ont remonté le courant. Je sais, j'ai analysé, j'ai compris à quel point les dérives de l'Histoire peuvent dégrader l'être humain, donc je sais aussi que, sans ces dérives, Courtade serait resté le Courtade du départ. Je sais que tant et tant d'individus, chez les nôtres et chez nos ennemis, sont devenus ignobles et criminels, mais je sais aussi qu'ils auraient pu ne pas l'être... Je diagnostique, je juge, je comprends. Je n'oublie pas que le stalinisme a créé un énorme mensonge qui a trompé des centaines de milliers d'êtres humains, peut-être des millions, tous convaincus d'œuvrer pour émanciper le genre humain alors qu'ils travaillaient à l'esclavagiser.

C'est sans doute mon expérience de Vichy, de la collaboration et du stalinisme, expérience de deux décennies de tourmentes et de renversements historiques, qui m'a rendu essentielle l'idée de dérive. La dérive survient sous l'effet de formidables courants qui saisissent les êtres, de forces colossales qui les enveloppent et les emberlificotent comme l'araignée sa proie, et qui conduisent insensiblement les individus aux antipodes de leur but initial. Et je lie la dérive à la possession par les forces vampiriques de l'idéologie et du pouvoir, ainsi qu'au mensonge à soi-même dont j'ai parlé. Et c'est ainsi que l'esprit subtil, délicat, lucide se transforme en crétin meurtrier.

Je vis, certes, les deux sentiments contraires : que l'individu est irresponsable si on le considère comme le jouet de forces anonymes et obscures – sociologiques, idéologiques, pulsionnelles – et qu'il est également responsable si on le considère comme sujet doté d'une relative autonomie. Mais si, moi sujet, je peux essayer de me juger en vertu de la conscience que j'ai de moi-même, comment puis-je me mettre à l'intérieur d'autrui qui ne dispose que d'une conscience obscure ou trompeuse, qui pratique sans en être conscient la *self-deception* et le mensonge à l'égard de lui-même ? Ici, je suis renvoyé à une contradiction éthique : je ne peux escamoter ni la responsabilité ni l'irresponsabilité des humains marqués par leurs *imprintings*, sujets à l'erreur, emportés dans les tourbillons historiques. Hannah Arendt voyait en Eichmann un fonctionnaire devenu atroce par médiocrité : « Il obéissait aux ordres » et l'engrenage de la machine nazie l'a conduit à programmer les meurtres de masse. S'il en est ainsi, n'est-ce pas la médiocrité qui serait à la fois le jouet et l'exécutant des plus basses œuvres de l'histoire humaine ?

Je voudrais éviter à la fois de dissoudre la morale dans un déterminisme qui dissout toute autonomie du sujet et de condamner seulement le sujet coupable. J'essaie d'éviter le réductionnisme sociologique comme le moralisme implacable. J'ai avant tout le sens de l'irresponsabilité-responsabilité humaine, que comporte ma conscience de la complexité, des *imprintings*, des bifurcations, des engrenages, des dérives. C'est la conscience des *imprintings* qui devrait être développée en chacun et en tous, car seule cette conscience permet d'essayer de s'en affranchir. C'est la conscience des dérives qui permettrait à chacun et à tous de résister au courant et d'y échapper. Et cette conscience implique la nécessité, à la fois mentale et morale, de l'autocritique pour chacun et pour tous.

L'ÉTHIQUE DE LA COMPRÉHENSION

Comprendre pourquoi et comment « ils » en arrivent à des idées, opinions et croyances que nous jugeons absurdes ou ignobles nous conduit à une éthique de la compréhension. La compréhension doit précéder le jugement, voire la condamnation. Comprendre : ce mot fait aussitôt sursauter ceux pour qui il faudrait avoir peur de comprendre de peur d'excuser. Donc il faudrait ne vouloir rien comprendre, comme si l'intelligence comportait un vice horrible, celui de conduire à la faiblesse, à l'abdication. Cet argument, l'un des plus obscurantistes qui soit, règne encore dans notre brillante intelligentsia... Ceux qui ne veulent pas comprendre condamnent la compréhension par ses conséquences, c'est-à-dire parce qu'elle empêcherait la condamnation. La compréhension tend en effet à empêcher le châtiment physique, mais elle n'empêche pas la condamnation morale puisqu'elle favorise le jugement intellectuel.

La compréhension n'excuse ni n'accuse. Comprendre, c'est comprendre pourquoi et comment on hait et on méprise. Ainsi Salman Rushdie comprend pourquoi le fanatique veut le tuer. Comprendre le fanatique qui est incapable de nous comprendre, c'est comprendre les racines, les formes et les manifestations du fanatisme humain. Comprendre l'antisémite, cela n'est pas atténuer le mal qu'il a fait et peut faire ; cela nous introduit au problème des si profondes racines de l'antisémitisme dans la culture européenne, à l'intelligibilité des si profonds problèmes du bouc émissaire et de la victime expiatoire, à ses formes multiples, ramifiées, changeantes, nouvelles. C'est cela qui importe plutôt que d'attribuer à l'antisémite, par un effet de miroir bien connu, la même ignominie que l'antisémite attribue au juif.

L'éthique de la compréhension demande d'argumenter, de réfuter, au lieu d'excommunier et d'anathématiser. Pendant des dizaines d'années, le caractère concentrationnaire de la répression stalinienne et le nombre massif des morts qu'elle a causés, dépassant dans la durée et dans la quantité le nombre des morts des camps hitlériens, ont été ignorés, niés, relégués au rang d'ignobles calomnies non seulement par des militants fanatisés, mais par de grands scientifiques et de grands écrivains, non seulement communistes mais « épris de progrès ». Ce négationnisme horrible refusait de considérer documents ou témoignages, prétendait que les camps étaient d'éducation et de réhabilitation, affirmait que les seules victimes étaient des criminels et des espions. Fallait-il demander que cette parole soit prohibée et réprimée, exiger qu'elle soit condamnée par des tribunaux ? Il fallait seulement argumenter, argumenter sans trêve, même sans véritable succès, jusqu'à ce que la vérité puisse faire sa trouée.

De même que j'ai argumenté contre ceux qui niaient le caractère systématique des hécatombes provoquées par Staline, j'ai argumenté contre ceux qui niaient le caractère systématique de l'extermination des juifs et des tsiganes dans les camps nazis[1]. J'ai pensé qu'il fallait répondre aux questions qu'un lecteur ignorant peut se poser en lisant leur littérature. J'ai pensé que le mot « révisionnisme » ne devait pas en lui-même être considéré comme sacrilège, car c'est réintroduire le tabou et l'index dans le jugement historique, lequel relève des documents et de leur interprétation, non des tribunaux.

Alors que nous militions dans la résistance communiste, nous avions décidé, fin 1942, J.-F. Rolland et moi, d'écrire un livre sur « la lutte des classes en France ». Je m'étais chargé du premier chapitre, consacré à la Révolution de 1789, et il devait rédiger le dernier chapitre consacré à Vichy. Dans son texte revenait sans cesse « le traître Pétain », et je m'opposais à un tel langage. Enfermer dans la notion de traître ce qui relève d'une intelligibilité plus ample et plus haute – en l'occurrence les pétainistes et les collaborateurs – me répugnait dès cette époque. Le mot « traître » empêche de reconnaître l'erreur, le fourvoiement, les idéologies, les dérives.

Ce sentiment me reste d'autant plus fort que j'ai failli une fois. À la Libération, le Parti exigeait de « châtier les traîtres » et mon responsable, Bugeaud, lassé de me voir faire des articles philosophico-hégéliens, me demanda d'écrire sur l'épuration dans le quotidien du MNPGD, *Libres*. Très mal à l'aise, je

1. Cf. *Pour sortir du XXe siècle*, Paris, Seuil, « Points Essais », 1984, p. 182-195.

fis l'article demandé. Je me souviens que le rédacteur en chef, Haedrich, me dit : « Vous croyez ce que vous avez écrit ? » Je lui répondis faiblement : « Oui. » Je n'avais pas eu le courage de refuser de faire cet article, mais le remords que j'en garde amplifia ma prise de conscience et me fit réadhérer avec force à ce qui était ma « foi » originelle[1]. Je ne sais pas si j'ai utilisé le mot « traître » dans l'article dont j'ai parlé, mais je ne l'ai plus jamais prononcé ni écrit, et cela d'autant plus que le Parti allait de plus en plus abuser de ce mot pour désigner non seulement les collaborateurs et vichyssois, mais aussi tous ceux qui, par scrupule ou par honneur, osaient lui résister. Durant ma saison en Stalinie, je n'ai cessé d'entendre des demandes de « châtiment ». Robert Antelme et moi avions été recrutés à la Fédération nationale des déportés et internés résistants et patriotes (FNDIRP) contrôlée en fait par le Parti ; il s'occupait de « propagande » et moi du journal *Le Patriote résistant.* Antelme souffrait en silence de voir l'expérience concentrationnaire rétrécie en demande de châtiment.

Le refus du châtiment

Enfin, l'être qui a commis les pires forfaits peut se transformer avec le temps. Il y a quelques mois, le car-

1. J'avais pu voir à deux reprises l'envers de la Libération. La première, je l'ai dit, fut lors de cette visite à l'hôtel transformé en prison par notre mouvement où j'avais vu des visages tuméfiés, des corps meurtris. La seconde, je la dois au métro où j'abordai une jeune femme au visage charmant qui descendait à la même station que moi. Nous étions devenus amis et elle me raconta qu'elle avait été arrêtée à la Libération parce que son mari dirigeait une entreprise en province (collaboration économique), et me décrivit les avanies et les excès qu'elle et bien d'autres détenus avaient dû subir dans le camp où ils avaient été parqués.

dinal Lustiger a proposé de béatifier Jacques Fesch, assassin d'un policier, repenti en prison, puis guillotiné en 1957 : « L'assassin qu'il a été, le criminel repenti est devenu un saint. » Réaction indignée du responsable d'un syndicat de police, et sans doute de bien d'autres. Il y a là une frontière, entre ceux qui enferment le criminel dans son crime, quoi qu'il ait fait avant et surtout quel qu'il soit devenu après, et ceux qui font la part de l'évolution, pensent que tout criminel peut se transformer par le repentir, croient en la rédemption par ce repentir même.

J'ai l'expérience de ce dont je parle. Je suis devenu ami d'un emprisonné condamné pour le meurtre de sa femme. Cet homme s'est voué dans sa prison à ses codétenus, éduquant les analphabètes, enseignant son savoir, les poussant à passer des examens scolaires ou universitaires, créant un centre culturel, aidant de toutes les façons les autres à s'en sortir avant de sortir de prison, dans le monde libre où il est si difficile à celui qui sort de s'en sortir. L'épreuve, le remords l'avaient transformé, ou plutôt lui avaient permis de développer les meilleures potentialités de son être. Il y a ceux qui comprennent qu'« un criminel peut devenir un saint », et ceux pour qui il ne peut y avoir que le châtiment.

J'avais exprimé dans le scénario d'un film les sentiments qui me viennent conjointement de ma « foi », de ma conception de la complexité humaine et de ma conscience sociologique/historique. Le hasard avait fait que Maurice Clavel et moi-même avions été sollicités en 1963 pour faire ensemble un scénario à partir d'un fait divers : un ancien nazi, réfugié en Israël sous une identité juive, est démasqué au bout d'une dizaine d'années. Maurice Clavel, ayant l'esprit totalement occupé par la pièce *Saint Euloge de Cordoue* qu'il était en train d'écrire, me laissa bientôt seul et je pus développer le scénario à ma guise. J'imaginai le cas extrême : dans mon scénario, l'ancien nazi avait été un SS, Hans Wernert, qui, dans un camp de concentration, avait dirigé un *Sonderkommando* chargé de faire de la fausse monnaie et qui, à l'arrivée des Alliés, conformément aux ordres, en avait liquidé physiquement les membres. Puis il avait pris l'identité d'un jeune juif qu'il avait tué, Jonathan Strauss, membre du *Sonderkommando,* et il avait émigré en Israël où, devenu spécialiste en barrages, il s'était intégré dans la société israélienne. Je supposais qu'il se vouait tellement à ses activités que son identité nazie s'était engourdie en lui et qu'il était devenu « subjectivement » israélien. Il s'était lié avec une *Sabra* et le film commence au moment où elle lui annonce qu'elle est enceinte. Il est déconcerté mais cache son trouble. Arrive à Jérusalem un jeune sociologue-historien américain qui fait une recherche sur le *Sonderkommando* dont Wernert était le chef mais qui s'adresse à lui comme étant Strauss, c'est-à-dire une victime. Il l'oblige ainsi à ressusciter sa mémoire, et un conflit intérieur entre ses deux identités se développe en Strauss/Wernert. Les entrevues avec le sociologue le perturbent de plus en plus mais l'Américain pense que ce trouble est dû à l'horreur des épreuves passées qui lui reviennent à l'esprit. Finalement le jeune sociologue reçoit les photographies du SS commandant le *Sonderkommando* et le reconnaît. Il en avise les beaux-frères de Jonathan Strauss. Ceux-ci sont partagés. L'un veut le remettre à la police, l'autre veut l'abattre, le troisième, que j'ai imaginé être un kabbaliste, souhaite qu'il soit chassé mais qu'il reste libre : « La liberté, c'est la seule façon de développer sa conscience... Cet homme n'est plus Wernert ni Strauss... Il y avait un troisième homme en lui que Wernert et Strauss empêchaient de naître... Le plus beau pari à faire sur un homme c'est celui-là... S'il y avait plus de magnanimité dans le monde, il y aurait moins de criminels... » Finalement, la voiture des beaux-frères qui conduit à la police Jonathan les mains liées passe sous les fenêtres de sa maison, où l'enfant qui est né va subir la circoncision. Le film se termine sur le gros plan d'un visage de bébé hurlant de douleur. L'idée d'un enfant juif dont le père aurait été un SS fut jugée intolérable par les instances israéliennes qui refusèrent l'aide qu'ils auraient dû accorder à un film tourné sur place. Le réalisateur, Henri Calef, au lieu de considérer Jonathan comme un être à double personnalité, en fit un dissimulé et un couard. Beaucoup de dialogues furent modifiés et je retirai mon nom, sinon pour le scénario – je ne m'en souviens plus –, du moins pour les dialogues. Artificiel et mauvais, le film ne fut pratiquement projeté nulle part, sauf peut-être dans des circuits B américains.

Ce scénario, et notamment les paroles du « kabbaliste », exprime ma philosophie éthique. Il indique de plus que ce n'est pas le vieillissement qui m'aurait « ramolli » puisque, à l'âge de quarante-deux ans, j'avançais avec assurance la même idée que je soutiens ici. L'idée archaïque de la justice par le talion et le châtiment est profondément ancrée en nous. Je la ressens comme tout autre, mais je ressens aussi l'inanité de la vengeance et je sais que le mal commis est irréparable : c'est justement pour cela qu'il faut tout faire, non seulement pour empêcher que l'injustice et le mal ne triomphent, mais aussi pour tenter d'empêcher la contagion du mal en nous-mêmes. « Que l'homme soit délivré de la vengeance » (Nietzsche). D'où mon découragement, aujourd'hui, près de cinquante ans plus tard, de voir que la seule leçon tirée de la période horrible est uniquement punitive.

Et j'en reviens au foyer de ma « foi » : la possibilité de repentir et de rédemption, la vertu du pardon. Contre les « punissez, punissez, punissez ! », il y a la parole sublime : « Pardonnez-leur car *ils ne savent pas ce qu'ils font.* » « Ils ne savent pas ce qu'ils font » n'est pas seulement un constat d'anthropo-sociologue pour qui, comme disait à peu près Marx au début de *L'Idéologie allemande*, les hommes ne savent ni qui ils sont ni ce qu'ils font. C'est l'expression de la connaissance véritable (des engrenages, des possessions, du paradoxe de l'être humain) qui sous-tend le message, supérieur à l'injustice et à la justice, du pardon sur la Croix. Un ami me rappelle une phrase de moi, dont il a oublié la provenance et moi aussi, où je dis que la petite prostituée Sonia, de *Crime et Châtiment*, qui pardonne à Raskolnikov, est à des millions d'années-lumière en avance sur Marx.

Je connais l'argument : que messieurs les assassins commencent, qu'ils se repentent d'abord. Mais notre magnanimité ou notre pardon peuvent susciter le repentir. Conditionner le pardon au repentir, c'est perdre le sens profond du pardon. Le pardon véritable, comme celui de la fille d'Aldo Moro, qui est allée voir en prison l'assassin de son père, est antérieur au repentir ; c'est un acte capable de déclencher le repentir ou, du moins, la prise de conscience de l'horreur du crime. Et ce sont avant tout les victimes ou leurs proches qui peuvent susciter le repentir. C'est pourquoi je suis dans la lignée de Beccaria : je n'ai pas d'éthique du châtiment. Et je suis comme ceux de Memorial, l'association des victimes de la répression stalinienne, pour qui la mémorisation des crimes du totalitarisme n'est pas synonyme de procès et de condamnations. Memorial n'a pas demandé le châtiment, mais le rassemblement des données et des preuves. Quand, à propos du débat français sur

Vichy, Jean-Marie Cavada, voulant faire un parallèle avec la Pologne de Jaruzelski, invita le résistant Adam Michnik, très longtemps emprisonné, j'ai trouvé noble et juste l'attitude de ce dernier qui, quand tout est accompli, s'efforce de comprendre le « collaborateur » et le « traître » Jaruzelski.

Barbie, Touvier : il n'est jamais trop tard pour la mémoire, mais il est évidemment trop tard pour le repentir. Ils n'ont pas regretté et ils ne regrettent pas. Cinquante ans plus tard, il est à la fois trop tard pour punir et trop tard pour pardonner. Moi, j'aurais été pour la solution qu'avait préconisée Hannah Arendt au procès Eichmann : les condamner à être libres. Comme dit mon kabbaliste imaginaire : « La liberté, c'est la seule façon de développer sa conscience… » Je distingue et oppose une éthique des temps de combat (ou de lutte à mort) et une éthique de l'après-combat, de temps de paix. Du reste, même dans la guerre « classique », on sauve les ennemis blessés après la bataille. Le stalinisme et les révolutionnarismes issus du léninisme ne voulaient pas connaître cette distinction et imposaient une morale de guerre en tout temps, c'est-à-dire une morale sans clémence et sans miséricorde. Cette morale sans compréhension est celle de tous ceux qui veulent aujourd'hui punir les criminels survivants de la guerre mondiale en resituant au présent des événements vieux de cinquante ans.

Dans l'affaire Touvier, voici ce qui me choque :

– c'est que l'on poursuive un homme de vingt-huit ans en la personne d'un vieillard de soixante-dix-huit ans. Touvier n'a certes pas changé psychologiquement ni idéologiquement, mais il n'est plus le même tout en demeurant le même parce que cinquante ans de traque et de camouflage font désormais intrinsèquement partie de son être ;

– c'est l'imprescriptibilité qui fige le temps à la date du crime et fige le criminel à son crime ;

– c'est la *combinazione* juridique nécessaire pour que l'assassinat de sept juifs à Rilleux soit non pas crime de guerre (prescriptible) mais crime contre l'humanité (imprescriptible) ;

– c'est que ce crime de Rilleux, si ce qu'a dit la secrétaire de Touvier est vrai (« J'ai vengé Philippe Henriot »), est, à la différence de bien d'autres crimes miliciens, un crime à chaud, dans la fureur de vengeance, et non à froid, comme lorsque des SS s'amusaient à abattre des juifs dans un camp de concentration ;

– c'est que le procès Touvier commence au moment ou Goldstern tue à Hebron vingt-neuf musulmans en prière sans que quiconque en parle comme d'un crime contre l'humanité, et qu'il se termine au moment du siège meurtrier de Goražde en Bosnie et des assassinats de masse au Rwanda.

La compréhension pour qui commet le mal ne peut que compléter la compassion pour qui subit le mal. Tant de victimes innocentes, il faut bien insister sur le mot, qui ne savent pas pourquoi on les mutile, on les tue, on les torture, et cela est redevenu une horreur quotidienne en Bosnie, en Géorgie, au Rwanda, et sans doute, au moment où paraîtront ces lignes, ailleurs dans le monde et peut-être en Europe. Ce qui m'est le plus douloureux, c'est un peu partout, dans la vie quotidienne, les milliers d'assassinats psychiques, le déluge des bassesses, vilenies, calomnies – et justement, partout l'incompréhension. Qui répare ? Qui réparera ? Ici, il faut se remémorer la vérité universelle formulée par Milan Kundera : « Rien ne sera réparé et tout sera oublié. » Non pour se résigner, mais pour tenter de réparer (non par vengeance mais par consolation) le mal subi, et pour résister contre l'oubli. *Ce qui unit l'éthique de la compassion à l'éthique de la compréhension, c'est la résistance à la cruauté du monde, de la vie, de la société et de l'être humain.*

L'ÉTHIQUE DE LA COMMUNAUTÉ

Enfin, l'auto-éthique retrouve l'éthique de la communauté qui la précède et la transcende. Les racines de la communauté plongent profondément dans le monde vivant. Les fourmis, les termites, les abeilles ressentent automatiquement le dévouement à la communauté. Les mammifères, bien que s'opposant dans des rivalités pour la nourriture ou le sexe avec les autres membres de leur société, sont solidaires pour l'intérêt commun de la défense ou de la chasse. Des socio-biologistes prétendent même qu'il existerait un gène de la solidarité. Je ne le crois pas, mais ce gène ne me gêne pas.

Dans les sociétés archaïques, la solidarité est cimentée, justifiée par le mythe de l'ancêtre commun et le culte aux esprits ou dieux de la communauté. La famille est le lieu où la solidarité naît d'elle-même à partir de la relation mère-père-enfants et où elle s'impose à partir de l'amour, du respect, voire du culte voué à la mère et au père. Le culte de la famille se nourrit du culte des parents morts. La patrie est le mythe qui a élargi à l'ensemble d'une nation les caractères intrinsèques de la solidarité familiale. Le mot « patrie » contient en lui substance maternelle et paternelle. Il suscite amour et obéissance de la part des « enfants de la patrie » qui sont ainsi mythiquement fraternisés. La réalité affective et effective de la patrie est nourrie par l'idée de communauté d'origine (elle-même souvent mythique) et de communauté de destin. L'éthique de la communauté « possède » les individus qui la possèdent, elle s'impose d'elle-même dans les sociétés archaïques ou traditionnelles et, de façon irrégulière et inégale, dans les sociétés nationales. L'auto-éthique la retrouve par ses voies individuelles et conscientes, qui lient compréhension et compassion, solidarité et complexité, et qui ouvrent la communauté à tout être humain.

L'apport du principe de complexité éclaire les vertus de la solidarité. Plus une société est complexe, moins sont rigides ou pesantes les contraintes qui pèsent sur les individus et les groupes, en sorte que l'ensemble social peut bénéficier des stratégies, initiatives, inventions ou créations individuelles. Mais, à la limite, l'excès de complexité détruit toute contrainte, distendant le lien social au point que la complexité, à son extrême, se dissout dans le désordre. Dans ces conditions la seule sauvegarde d'une très haute complexité, qui ne peut être la contrainte seule, ne se trouve que dans la solidarité vécue, intériorisée en chacun des membres de la société.

En cette fin du XXe siècle, il me semble que l'éthique de la communauté pourrait être élargie à tous les humains. Si je propose aujourd'hui l'idée de Terre-Patrie, ce n'est nullement pour nier les solidarités nationales ou ethniques, ce n'est nullement pour déraciner chacun hors de sa culture. C'est pour y adjoindre un enracinement plus profond dans une communauté d'origine terrienne et une conscience devenue vitale de notre communauté de destin planétaire. À cela j'ajoute une communauté de perdition, puisque nous savons que nous sommes perdus dans le gigantesque univers, et que nous sommes tous voués à la souffrance et à la mort. L'idée de Terre-Patrie se substitue au cosmopolitisme abstrait qui ignorait les singularités culturelles et à l'internationalisme myope qui ignorait la réalité des patries. Elle apporte à la fraternité la source nécessaire de la maternité. Pas de frères sans mère.

Ainsi, à partir de la connaissance complexe comme à partir du besoin de communauté, s'est imposé à moi le principe d'une éthique ouverte de la communauté, et cette éthique, si elle pouvait s'inscrire dans la psyché de chacun, nous inscrirait dans une fraternité terrienne qui constituerait notre religion terrestre. Ici, je retrouve la source même de ma « foi » : l'amour-religion.

Incertitudes et contradictions éthiques

Si l'auto-éthique a ses principes bien assurés, elle n'en rencontre pas moins des difficultés qui n'ont pas de solutions dans la seule conscience de « bien faire », d'« agir pour le bien » ou de « faire son devoir ». Comme tout ce qui est humain, elle doit affronter des incertitudes. Celles-ci surgissent des difficultés de l'auto-connaissance et de l'auto-examen critique, des incertitudes de l'action elle-même et, enfin, d'impératifs éthiques contraires.

S'agissant des difficultés de l'auto-examen, j'ai déjà signalé la bonne-mauvaise foi, le mensonge à soi-même. Ajoutons-y l'impossibilité d'être totalement conscient de ce qui se passe dans la machinerie de notre esprit qui comportera toujours quelque chose de fondamentalement inconscient[1]. La sincérité elle-même pose problème, ainsi que je le notais dans *Autocritique : La sincérité ne peut être pure qu'à un moment particulier de combustion entre les gaz qui la nourrissent et la fumée qui s'en dégage.*

1. Et qui, de plus, découle du principe de Tarsky de l'impossibilité d'un système à se comprendre totalement lui-même.

Quant aux incertitudes de l'action, elles relèvent d'abord de l'écologie de l'action. L'écologie de l'action nous enseigne que toute action échappe de plus en plus à la volonté de son auteur en entrant dans le jeu des inter-rétro-actions du milieu où elle intervient. Ainsi l'action risque non seulement l'échec, mais aussi le détournement ou la perversion de son sens initial, et elle peut même se retourner contre ses initiateurs. On peut certes envisager ou supputer les effets à court terme d'une action, mais ses effets à long terme sont imprédictibles[1].

À ceci s'ajoute le principe d'incertitude de la fin et des moyens. Comme les moyens et les fins inter-rétro-agissent les uns sur les autres, il est presque inévitable que des moyens ignobles au service de fins nobles pervertissent celles-ci et finissent par se substituer aux fins, mais il est également possible que des actions perverses aboutissent, justement par les réactions qu'elles provoquent, à des résultats heureux. Il n'est pas absolument certain que la pureté des moyens aboutisse aux fins souhaitées, ni que leur impureté soit nécessairement néfaste.

Ainsi nulle action n'est assurée d'œuvrer dans le sens de son intention. Il y a fort heureusement des ripostes aux incertitudes de l'action : le choix réfléchi d'une décision, la conscience du pari, l'élaboration d'une stratégie qui tienne compte des aléas possibles, la modification de la stratégie en cours d'action et, éventuellement, le torpillage de l'action qui aurait pris un cours nocif. Aussi peut-on et doit-on lutter contre l'incertitude de l'action, voire la surmonter à court ou moyen terme, mais nul ne saurait prétendre l'avoir éliminée à

1. Sur l'écologie de l'action, cf. *Introduction à la pensée complexe*, Issy-les-Moulineaux, ESF éditeur, 1990, *Pour sortir du XXe siècle*, *op. cit.*, et *Terre-Patrie*, *op. cit.*

long terme. Par conséquent, tout être conscient est à cent pour cent responsable de ce qu'il fait, dit, écrit, et à cent pour cent irresponsable des conséquences de ce qu'il fait, dit, écrit, y compris des interprétations de ses dires ou des lectures de ses écrits. Notre destin est celui de la responsabilité irresponsable.

Enfin les impératifs éthiques antagonistes nous posent le problème-clé des contradictions éthiques. De même que la pensée complexe, l'auto-éthique n'échappe pas au problème de la contradiction. Il n'y a pas d'impératif catégorique univoque en toutes circonstances, il y a aussi des impératifs antagonistes simultanés. Les vrais problèmes éthiques ne sont pas dans l'insuffisance, mais dans l'excès d'impératifs, qui détermine des conflits de devoirs. Car nous sommes tous soumis à une pluralité de devoirs. Nous avons un devoir égocentrique, où chacun est pour lui-même centre de référence et de préférence, et qui nous est nécessaire pour vivre. Nous avons un devoir génocentrique où ce sont les nôtres, géniteurs et progéniture, famille et clan, qui constituent le centre de référence et de préférence. Nous avons un devoir sociocentrique où notre société s'impose comme centre de préférence et de référence. Enfin, nous avons le devoir induit par cette éthique fragile et tardive qui est anthropocentrique, et qui émerge d'abord dans les grandes religions universalistes avant de s'affirmer dans les idées humanistes : elle reconnaît en l'être humain un *ego alter* (un sujet comme soi-même) et peut fraterniser avec lui comme *alter ego* (autre soi-même).

Ces devoirs sont complémentaires. Mais, s'ils surgissent en même temps, ils deviennent antagonistes. L'exemple canonique d'une contradiction éthique fondamentale nous a été fourni par Louis Massignon : un bédouin fugitif, pourchassé par les frères de l'homme qu'il a tué par vendetta, arrive au crépuscule à la tente de la femme de sa victime et lui demande asile ; celle-ci est sommée intérieurement d'obéir à la fois à la loi de l'hospitalité et à la loi de la vengeance. Elle résout le problème éthique en accordant l'asile au fugitif pour la nuit puis en se joignant le lendemain à ses beaux-frères dans la chasse au meurtrier.

Nous avons perdu le sens sacré du droit d'asile et nous n'avons qu'exceptionnellement à subir le conflit entre la loi de la justice et celle de l'hospitalité[1]. Mais nous devons sans cesse affronter le conflit entre les injonctions devenant antagonistes de l'universel et du proxémique (la proximité est le champ de l'action et de la visée personnelles où se situent les proches, les amours et les amitiés concrètes) : devons-nous sacrifier le bien général au profit du bien particulier de nos proches ou, à l'inverse, devons-nous sacrifier le bien de nos proches au bien général ? Le bien général risque de demeurer abstrait et, surtout, nous pouvons nous tromper sur le bien général comme le firent tant de militants dévoués qui crurent lutter pour émanciper l'humanité en contribuant à son asservissement. Plus encore, ainsi que je l'ai déjà écrit, *l'amour de l'humanité a pu inspirer les plus glaciales inhumanités*[2]. Le bien singulier de nos proches est certes concret, mais nous pouvons néanmoins nous tromper sur leurs véritables intérêts. Surtout, il risque de nous renfermer sur notre petite communauté et de nous rendre indifférents à tous problèmes qui lui sont extérieurs. Ici, il

1. Mais il est encore des lieux où la loi de l'hospitalité prime toute autre, comme les couvents qui, pendant l'Occupation, ont accueilli juifs et résistants traqués et qui ont accueilli ensuite collaborateurs et nazis. Ce ne sont pas les mêmes, me dit un ami relecteur. Certes, et les pourchassés ne sont pas les mêmes ; mais ils sont des pourchassés.

2. Cf. *Le Vif du sujet*, *op. cit.*, p. 127.

n'y a pas de ligne préétablie, mais des diagnostics et des décisions d'urgence qui nous font obéir à l'un des deux impératifs contraires.

De même, nous devons affronter le conflit entre les injonctions antagonistes de préserver l'immédiat et de préserver le moyen terme. Nous avons certes des devoirs immédiats, mais ils peuvent entrer en conflit avec nos responsabilités à moyen terme, qui, de plus, concernent les générations futures. De même que le principe hippocratique nous dit de soigner en profondeur les causes de la maladie, et non les symptômes – sauf en cas de danger mortel où il faut d'abord soigner les symptômes –, de même nous devons inscrire nos devoirs éthiques dans la durée, tout en nous consacrant totalement à l'immédiat en cas de péril très grave. À quel moment diagnostiquerons-nous cette gravité et prendrons-nous une décision d'urgence ? Apparaît dès lors un autre antagonisme, entre l'audace et la prudence : jusqu'où peut-on aller dans l'audace, au risque de tout perdre, ou dans la prudence, au risque de ne rien gagner ? Ici encore, il faut choisir et parier.

Il y a également problème éthique quand s'impose une « lutte sur deux fronts ». Ainsi, dans les années 1936-1937, il fallait lutter à la fois contre le nazisme et le communisme stalinien qui, l'un et l'autre, avaient révélé, à ceux qui voulaient et pouvaient voir, leur véritable visage. Mais sous l'Occupation, la lutte simultanée sur les deux fronts risquait de faire abandonner toute lutte. Il fallait établir une priorité ou une sélection, et cela entraînait inévitablement l'affaiblissement de la lutte contre l'une des menaces. Tous ceux qui ont œuvré pour la victoire sur le nazisme ont aussi œuvré pour la victoire du totalitarisme stalinien. Mais s'ils avaient œuvré contre le totalitarisme stalinien, ils auraient œuvré pour la victoire du nazisme. Vassili Grossman a bien synthétisé la tragédie en disant que Stalingrad fut la plus grande victoire et la plus grande défaite de l'humanité.

J'ai rencontré une contradiction politico-éthique lorsque Dionys Mascolo m'a demandé, pendant la guerre d'Algérie, de signer le manifeste pour le droit à l'insoumission, dit « des 121 », qu'il avait en grande partie rédigé. J'étais prêt à signer la partie se limitant au droit à l'insoumission, non la suite. Certes, cette suite prenait une position de soutien à la lutte du peuple algérien et j'étais prêt à signer pour l'indépendance de l'Algérie, ce que j'avais déjà fait. Mais la rédaction de ce texte exprimait à mes yeux un soutien inconditionnel au FLN bien que celui-ci ne fût pas nommé. Or, non seulement je ne voulais pas soutenir en aveugle le FLN qui m'avait révélé un visage potentiellement totalitaire en liquidant physiquement la résistance messaliste et certains de ses responsables, mais je pensais que la poursuite de la guerre radicalisait le pire dans les deux camps : du côté algérien, elle favorisait les germes d'un totalitarisme de parti unique ; du côté français, elle favorisait les risques de dictature militaire. Je me sentais donc coincé. La possibilité d'échapper à la contradiction vint de l'idée, suggérée par Maurice Merleau-Ponty et que je suivis avec Claude Lefort et Colette Audry, de rédiger un autre texte où l'idée de paix (négociée évidemment) deviendrait centrale. Nous dûmes amollir la première rédaction de ce texte, d'une part sur la demande de Merleau-Ponty, d'autre part pour avoir l'adhésion de Denis Forestier, secrétaire général du puissant syndicat des instituteurs. Et je me suis alors demandé si je devais signer ce texte trop édulcoré, nouveau *double bind* que je tranchai finalement par la signature.

Des contradictions éthiques sont apparues avec les développements des sciences. N'y a-t-il pas désormais antagonisme entre l'éthique de la connaissance, qui enjoint de connaître pour connaître sans se soucier des conséquences, et l'éthique de la protection humaine, qui demande un contrôle de l'utilisation des sciences ? Au sein de ce problème général, les progrès de la biologie ont fait surgir les problèmes de bioéthique, qui révèlent de nouveaux antagonismes.

Il y a l'antagonisme entre l'impératif hippocratique de lutter jusqu'au bout contre la mort et l'impératif d'arrêter de vaines souffrances ou de libérer les familles d'un cadavre vivant. Faut-il prolonger indéfiniment un coma où le survivant, réduit à une vie végétative, n'a plus rien mentalement d'humain ? Faut-il prélever des organes sur ce mort en sursis pour sauver des vies humaines ? Il y a l'antagonisme entre le droit de la femme à avorter de l'enfant non désiré, le droit à vivre de l'embryon et le droit de la communauté à se préserver d'une hémorragie démographique. Il y a l'antagonisme entre la liberté de choisir une mère porteuse ou d'accepter de le devenir, et la scission qu'une telle pratique introduit dans la notion de mère. Il y aura bientôt l'antagonisme entre la liberté de choix du sexe, des traits morphologiques et des aptitudes de l'enfant, et le risque de normalisation biologique de l'être humain…

Ainsi, en de multiples domaines et de multiples cas, on ne peut surmonter l'aporie éthique. Il nous faut vivre avec elle et soit faire des compromis d'attente, soit décider, c'est-à-dire parier.

La dialogique éthico-politique

La dialogique éthico-politique signifie qu'on ne peut ni disjoindre ni confondre éthique et politique.

L'éthique nécessite le plus souvent une stratégie, c'est-à-dire une politique, et la politique pose le problème des moyens et des finalités éthiques.

Dans le cas du texte contre la guerre d'Algérie dont je viens de parler, le conflit entre l'éthique et le politique était circonscrit : il concernait le degré de compromis qu'il me fallait accepter pour que le texte que je signais ne soit pas trop édulcoré. Par contre, ma position pour la paix était à mes yeux justifiée à la fois éthiquement et politiquement, ainsi que le refus de me faire l'auxiliaire d'un parti à potentialité totalitaire.

Le conflit entre l'éthique et le politique survient quand il y a antagonisme entre une éthique de principe qui, ne pouvant s'engrener sur la réalité, devient un angélisme, et un réalisme politique sans principe qui accepte tous les faits accomplis. Ainsi il y a antagonisme entre le réalisme des relations entre États et le principe des droits de l'homme ou du droit des peuples. Le problème qui se pose sans cesse s'est posé récemment en ce qui concerne les droits de l'homme pour les relations avec la Chine. La rupture avec cette énorme puissance et l'acceptation de la situation de fait sont également impossibles – il faut donc faire de misérables compromis. Tant qu'existent les États-nations souverains absolus, on est condamné à ces compromis. Mais jusqu'où ? Y aura-t-il au-delà une juste société des nations qui contraindrait à l'application universelle des droits de l'homme ?

L'antagonisme classique entre l'éthique et la politique peut prendre figure d'une opposition absolue comme celle entre Antigone et Créon. Mais il peut aussi amener à divers compromis dans lesquels l'éthique essaye soit de composer avec la force, soit de l'utiliser à ses fins. Là encore, l'éthique est renvoyée au choix, au pari, à la stratégie.

J'en arrive maintenant à l'objection que bien des lecteurs ont dû me faire en lisant les pages précédentes. N'y a-t-il pas conflit entre la compréhension, qui soit appelle le pardon, soit s'oppose à la répression, et la nécessité même du combat politique qui consiste à vaincre l'ennemi ? Ce combat ne nécessite-t-il pas de lui-même le manichéisme, c'est-à-dire la conviction de lutter pour le bien contre les forces du mal ? À ceci je répondrai que, tout d'abord, la guerre elle-même a pu reconnaître des normes, et que les règles du jeu de la démocratie empêchent d'annihiler physiquement ou moralement l'adversaire, et protègent tout acteur politique contre le mensonge et la calomnie. Je dirai ensuite que le manichéisme ne caractérise que les couches les plus basses de l'action politique, là où elle se dégrade en fanatisme obtus : s'il apporte l'énergie de la haine contre l'ennemi, il apporte aussi l'aveuglement ou la myopie sur les enjeux véritables du combat, et il dénature le sens même d'une action à finalité éthique. J'affirme qu'il faut substituer à l'efficacité aveugle du manichéisme la lucidité du pari et l'efficacité de la stratégie.

Je reconnais l'inévitabilité du conflit entre la bataille politique et la compréhension. Mais on peut comprendre l'adversaire tout en le combattant. Et, surtout, je tiens qu'il faut toujours sauver la compréhension, car elle seule fait de nous des êtres à la fois lucides et éthiques. Il faut résister à la logique politique qui ne discerne que des ennemis à combattre et abattre. L'éthique a pour mission de résister au caractère impitoyable que prend la politique livrée à elle-même.

Je n'évacue pas le conflit, je mets à la place royale le conflit des idées. Mais je sauve la compréhension et je maintiens la possibilité du pardon et de la rédemption. Comme je l'ai écrit, *la seule morale qui survive à la lucidité est celle où il y a conflit ou incompatibilité de ses exigences, c'est-à-dire une morale toujours inachevée, infirme comme l'être humain, et une morale en problèmes, en combat, en mouvement comme l'être humain lui-même*[1]. Ainsi donc, en chacune de nos intentions, en chacun de nos actes, notre auto-éthique est soumise à l'incertitude, à l'opacité, au déchirement, à l'affrontement.

Une éthique complexe

Voici donc une éthique sans fondement autre qu'elle-même, mais qui a besoin d'appuis à l'extérieur d'elle-même : elle a besoin de se nourrir d'une foi, de s'appuyer sur une anthropologie et de connaître les conditions et situations où elle se pratique.

C'est une éthique de la compréhension. C'est une éthique qui n'impose pas une vision manichéenne du monde. C'est une éthique sans salut, sans promesse. C'est une éthique de la communauté de perdition.

C'est une éthique qui rencontre sans cesse l'incertitude et la contradiction en son sein. C'est une éthique du pari. C'est une éthique qui nous demande de l'exigence pour nous-mêmes et de l'indulgence pour autrui, et non l'inverse.

Dans l'auto-éthique, la conscience morale nécessite, d'une part, une foi ou une mystique qui l'inspirent, d'autre part l'exercice permanent d'une conscience éclairante[2]. La morale est un éclairage

---

1. Cf. *Le Vif du sujet*, *op. cit.*, p. 128.

2. J'avais noté dans *Autocritique* ce lien indissoluble entre la conscience et l'intelligence à propos de mon dégoût devant le procès Rajk : *Quand je me retourne aujourd'hui vers ce passé, je n'ai pas de doute : ce sursaut de conscience, ce refus même seulement mental de l'imposture sauvait ma raison. La flamme de l'indignation était la seule chose qui éclairait ma nuit : c'était la lucidité.*

qui a besoin d'être éclairé par l'intelligence et l'intelligence est un éclairage qui a besoin d'être éclairé par la morale. D'où le sens de la phrase de Pascal, « travailler à bien penser, voilà le principe de la morale ». L'éthique doit mobiliser l'intelligence pour affronter la complexité de la vie, du monde, de l'éthique elle-même.

Ainsi ce n'est pas une norme arrogante ni un évangile mélodieux qu'énonce l'auto-éthique que je fais mienne ; c'est l'affrontement avec la difficulté de penser et de vivre. Le sens que je lui donnerai, finalement, s'il fallait un terme qui puisse englober tous ses aspects, c'est la *résistance à la cruauté du monde.*

4

Du sous-marrane au post-marrane

J'ai vécu mon enfance avec une vérité secrète et une identité incertaine.

Après la mort de ma mère, j'ai appris la dissimulation, me cachant dans les cabinets ou sous les draps pour pleurer ; j'ai fait semblant d'être « normal » et, du reste, j'étais aussi un enfant normal, oubliant mon chagrin, avec mes moments de divertissement, de jeu et de joie, tout en vivant une douleur infinie. Et ainsi j'ai vécu double, gardant enfouie en moi ma vérité secrète.

À l'école, je m'aperçus que mon identité française avait un soubassement incertain. Mon père, devenu français par naturalisation, était né en 1894 à Salonique, ville alors ottomane, d'une famille « protégée consulaire », originaire de Livourne, reconnue italienne depuis 1860, tandis que Salonique était devenue grecque en 1911. Il parlait avec mes grands-mères le vieil espagnol des séfarades. Quand je devais dire d'où venait mon père, et que je disais Salonique, on me disait : « Alors, il est grec ? – Non, parce que Salonique était turque quand il y est né. – Alors, il est turc ? – Non, il était d'origine espagnole. – Alors, il est espagnol ? – Non… » Je ne savais ni indiquer ni comprendre sa nationalité d'origine : en fait, il était salonicien, c'est-à-dire enfant d'une cité d'empire, antérieure au stade national, peuplée à plus de soixante pour cent de séfarades qui constituaient une communauté de culture.

Le trouble identitaire

On ne disait pas le mot « juif » dans la famille mais *los nuestros* (les nôtres), terme qui englobait seulement les Judéo-Espagnols. Mes ascendants paternels et maternels étaient laïcisés depuis au moins trois générations – les tables familiales ignoraient le kasher, servaient du jambon. Mon père n'avait jamais jeûné pour le Kippour, alléguant une prétendue dispense rabbinique qu'il avait obtenue à l'âge de douze ans parce qu'il avait été malade, et qu'il considérait toujours valable. Les parents allaient pourtant à la synagogue pour les anniversaires de leurs morts et on fêtait Pâques avec ferveur chez ma grand-mère Beressi. Ce que mon père avait gardé de la tradition, c'était la solidarité et le culte de la famille. Mais moi, depuis l'âge de dix ans, je rejetais cette famille qui voulait remplacer ma mère perdue.

Les nourritures matricielles de ma petite enfance, mes parents allaient les retrouver au restaurant arménien Les Diamantaires ou au restaurant grec de la rue Serpente, et j'ai en moi l'amour de nourritures qui sont familiales et méditerranéennes à la fois, comme ce *pastellico* que j'ai cru spécifique à *los nuestros* mais que j'ai retrouvé identique dans le quartier musulman de Skopje et dans une ruelle du port de Gênes.

Salonique fut une ville miraculeuse où, de la fin du XVe siècle à 1911, les séfarades, accueillis par le sultan, furent majoritaires dans la population : ce fut comme un anti-ghetto où ils n'ont subi aucune vexation, aucune mesure discriminatoire. Aussi ne portaient-ils pas dans leur conscience le moindre sentiment d'exclusion. Bien plus, ma famille d'ascendance livournaise était « protégée consulaire », c'est-à-dire au-dessus et des lois turques et des lois rabbiniques, jouissant donc de libertés et de privilèges extraordinaires. Aussi rien dans le climat familial ne venait m'avertir de me méfier des gentils, de craindre leurs vexations ou leurs vilenies. Je grandis donc sans jamais songer que j'étais du peuple élu et du peuple maudit.

Aucun rite, aucune croyance, aucune culture juifs n'étaient incorporés en moi. Par contre, je m'étais incorporé l'histoire de France (je m'y suis incorporé), je me formais l'esprit et les sentiments dans la littérature française, puis dans la culture européenne. À l'école je me voyais défini juif par les autres, sans trouver en moi le sens de ce mot, et je me voyais marqué par une double différence mystérieuse, à l'égard du monde des gentils et à l'égard du monde des juifs. Je n'étais pas du monde des gentils bien que je fusse comme eux, et je ne me sentais pas juif bien que je le fusse. Dans ce sens, j'étais comme les autres sans être vraiment des leurs.

Voilà donc mon identité trouble : j'étais un juif non juif, un non-juif juif. J'appartenais à qui je n'appartenais pas et n'appartenais pas à qui j'appartenais. J'avais des moments de malaise identitaire où je me sentais dans un trou entre juifs et gentils. Mais le plus souvent je ressentais seulement une gêne, une insuffisance, un manque par rapport aux uns et aux autres. Il a fallu beaucoup de temps pour que je reconnusse ma vérité dans ce qui me semblait une infirmité.

Je n'eus pas à subir l'animosité de condisciples. Bien que la politique fût entrée brutalement dans nos classes et qu'il y eût un très virulent antisémitisme de droite dans les années 30, je n'ai pas souffert de l'injure ni de l'exclusion. À l'exception d'un seul, mes amis proches étaient des gentils. Je ne fus pas rejeté, mais je me sentais à l'écart du noyau ontologique de l'identité commune. Plus tard, je n'eus pas à subir l'exclusion des lois de Vichy. Le *numerus clausus* ne fut pas appliqué en 1940-1941 par les facultés de Toulouse où j'étais inscrit, puis j'entrai dans la Résistance où jamais je ne me suis senti aussi bien intégré. Sous l'Occupation et dans la Résistance je bénéficiais de l'amitié fraternelle et de beaucoup de solidarité de ceux qui savaient qui j'étais. La seule exclusion qui m'ait fait vraiment souffrir fut celle qui m'est venue plus tard du Parti communiste, et encore, elle m'a très vite procuré la joie d'une libération.

Mais, si je ne ressentais pas personnellement l'humiliation et l'exclusion, j'avais acquis l'allergie contre toute humiliation et le dégoût pour toute exclusion, et, comme je l'ai dit au chapitre précédent, j'étais également écœuré par tous les termes péjoratifs concernant les Arabes, les gitans, les Allemands. L'expérience juive me conduisait à me sentir solidaire des victimes du mépris, et à mépriser non ceux qui méprisent par éducation, habitude, conformisme, sottise, mais le mépris même. Le fait d'être parmi les victimes d'une généralisation abusive ou délirante (responsable de la condamnation du Christ, du capitalisme, du bolchevisme) m'a conduit à une vigilance à la fois intellectuelle et éthique contre tout type de généralisation donnant à un individu les traits supposés d'une race, ethnie ou nationalité. Et tout cela m'a poussé à me situer d'un point de vue universel valable pour tous.

Comme il est arrivé souvent (du moins jusqu'à l'existence d'Israël), chez des jeunes gens qui se détachent de la singularité juive dans la société laïcisée qui les a émancipés, mais qui se sentent rejetés par un nationalisme antisémite, j'ai été amené à chercher dans l'universalité la vérité intérieure qui me situerait au-delà des juifs et des gentils. Cela surdétermina mon aimantation vers les idées révolutionnaires et internationalistes. Ici intervient le messianisme révolutionnaire. Il y eut des messianismes religieux dans le monde chrétien et dans le monde juif jusque dans les temps modernes – je reviendrai sur le messie Sabbetaï Zevi –, mais le grand fondateur du messianisme laïcisé et politisé fut Karl Marx, ce post-juif, fils de converti et petit-fils de rabbin, qui a prédit la fin du malheur humain grâce au Messie prolétarien, après l'apocalyptique lutte finale entre les forces du mal (le capitalisme) et les forces du bien (le socialisme). Et ainsi, *via* le bolchevisme, se constitua la religion de salut terrestre à laquelle j'adhérai au paroxysme de la guerre.

J'ai cru trouver la réponse à mon trouble identitaire en assumant pleinement mon identité d'être humain, j'ai cru trouver l'au-delà des juifs et des gentils dans la nouvelle religion universelle. Mais mon révolutionnarisme et mon messianisme s'inscrivaient dans ma dialogique intérieure entre foi et doute, aventurisme et prudence, et ils en étaient tempérés d'autant. La nation n'était pas pour moi une mystification mais une sorte d'être doté d'une vie propre qu'il fallait respecter, et ma prudence me faisait considérer que la société radieuse n'adviendrait qu'au terme d'une longue évolution. Je n'ai pas versé dans le révolutionnarisme abstrait de tant de juifs bolcheviques portés à exercer la terreur pour le salut de l'humanité, aveugles aux identités nationales ou religieuses, et qui furent les uns après les autres liquidés par la révolution à laquelle ils s'étaient donnés corps et âme.

Ce qui marquait mon universalisme dans les ultimes années d'avant-guerre et pendant la première année de l'Occupation, c'était ma volonté d'échapper au judéo-centrisme. Dès l'arrivée de Hitler au pouvoir et, surtout, après les affreuses mesures d'exception et de rejet antisémites, les juifs se sont montrés antinazis et souvent antiallemands. Beaucoup ont dénoncé la capitulation de Munich et ont été partisans de la guerre à l'Allemagne. Quant à moi, je pensais en 1938-1939 qu'il fallait éviter les horreurs de la guerre, céder aux revendications concernant des populations allemandes séparées de leur patrie, et, au début de l'Occupation, je croyais que la survie de la France et l'avenir de l'Europe ne pouvaient être subordonnés au sort fait aux juifs. Bien entendu, il était question en 1940 et début 1941 non pas d'extermination ni même de déportation à l'Est, mais du statut d'infamie qui les rejetait hors citoyenneté. Évidemment, à la différence de mon ami qui m'écrivait : « L'Europe aurait pu se faire sans cette infamie », mais qui n'était pas juif, cette infamie signifiait mon rejet hors de la cité et ma ghettoïsation. Pourtant quelque chose de sacrificiel en moi me faisait accepter ce sort maudit, comme si *mon* sacrifice iphigénique (je refoulais l'idée que je n'étais pas le seul immolé dans ce « sublime » sacrifice) allait permettre le salut de tous. En 1941-1942, j'ai troqué le rôle de la victime sacrificielle juive (involontaire) pour celui de la victime sacrificielle communiste (volontaire). Je suis allé au sacrifice, mais dans l'autre sens, lorsqu'il m'apparut que le combat communiste contre le nazisme était le combat pour le salut de l'humanité. Quand j'ai annoncé à A. que j'étais devenu résistant communiste, elle me dit, à ma grande satisfaction, songeant à *La Condition humaine* de Malraux : « Vous êtes de ceux qu'on jette dans le fourneau des locomotives. »

À partir de l'automne 1942, nous vivions une vie à plusieurs faces à Lyon avec Jacques-Francis Rolland. Nous voulions à la fois militer, étudier, lire, nous amuser : c'était la « conception synthétique de la vie ». Nous habitions à la Maison des étudiants, sous la protection du directeur Jean Thomas, ami de son père, et, après notre maigre pitance à la cantine universitaire, nous allions au restaurant privé Antoinette, réservé en principe aux journalistes de *Paris Soir* réfugié à Lyon et devenu lieu de rencontre des dirigeants de la Résistance de zone Sud. On nous donnait quelques reliefs de repas et nous fréquentions des « personnalités ». Polarisés entre Antoinette, l'université et la lutte clandestine, nous exprimions ainsi notre volonté de lier la vie austère et lohengrinienne du bolchevique à la vie légère et ouverte des résistants non communistes, d'alterner le travail « marxiste » avec le jeu et la poésie.

La « conception synthétique de la vie » affirmait la résolution de vivre sur plusieurs plans, de ne pas laisser envahir tout le champ mental par le marxisme, tout le champ existentiel par le communisme. C'était non seulement se préserver des zones libres de poésie, de littérature, de pensée, mais sauver la vie privée. J.-F. Rolland, Victor Henri et moi, nous nous sentions pleinement nous-mêmes dans le double lien, d'une part avec l'appareil du Parti, d'autre part avec le milieu des résistants non communistes. Les militants du Parti à qui nous avions affaire étaient du type Loyola, sévères, implacables, parlant la langue rituelle dite désormais « de bois ». On ne pouvait avoir aucune relation de camaraderie avec ces « camarades », on n'osait exprimer aucun sentiment personnel. En revanche, nous nous sentions à l'aise dans le milieu d'Antoinette où on plaisantait, où l'on se liait par sympathie, et notamment avec d'autres résistants des MUR (Mouvements unis de résistance) qui étaient sympathisants communistes ou en passe de devenir « sous-marins » du Parti.

Puis nous devînmes sous-marins nous-mêmes : nous acceptâmes la proposition d'André Ulmann, sous-marin lui aussi, qui voulait nous recruter dans le mouvement en formation des prisonniers et déportés (à partir d'évadés ou rapatriés des camps allemands) ; nous aurions dû à cette époque passer aux FTP, c'est-à-dire au corps de partisans dirigé par le Parti, mais André régla la question au sommet. À partir de cette date, nous pouvions vivre pleinement notre double vie, celle du communiste ombilicalement lié au saint des saints, le Comité central, celle du résistant « profane », vivant une vie d'amitiés, de plaisanteries, dans les bistros, mêlant étroitement sa vie résistante et sa vie privée. Jacques-Francis passa ensuite à un réseau de résistance dirigé par son ami Roger Vailland, devenu compagnon de route du Parti communiste, puis Victor, qui était physicien, entra dans une section de résistance dirigée par Joliot-Curie, devenu secrètement adhérent du Parti tout en étant un responsable du Front national (mouvement patriotique « sans parti » mais en fait dépendant du Parti). Ainsi nous vivions une double personnalité, en fait un double jeu à l'égard de nous-mêmes. Nous ne nous privions pas de plaisanter entre nous de nos relations avec les communistes de l'appareil, notamment de nos rencontres avec le responsable à la commission des cadres, Tourneur, que nous appelions « le Guépéou ». Une telle situation nous conduisait inévitablement à des comportements hypocrites, non seulement parce que nous cachions à nos camarades non communistes l'origine des orientations que nous dictait en secret le Parti, mais aussi et surtout lorsque des « anticommunistes » nous disaient en confiance leurs griefs contre le stalinisme. En ce qui me concerne, je me gardais de dénoncer l'imprudent antistalinien qui se confiait à moi, j'essayais de ne pas être trop dissimulé et je mettais mon périscope en surface dès que je me sentais un peu en amitié ; certains alors me faisaient confiance et m'expliquaient, comme Strickler à Toulouse, qu'ils avaient été injustement exclus du Parti avant guerre. Je faisais même part à l'ami proche de ma foi dans le communisme, et j'essayais de l'endoctriner, comme je le fis avec succès auprès de Dionys Mascolo. Ce qui fait que, par diffusion, l'on savait dans le Mouvement que j'étais « communiste ». Robert Antelme me rapporta après son retour de déportation que, le jour où j'avais rendez-vous avec un certain nombre de responsables du Mouvement, dont François Mitterrand, on annonça ma venue par un « attention, c'est un communiste ».

Ainsi, sans le savoir, j'étais sous-marrane en étant sous-marin, et j'avais trouvé cette situation, en dépit de la gêne intérieure qu'elle me causait souvent, meilleure que si j'avais été seulement résistant « gaulliste », où je n'aurais pas communié à la sainte eucharistie, plus avantageuse que si j'étais devenu apparatchik à l'intérieur du Parti, où j'aurais dû avoir un langage et un comportement totalement étrangers à ma nature. Je me sentais bien dans l'anarchie, la spontanéité, les désordres du mouvement de résistance, ce qui me permettait d'être bien dans mon communisme de foi et non d'organisation, tout en demeurant lié mystiquement et ombilicalement avec le Parti. J'étais comme ces marranes qui, du fait même de leur condition (chez eux involontaire, chez moi volontaire), gardaient leur foi juive sans obéir à la Loi tatillonne et rigide de Moïse. Certes, il n'était pas besoin d'être, comme moi, un lointain descendant de ces marranes pour assumer avec bonheur la double identité résistante/communiste, puisque c'était le cas de Jacques-Francis et de Victor. Mais peut-être, en ce qui me concerne, cela correspondait-il à quelque chose de plus profond : être à la fois gaulliste (patriote français), communiste (révolutionnaire planétaire) et juif (victime expiatoire) accomplissait mon marranisme en une heureuse synthèse.

Je ressentais pleinement les deux identités, communiste et gaulliste ; mais j'oubliais parfois mon identité juive qui avait disparu de mes papiers et de ma vie clandestine. Je me souviens que, sur les suggestions de Rolland, j'avais pris un rendez-vous pour la nuit à Pigalle avec une admirable prostituée de sa connaissance. Je montai dans sa chambre, brusquement dégrisé de croiser dans le couloir de l'hôtel des officiers allemands avec d'autres prostituées. Déshabillé, je me rendis soudain compte que j'étais circoncis. Plus la prostituée s'évertuait sur le « chauve », plus celui-ci s'affaissait d'épouvante. Elle devenait fort mécontente et j'avais peur qu'elle comprenne, surtout quand elle quitta la chambre pour se mêler à d'autres clients, tous allemands, et à d'autres prostituées. Quand j'eus le sentiment d'être pendant un temps abandonné, je me rhabillai en hâte et disparus de l'hôtel, restitué tout tremblant à l'élection d'Abraham.

Après la Libération, j'eus la velléité de changer de nom et de devenir légalement Morin, puis j'abandonnai cette intention après avoir appris que les frais dépassaient mes possibilités. Quand, quelques années plus tard, l'avocat me dit que je pouvais désormais faire cette modification à faible coût, j'y renonçai et demeurai dans la dualité, gardant mon nom et mon pseudonyme dans les papiers d'identité, bancaires et autres. (J'ai finalement éliminé sur le tard de mon état civil le double prénom hébreu que je n'avais jamais porté.)

Ainsi je me suis installé dans la double identité, celle de mes origines et celle de mes actes, devenant fils de mes œuvres tout en restant fils de mon père. La filiation originelle s'est ravivée après la mort de mon père, qui a déclenché un livre à sa mémoire, mais, parallèlement, le Morin s'est incrusté plus profondément en moi.

À cette forme de néo-marranisme s'est ajoutée une autre. Pendant trois ans, j'ai continué à me dire communiste tout en ayant cessé de l'être. Profitant de mon déménagement à Vanves en 1948, je n'avais pas repris ma carte du Parti, mais je ne l'avouai pas, et mon voisin et ami le concierge Tousseul, secrétaire de la cellule locale, croyait que j'étais inscrit à la cellule de mon lieu de travail. Aussi ai-je accepté en 1951 l'invitation qu'il m'avait faite de me rendre à une réunion, en croyant que c'était une assemblée des Combattants de la paix, et je fus tout surpris d'entrer dans le conclave d'une cellule inconnue, la mienne, à laquelle, par la volonté du Parti, il fallait que j'appartienne pour l'accomplissement du rite d'excommunication. Situation étrangement marrane : pendant trois ans, je ne faisais plus partie du Parti tout en en faisant partie. J'étais parti sans être parti.

L'incorporation du marranisme

Aujourd'hui, rétrospectivement, je considère que, sans le savoir, j'ai vécu, depuis mon enfance et jusqu'à l'âge adulte, presque toutes les formes et variantes de l'expérience marrane, d'une façon évidemment très singulière.

J'ai vécu la dissimulation d'une foi intérieure secrète sous une apparence trompeuse, tout d'abord enfant, en gardant secrètement le culte à ma mère sous un masque d'indifférence, puis sous-marin de 1943 à 1944, en vivant dans la foi secrète au Parti à l'intérieur d'un mouvement de résistance non communiste. J'ai vécu enfant et adolescent l'incertitude marrane sur ma propre identité, puis, entre vingt et vingt-deux ans, j'ai vécu une troisième forme de néo-marranisme, celle de la double identité résistante-communiste. Enfin, j'ai assumé délibérément dans ma vie ultérieure mes deux identités, la patronymique et la pseudonymique.

La conception sartrienne du juif qui devient juif sous le regard de l'autre, mais qui, sinon, serait identique à cet autre, est insuffisante dans mon cas. De même est insuffisante l'explication par la catégorie du « juif honteux » qui dissimule son identité juive parce qu'il a intériorisé le mépris des gentils à l'égard des juifs. « Juif honteux » : ce mot, excellent pour viser la honte de ce qu'on est, est mauvais pour comprendre l'intériorisation de la double différence que l'on porte en soi, d'une part à l'égard des juifs, d'autre part à l'égard des gentils. Je préfère partir de la notion de marranisme qui s'applique assez bien à mes expériences vécues et porte en elle une complexité absente du « juif sartrien » et du « juif honteux » ; c'est cette complexité que j'ai appelée néo-marrane dans le dernier chapitre, écrit en 1962 ou 1963, du *Vif du sujet,* et que je pourrais appeler aujourd'hui post-marrane.

Ce n'est que récemment que j'ai compris la complexité et la fécondité du marranisme, notamment en rédigeant une préface aux *Juifs d'Espagne.*

Histoire d'une diaspora et après avoir lu le *Spinoza* de Yovel. Voilà ce que j'ai écrit sur le marranisme dans cette préface : *Une étonnante diaspora culturelle caractérise l'aventure marrane. Il y eut des conversos dénonciateurs et persécuteurs de juifs, comme Torquemada. Il y eut aussi des conversos qui, comme Thérèse d'Avila, trouvèrent dans l'extase de la communion mystique un au-delà aussi bien de la Loi juive que de la norme catholique. Il n'est pas impossible que, selon la thèse de Dominique Aubier, il y eût des kabbalistes qui camouflèrent leur culte de la Secchina, substance féminine de la Divinité selon la Kabbala, sous le culte à la Vierge. Il n'est pas impossible également que le* Don Quichotte *de Cervantès traduise non seulement la nostalgie de la chevalerie disparue, mais la quête impossible de la Secchina perdue dans le monde dégradé de l'exil. Beaucoup de descendants de conversos, ressentant en leur for intérieur le choc mutuellement destructeur entre deux religions antagonistes, dépassèrent alors l'horizon des Religions révélées, les uns pour déboucher sur le « que sais-je ? », et ce fut le cas de Montaigne, les autres pour déboucher sur une philosophie de l'immanence où la divinité se confond avec l'être de la nature. Ainsi, rien qu'à s'en tenir à Montaigne et à Spinoza, le marranisme a fourni à la culture européenne moderne deux de ses ferments les plus riches.*

Ce qui m'a donc rattaché au marranisme, ce ne fut pas l'état camouflé ou transitoire de vrais juifs camouflés en faux chrétiens et de vrais chrétiens ayant oublié la religion juive ; ce fut l'expérience psychologique complexe, portant en elle une double identité déchirante et éventuellement créatrice, ferment de dépassement des dogmes des deux religions, débouchant dans son cheminement interrogatif et critique à Montaigne et dans sa recherche de nouveau fondement à Spinoza. Puisque je me sens à la fois sceptique, rationnel et mystique, je me situe dans la filiation simultanée de ces trois produits du marranisme,

Thérèse, Montaigne, Spinoza. De la filiation de Thérèse, je ressens le sentiment mystique de l'existence et l'aspiration à l'extase. En trichant un peu, c'est-à-dire en marranisant Jean de la Croix, je le mets en complémentarité antagoniste avec Montaigne, parce qu'il apporte au « que sais-je ? » de Montaigne le sens dialectique de « la nuée d'ombre qui éclaire », l'idée que le savoir en s'élevant conduit au non-savoir :

Tout ce qu'il savait avant
Très bas lui semble maintenant
Et sa science augmente tant
Qu'il en demeure sans savoir
Toute science transcendant.

Alors que l'antagonisme entre les deux religions révélées débouche chez Thérèse sur le pur amour mystique, il déclenche chez Montaigne l'énergie critique de la pensée interrogative. En Montaigne se dégage la souveraineté de l'esprit libre qui non seulement observe le monde, les mœurs, l'homme, mais s'observe lui-même et sait qu'il porte au fond de lui-même le mystère de l'humaine condition. « Qui suis-je ? » est l'interrogation cachée derrière « que sais-je ? ». Quant à Spinoza, je suis de sa descendance dans mon impossibilité de croire ni en une Révélation divine, ni en un Dieu transcendant, ni en l'élection juive. Si je ne goûte guère sa volonté de cohérence quasi mathématique, j'adhère au sentiment mystique-rationnel de la Nature autocréatrice.

Il y a de plus un autre post-marranisme, apparaissant aux XIXe-XXe siècles, qui vient de la double conscience et de la double identité du juif émancipé dont l'appartenance religieuse s'est désintégrée, mais qui, pour autant, n'est pas vraiment intégré dans le monde des gentils. Les deux figures emblématiques en sont Marx et Freud. Marx est évidemment fils de la culture européenne des Lumières dans sa croyance au progrès et au développement technique, dans sa certitude que les vraies réalités sont les énergies matérielles. Il porte en lui, mais laïcisée, la foi juive dans le Messie et l'idée paulinienne (judéo-chrétienne) que le salut messianique est pour toute l'humanité. Mais il est spécifiquement post-marrane dans la formidable puissance avec laquelle il remet en question et repense la société humaine, et, singulièrement, la société moderne. Freud est à l'autre versant : c'est un post-marrane non messianique. Dans ce sens, il est dans la lignée de Montaigne et, comme Montaigne, il s'intéresse à la psyché. Il ne s'intéresse pas au démiurge autoproducteur que Marx a nommé « homme générique ». Il est irrésistiblement attiré par les cavernes humaines, les abysses anthropologiques. Il ne croit pas au progrès mais voit la présence active de la mort au cœur de la vie. S'il donne son adhésion finale à Éros, il sait que celui-ci ne vaincra jamais Thanatos.

Marx et Freud ont voulu se distancier du judaïsme. Le premier, petit-fils de rabbin, a écrit des pages antijudaïques assez grossières. Le second, vraiment radical, a totalement désacralisé Moïse en en faisant un prince égyptien. Mais l'un et l'autre sont inconcevables dans la culture seulement laïque des gentils et dans la culture seulement juive. Ils ont été toutefois assimilables et assimilés, après d'énormes résistances, par la culture éclectique de l'Europe laïque contemporaine. Ils constituent l'apport d'un second post-marranisme à la culture européenne : l'un a voulu dévoiler le secret de la cruauté de l'histoire et de la société ; l'autre a voulu déchiffrer le secret caché de l'âme humaine.

Pour ma part, j'ai été aimanté vers l'un et vers l'autre. Mais mon propre post-marranisme m'a porté en deçà et au-delà de l'un et de l'autre.

Le messianisme post-marrane

Ici, il me faut introduire la nature tout à fait particulière du messianisme post-marrane, qui se trouve incarné non seulement par Marx dans sa version anthropologique laïque, mais aussi par Sabbetaï Zevi dans sa version cosmologique religieuse.

J'ai été fasciné par la Kabbala de Luria qui se diffuse à la fin du XVIe siècle et au début du XVIIe, et donc précède le sabbetaïsme. Luria met à l'origine du monde la rétraction et l'exil de la Lumière divine. Notre univers naît d'une déchéance, et il se concrétise à la suite de plusieurs tentatives avortées. Les étincelles de la perfection originaire sont dispersées dans le monde et s'associent aux déchets et scories de la création, et ainsi le bien est mêlé au mal. Dans cette conception d'inspiration gnostique, le messianisme intervient pour annoncer la rédemption du mal, le ralliement de l'épars, le retour de la Lumière.

Beaucoup d'ex-marranes ont émigré dans les communautés séfarades de l'Empire ottoman et leur foi se heurte à la Loi mosaïque qui les rejette pour non-observation de ses prescriptions et non-circoncision. Un climat de mysticisme se répand et encourage l'attente du Messie, que laissent présager les pogroms qui frappent les juiveries de Pologne. Alors apparaît effectivement un Messie, Sabbetaï Zevi, qui s'autoproclame tel en 1651 après avoir dansé extatiquement dans un temple de Smyrne et prononcé le Tétragramme imprononçable. La foi en Sabbetaï se propage comme une traînée de poudre dans toutes les communautés séfarades, déclenchant les prêches enflammés de nombreux rabbins, des départs pour Jérusalem, l'arrêt des transactions commerciales, en fait l'élan de presque tout le peuple séfarade vers la Grande Promesse. Sabbetaï annonce une rédemption généralisée où les pécheurs ne seront pas condamnés. Le sabbetaïsme apporte la commisération pour ceux qui font le mal : celui-ci est inhérent à l'univers et les méchants méritent la pitié parce qu'ils y font le sale boulot[1].

Menacé en 1660 par le sultan d'être exécuté, Sabbetaï Zevi abjure et se convertit à l'islam. Il perd une grande partie de ses disciples juifs, et il commence à prêcher chez les musulmans. À la suite de la conversion de Sabbetaï à l'islam, ses apôtres restés fidèles, comme Abraham Cardoso, exaltent la nécessité messianique d'entrer dans l'erreur et le reniement : « Le Messie devait devenir un marrane comme moi » ; « l'essence du mystère est que nous sommes tous obligés de devenir des marranes avant que nous puissions sortir de l'exil ». Pour Nathan de Gaza, l'abjuration et la conversion à l'islam sont partie intégrante du message messianique. Les disciples de Sabbetaï vont constituer au sein du monde turc la secte secrète des Deunmes, nouveau type de marranes, cette fois non plus christianisés, mais islamisés, non plus contraints, mais volontaires.

Le messianisme de Marx ignore les problèmes et tourments de l'âme humaine. J'ai adhéré au messianisme de Marx mais en même temps, inconsciemment, j'adhérais au messianisme de Sabbataï, lequel

1. Cette idée je la retrouve dans le « Pardon à Lucifer » de la sublime *Tragédie de l'homme* d'Imre Madàch, où le Seigneur déclare : « Reste… Toi Lucifer / Tu es aussi, dans mon vaste univers / Un maillon nécessaire. Agis ! Agis ! / Ton froid savoir, ta négation folle / Sont les ferments qui stimulent l'homme. »

d'une part portait l'idée que le mal contenait du bien en lui (et cela m'a permis, avec l'idée hégélienne de ruse de la raison, de pouvoir m'incorporer au communisme stalinien), d'autre part avait retrouvé de lui-même le message christique de la non-condamnation du pécheur. Plus je perdais les arguments empiriques et rationnels pour justifier le communisme stalinien, plus je me réfugiais dans un mysticisme quasi sabbatéen.

Après la rupture en 1951, puis les événements chocs de 1956 (rapport Khrouchtchev, Octobre polonais, révolution hongroise), après la réflexion menée au sein d'*Arguments*, j'ai renoncé au salut terrestre. Sans renoncer à l'espérance, mais en l'inscrivant dans la désespérance. J'ai renoncé définitivement au Messie marxien, au Messie sabbatéen, à tout Messie. Je me suis installé dans le néo-marranisme.

L'enracinement raté

Au cours de la longue « méditation » qui avait suivi mon séjour au Mount Sinai Hospital et dont le texte a paru six ans plus tard (*Le Vif du sujet*), je me suis senti intérieurement incité à interroger mes sources hébraïques et je fus aidé, stimulé par Henri Atlan que j'ai connu en 1963. C'est lui qui m'ouvrit à la Kabbala, puis qui me donna l'interprétation de la Genèse où Elohim, singulier pluriel tourbillonnaire, crée l'univers en y introduisant la séparation (de là me vint la perception, dans la chapelle Sixtine nettoyée, d'un Créateur s'auto-créant dans le tourbillon de la Création). Je me mis à lire la Bible ; le livre de la Genèse me fascina poétiquement, mais la violence effroyable de la conquête de la Terre promise me détourna du Dieu de colère. Ce qui m'intéressa, ce fut la double identité de Moïse, bien dégagée par Freud (bien que Freud se soit trompé sur la datation historique) : un Moïse sans doute non circoncis, gendre d'un grand prêtre non juif, ayant des enfants non circoncis, et répugnant à obéir aux injonctions du Buisson ardent. Pour moi, la Bible fut sourcière jusqu'au Sinaï, où Moïse le timoré, le sceptique, est devenu fanatique, brise de fureur les Tables et massacre en masse les adeptes du Veau d'or. La Bible demeure pour moi un monument prodigieux du sublime et de l'horrible.

Je suis étranger à toute idée du peuple élu, et justifier l'élection par la « mission sacerdotale » d'Israël me paraît une idée bouffonne. Définir le peuple hébreu par l'émancipation me convient, mais définir la nation juive par la conquête d'une terre étrangère « promise » me répugne. J'ose dire que j'abomine les exactions de cette conquête. Si le judaïsme se définit en retranchant hors de lui le juif Jésus et ses Évangiles, en excommuniant Sabbetaï et Spinoza, alors je ne peux en être. Si le judaïsme est le commentaire du Talmud et des œuvres de grands rabbis, alors il n'est entré à aucun moment dans ma culture ; j'ai appris à penser à l'école de Montaigne, Rousseau, Hegel… Et pourquoi moi, laïque, n'aurais-je pas en aversion ce qui dans cette religion suscite l'aversion de tout esprit laïque : la fermeture sur soi, l'impureté des non-juifs, le sentiment de supériorité de l'élection, les justifications divines pour toute exaction dans la conquête de la Terre promise ?

Certes, je fus captivé par la Kabbala à laquelle m'avait introduit Atlan, mais ce qui me séduisit fut l'engloutissement de la Bible dans la Gnose et dans une cosmogonie où le Dieu de la Genèse devenait un petit démiurge de sixième rang. La lecture des livres de Gershom Scholem me conduisit à me reconnaître dans l'hérétique Sabbetaï Zevi et non dans l'orthodoxie mosaïque, dans l'apologie du marranisme par Abraham Cardoso et non dans l'apologie du mosaïsme de son frère Isaac qui écrivit *Las excelencias de los Hebreos.* Et, surtout, je me rendis compte que tous les juifs qui m'attirent ont été maudits par la synagogue : Jésus, Spinoza, Sabbetaï...

J'avais toujours été du côté de Jésus contre les pharisiens, mais j'ignorais qu'après la diaspora, c'étaient les pharisiens qui étaient devenus les seuls titulaires de la religion juive, et en avaient arraché tous les rameaux qui s'ouvraient au monde extérieur ou vers l'âme intérieure. Ce qui me séduit surtout chez le juif Jésus, c'est le sermon sur la montagne, c'est sa défense de la femme adultère, c'est sa commisération pour la pécheresse, c'est le pardon sur la croix.

Alors, juif? Mais je préfère Jésus et Sabbetaï à Moïse, je préfère la foi à la loi, je préfère Paul au Saül persécuteur qu'il était. J'adhère profondément à sa proclamation universaliste : « Il n'y a ni juif ni Grec, ni circoncis ni incirconcis, ni homme libre ni esclave car vous ne faites qu'un. » Je préfère la commisération, le pardon à l'implacable punition. Je me suis nourri à Montaigne, Pascal, Dostoïevski. J'ai horreur de l'antijudaïsme des chrétiens, comme de tout l'orgueil dominateur qui est venu de l'Europe, mais je me suis nourri au meilleur de la culture européenne, à son humanité, à son universalité. De même que je ne puis croire que l'Inquisition en Espagne et Amérique du Sud ait témoigné d'une religion d'Amour, je ne puis croire que le peuple juif soit un peuple de « prêtres » ou de « justes ».

Suis-je devenu chrétien ? Non pas : je demande aux chrétiens de reconnaître que Jésus est juif, d'abandonner tout ce qui favorise en eux le processus qui fait du juif un bouc émissaire sacrificiel. Mais je ne conteste nullement leur droit de s'interroger sur le mystère juif ou de critiquer les juifs.

Au cours de cette recherche des sources dont j'ai parlé, je voulus tester, en 1963, ma relation avec Israël. Après la guerre, je ne m'étais nullement intéressé au sionisme. Mon esprit qui avait été totalement investi par la foi dans l'émancipation universelle ne pouvait considérer que comme un épisode local celui de l'émancipation de la nation israélienne, et, en 1948, j'étais totalement obsédé par mon combat intérieur pour m'affranchir du stalinisme. D'où mon apparemment étrange indifférence à la naissance d'Israël et à sa guerre d'indépendance menée contre les puissances arabes coalisées. Je me souviens qu'à cette époque, me rhabillant chez une amie que j'avais suivie dans sa chambre mansardée d'un immeuble du dix-septième arrondissement, je l'entendis me dire : « Tu ne songes pas à t'engager ? – Où ça ? – En Israël… » Je fus ahuri. Puis, quand j'ai cherché mes racines, je ne les ai pas trouvées à Jérusalem. L'expérience de deux voyages en Israël, en 1963-1964, n'éveilla pas en moi le sentiment de communauté. J'avais raté, ignoré l'aventure exaltante des kibboutz ; en 1963, le kibboutz avait dégénéré, et mon ami Maurice Politi, qui avait fait l'expérience communautaire avec sa femme, avait rapporté son désenchantement dans *Les Évadés du Paradis*.

Je fus surpris et déçu de trouver dans le noyau hiérosolymitain non une civilisation méditerranéenne, mais un univers ashkénaze qui m'était étranger, et surtout d'y percevoir le sort des Arabes. J'avais recueilli en stop un jeune Palestinien, à qui je me fis connaître comme Français d'abord, puis comme juif ; il me dit les contrôles, les vérifications, les vexations qu'il devait continuellement subir en son lieu de travail Haïfa je crois. Il me proposa d'aller prendre le café chez ses parents. Il me fit quitter la route goudronnée, suivre un chemin de terre, et me conduisit dans un pauvre village contrastant avec les kibboutzim et moshavim visités. Ses parents m'accueillirent chaleureusement, puis se rembrunirent terriblement quand il leur dit en arabe que, bien que français, j'étais juif. Le jeune homme s'excusa mais j'avais senti passer la haine.

Puis, à Jérusalem, alors coupée en deux, je m'étais approché d'un haut mur qui scindait une rue, entouré d'enfants israéliens amusés et joyeux de ma présence inopinée en ce lieu. De l'autre côté du mur, sur un mirador, il y avait une sentinelle jordanienne. Je m'approchai du mur. Elle saisit son arme en faisant mine de me viser et je lui fis un salut amical. À ce moment, les enfants reculèrent et, me désignant, s'exclamèrent avec terreur et peut-être aussi haine : « *Arbi ! Arbi !* »

Certes, il y avait alors surtout mépris et indifférence pour les Arabes de Palestine, mais ce mépris me rendit étranger à Israël. En somme, ma recherche des sources juives me conduisit à une confirmation de mon néo-marranisme. Et c'est cette conscience néomarrane que j'ai consignée en 1964 en épilogue au *Vif du sujet*.

Je croyais en rester là mais un triple processus s'était concrétisé au cours des années 1975-1985 : l'image du juif français de l'après-guerre, identifié essentiellement comme victime innocente d'une tentative de génocide et redevenu un être libre dans une société libre, s'est lentement effacée au profit d'un être communautaire, représenté par des institutions laïques et religieuses, toutes rattachées par un cordon ombilical à Israël, et se vouant à défendre inconditionnellement non plus Israël menacé par ses voisins, mais Israël vainqueur, dominateur, annexeur, envahisseur.

En même temps, s'opérait un processus de renfermement sur la religion ; un certain nombre d'intellectuels désenchantés du stalinisme, du trotskisme, du maoïsme ou du sartrisme se sont reconvertis dans la religion de Moïse tandis qu'un grand nombre de jeunes issus d'Afrique du Nord se sont sentis renforcés dans leur judaïsme et leur israélisme.

C'est avec un certain retard qu'on prend conscience d'un processus qui insensiblement a transformé la conjoncture et qui, dans ce cas, a transformé une nouvelle fois la notion même de juif. Cette prise de conscience se produisait lentement en moi. Elle ne fut nullement contrariée par un événement qui me poussa à me ressourcer en mes origines et qui fut la mort de mon père en 1984. Je voulus faire sa biographie par piété et pour ressusciter sa vraie figure qui avait été incomprise par ses tout proches dans les dernières années de sa vie. Mais, remontant vers ses parents, ses grands-parents, puis ses ascendants au plus loin que je pouvais le faire, c'est évidemment aussi mes ascendants et mes origines auxquels je me rattachais. Je découvris ainsi que mes ascendants paternels et maternels venaient tous de Livourne, où ils avaient séjourné jusqu'à la fin du XVIIIe siècle, et qu'ils provenaient les uns de marranes émigrés du Portugal à Amsterdam au milieu du XVIIe siècle, puis revenus au judaïsme (les Francès), les autres originaires de l'Aragon (les Nahum), les autres de Béziers probablement (les Beressi), les autres enfin peut-être originairement italiens, avec leurs têtes romagnoles (les Mosseri). Finalement, je remontai plus dans la singularité du séfaradisme au sein du judaïsme qu'au sein de la spécificité juive, et j'authentifiai, à travers les avatars de ces séfarades, mes trois patries ibérique, italienne et française. Je me sentis heureux de trouver, dans le siècle salonicien de mes trois générations antérieures, non pas la synagogue, mais une laïcité formée dans le grand-duché de Toscane, entretenue et propagée à Salonique par mes ancêtres livournais.

Ainsi s'opéra en moi un double mouvement contraire : le rattachement aux sources séfarades *via* mon père, mais en même temps le rattachement à une méditerranéité marquée par le marranisme et la laïcité toscane. Le livre sur mon père suscita chez certains un bien compréhensible malentendu. La « communauté » voyait avec satisfaction un fils prodigue de retour vers le toit paternel. Deux ou trois amis de ma génération me dirent : « Toi aussi, tu reviens au judaïsme... », et ils me confièrent qu'ils suivaient des cours de Talmud. Alors qu'au contraire mon retour de piété aux sources familiales me rendait définitivement libre par rapport au judaïsme.

Le refus du renfermement

Une irritation croissante me venait de ce que les institutions « communautaires » de France faisaient des communiqués au nom de tous les juifs, que ce soit à propos de la visite d'Arafat en France ou du Carmel d'Auschwitz. Je supportais de plus en plus mal de voir se cristalliser cette idée de « communauté ». Un numéro de *L'Express* consacré aux juifs illustra le changement de vision des gentils : en page de couverture, la tête d'un jeune homme recouverte de la kippa. On n'aurait jamais vu cela dans les vingt ou trente années qui avaient suivi la guerre. Désormais, même incroyant, le juif se définissait de plus en plus par sa référence ou déférence à l'autorité religieuse et par son soutien inconditionnel à un Israël de plus en plus dominateur qui, au cours de l'ère

Shamir, entendait expulser les Palestiniens de la « Judée-Samarie ». Il me devenait insupportable qu'on me prenne pour un ennemi naturel des Palestiniens et, plus largement, des Arabes, même si ceux-ci me considèrent comme leur ennemi. Lors d'un dîner à Bologne avec Umberto Eco et un de ses collègues, Omar Calabrese, de mère arabe tunisienne, je dis occasionnellement que je descendais de juifs livournais ; Eco rétorqua aussitôt, me désignant Calabrese : « Alors, tu dois être son ennemi. »

Je fus de plus en plus révulsif à l'accroissement de cet égocentrisme juif dont a parlé Menuhin, qui ne voit que ses seules souffrances passées et qui, sous prétexte de ne pas banaliser la Shoah, banalise le génocide des tsiganes par Hitler, banalise l'extermination et la goulaguisation des contre-révolutionnaires, sociaux-démocrates, koulaks, trotskistes, bref, banalise tout ce qui frappe d'autres que les juifs. De même que la singularité horrible de l'exterminationnisme nazi contre les juifs ne peut être atténuée, de même on ne peut atténuer le même crime sur les tsiganes et les liquidations massives de Staline. Je fus également rétif à la conception judéo-centrique de l'Histoire qui ne voit dans l'hitlérisme et le vichysme que l'antisémitisme, et exige que les gentils en fassent de même[1].

La substitution au cours de la dernière décennie du mot *Shoah* au mot « Holocauste » et au mot « génocide » me semble significative d'un accroissement de ce judéo-centrisme : on avait dit génocide, mais la notion valait pour d'autres que les juifs ; puis on avait

1. L'éditeur israélien du *Voyage au bout de la nuit* a dû défendre, contre la fureur de Zeev Sternhell, le droit de publier ce livre de Céline (antérieur à son antisémitisme). Fin décembre 1991, un tollé avait été soulevé à la répétition par le Philarmonic d'Israël d'œuvres de Richard Wagner.

dit Holocauste, mais c'était un mot français; alors on a dit *Shoah*, mot hébreu signifiant extermination mais à ne pas traduire en français et demeurant alors spécifiquement réservé aux juifs. La *Shoah*, horreur transcendant l'Histoire et singularisant à jamais les juifs, devint ainsi comme le Dieu d'Israël, une réalité suprême, unique, indicible, irreprésentable par l'image comme par la fiction.

Je fus donc allergique à la machine à enfermer les juifs dans leur judéité par tous les moyens, du grand rabbin Sitruk condamnant les mariages mixtes, au film de Serge Moati – « On nous a toujours détestés depuis l'Antiquité, on nous détestera toujours – *ergo* aimons-nous seulement nous-mêmes. » Se définir par la haine de tous les autres crée la haine pour tous les autres. Je n'ai pas pu supporter qu'Auschwitz serve à occulter les exactions contemporaines de Tsahal. Je ne crois pas que plus le temps passe, plus doit s'accroître la soif de châtiment des crimes nazis contre les juifs[1]. Je ne suis pas de ceux qui poursuivent cinquante ans plus tard les criminels de guerre et de police nazis, alors qu'un tel acharnement n'existe pas chez les victimes du stalinisme, du colonialisme, du franquisme, du pinochétisme, des

1. Cf. les paroles salubres de l'interview de Yehuda Elkana dans *Le Monde* du 8 avril 1994 sur « l'usage politique que l'on prétend en faire [...], usage nuisible pour les juifs en Israël comme ailleurs [...]. Je souligne que je ne considère nullement la Shoah comme une affaire juive. C'est un sujet ouvert à tout le monde [...]. Ce que je conteste c'est que l'on transforme la Shoah en machine de guerre politique [...]. Le culte du génocide, notamment auprès de ceux qui ne l'ont pas vécu, n'a fait que susciter une insupportable *ubris* morale juive. Il a brisé toute créativité en lui substituant une arrogance qui prétend se légitimer dans l'éternité de la persécution [...]. Il faut étudier le génocide, mais comme une partie de l'histoire universelle et sans le détacher de son contexte [...]. Le procès Eichmann a réveillé en nous l'esprit de vengeance [...]. Les visites de lycéens à Auschwitz renforcent chez les jeunes l'idée que le monde entier est contre eux... »

Algériens victimes des Français en Algérie et des Pieds-Noirs victimes des Algériens.

Enfin, j'ai de plus en plus pris conscience que la tabouïsation de la question juive avait des effets pestilentiels. Faire de toute parole contre les juifs une incitation au génocide, considérer comme antisémite toute interrogation – par exemple sur le nombre des juifs dans les médias, chez les médecins ou les banquiers – conduit au délire. Les effets négatifs de l'interdiction et de la condamnation sont plus importants que leurs effets protecteurs.

Tout renfermement du judaïsme me rejette ailleurs. Je l'ai ressenti en 1992 à Montréal où, invité par la « communauté » (principalement d'origine marocaine) à commémorer l'expulsion d'Espagne, je vis surtout s'affirmer un culte certes touchant pour Israël, mais auquel je me sentais étranger, et une approbation inconditionnelle de tout acte politique ou militaire israélien, ce qui suscita à la fois ma réaction et celle de Yovel.

Je n'ai pas seulement compris qu'il y a une question juive pour les juifs. J'en ai eu aussi plein le dos du peuple élu. Et c'est ainsi que la protestation des instances communautaires contre une visite d'Arafat à Paris déclencha le texte que publia *Le Monde* en 1989 sous le titre : « Juif : substantif ou adjectif[1] », et dont je reprends ici l'essentiel.

DIASPORÉ ET ÉMANCIPÉ

Avant la diaspora, la notion de juif était à la fois religieuse, ethnique, nationale. Après la diaspora, il n'y eut

1. *Le Monde* des 11 et 12 octobre 1989.

plus de nation, mais un peuple dispersé que liait sa tradition religieuse. Avec la laïcisation des sociétés occidentales et l'émancipation des juifs, commença l'« assimilation » dans les nations des gentils et la notion de peuple juif s'estompa. La marque juive devint alors seulement religieuse (la « confession » israélite), et cette marque s'estompa chez les juifs laïcisés, qui se trouvèrent alors identiques aux autres citoyens.

L'intégration dans un peuple gentil ne fut pas pour autant véritablement acquise. La force de rejet nouvelle portait désormais non plus contre une religion déicide, mais contre une ethnie malfaisante : ainsi, l'antijudaïsme devint antisémitisme. Plus le juif veut s'intégrer dans le peuple gentil, plus l'antisémite veut l'enfermer dans une irrémédiable singularité raciale. Assimilé pour les uns, inassimilable pour les autres, le juif sent en lui une étrangéité, et par rapport à la religion de Moïse dont il est détaché, et par rapport au monde des gentils où persistent mille formes de rejet.

Ainsi est-il contraint à une double et trouble identité. Le nom juif a cessé pour lui d'être substantif, c'est un adjectif qui le rattache à un passé de traditions perdues et de persécutions pouvant sans cesse renaître. Mais son identité est hybride, incertaine. Parfois, le juif assimilé (participant ou non aux grands rites religieux) croit trouver la plénitude en superposant l'identité confessionnelle d'israélite à son identité nationale française, et, à l'image du protestant, il se sent partie intégrante de la nation et du peuple français. Parfois, bien que détaché complètement de la croyance mosaïque, et parce que à la fois faiblement enraciné dans la culture nationale et rejeté par le nationalisme antisémite, il cherche sa vérité dans une humanité qui transcende frontières et nations, et il pratique la fuite en avant dans un universalisme « abstrait », où le gentil voit un cosmopolitisme sans racines et où l'antisémite détecte le complot judéo-bolchevique.

De toute façon, ces juifs sont des fils de la culture européenne laïque. Ce n'est pas tant ou seulement qu'ils sont français et juifs, comme on peut être français et protestant, c'est qu'ils sont à la fois affranchis et nourris par la laïcité, fruit de la culture européenne, et qu'ils sont définis en tant que citoyens par cette même laïcité devenue un des traits déterminants des sociétés modernes. De même qu'il aurait été stupide de mettre dans la catégorie des catholiques Diderot et Voltaire, de même il est absurde d'englober les juifs laïcisés dans la religion dont leur laïcité les a détachés. Certes, ceux-ci ont pu et peuvent encore, comme le font les catholiques laïcisés, rester fidèles aux grands rites de la mort, du mariage, de la naissance issus des ancêtres. Mais ce lien lui-même tend naturellement à se dissoudre, via *les mariages mixtes. Reste alors, ultime trait de différence, la conscience d'appartenir à une lignée minoritaire, rejetée, humiliée, persécutée. Mais cette particularité, au sein de la culture humaniste, cesse d'être particulariste : au contraire, elle rend sensible à l'humiliation, au rejet, à la persécution que subissent les Noirs, Arabes et Gitans, et plus largement à toute offense faite à l'individu dans son appartenance.*

Le trou noir d'Auschwitz

La Seconde Guerre mondiale et ses suites ont bouleversé en profondeur l'identité juive. L'énormité de la persécution, devenue systématiquement exterminatrice en 1942, donne à tous les juifs, assimilés ou autres, le sentiment de participer à un destin horrible et unique.

Certes, l'atrocité du sort fait aux juifs, le discrédit des attitudes antisémites traditionnelles qui sont apparues alors comme intrinsèquement liées au nazisme, tout cela crée après guerre une sorte d'immunologie à l'antisémitisme dans le corps politico-social du monde des gentils. Corrélativement, en Occident, ce monde des gentils se déracine relativement, multiplie ses relations avec l'étranger, voit s'atténuer ses nationalismes, se sent emporté dans un devenir nomade, et tous ces traits permettent aux gentils de mieux comprendre les déracinés et nomades que sont les juifs diasporés. Tout semble favorable alors à l'accentuation et à la généralisation de l'assimilation des juifs dans un après-guerre où les mécanismes de rejet se sont tellement atténués.

Mais un insondable trou noir s'était auparavant installé au cœur de l'identité du juif assimilé : Vichy avait rejeté hors de l'identité française celui qui s'était cru intégré de façon irréversible ; la persécution de l'occupant avait rejeté hors de l'humanité toute humanité juive ; enfin, la machine exterminatrice, que concrétise et symbolise Auschwitz, avait voué toute substance juive au néant. Comme l'a indiqué Daniel Sibony, les uns ne pourront trouver le noyau de leur identité que dans l'extermination même de cette identité, et leur différence, devenue irréductible comme le néant, n'aura plus que cette référence, qui, avec le temps, deviendra obsessionnelle : « Auschwitz ». Les autres, eux, repartiront de l'an zéro d'Auschwitz pour s'accrocher au sionisme, puis à Israël, puis certains retourneront à la religion de Moïse. C'est le nazisme qui, en entreprenant de le massacrer, a ressuscité le peuple juif. Ce sont ses conséquences qui ont suscité l'État-nation d'Israël. Certes, le sionisme était en marche, mais il n'aurait probablement pas abouti à la création de l'État d'Israël si la persécution nazie n'y avait puissamment contribué. On a déjà remarqué la dialectique antisémitisme/sionisme où les antagonistes travaillent dans le même sens : isoler les juifs parmi les nations, négativement dans le cas antisémite en leur retirant tout droit national, positivement dans le cas sioniste en leur donnant une nation propre. L'israélisme, dont le fondement est national, est différent du judaïsme, dont le fondement est religieux. L'Israélien, comme l'a bien noté Georges Friedmann, devient différent du juif de la diaspora. Pourtant, il y a communication ombilicale entre l'identité juive et l'identité israélienne. Les juifs diasporés, même indifférents au sionisme, ont vu dans l'Israël du kibboutz et de Tsahal la réfutation concrète de la vision qui faisait du juif un négociant et un couard. Puis le rejet d'Israël par son environnement arabo-musulman a reproduit à l'échelle d'une nation mise en quarantaine l'image du ghetto de Varsovie, suscitant par là même une instinctive solidarité.

Dès lors, Israël entre de plus en plus profondément dans l'identité de beaucoup de juifs diasporés. Ce mouvement s'accentue et s'amplifie chez certains en une solidarité inconditionnelle avec tout acte du gouvernement israélien, et il s'enracine chez les générations récentes dans le thème « même peuple, en France et en Israël ». D'où une double allégeance complexe, analogue dans son ambivalence à la double allégeance des communistes des pays « capitalistes » à l'égard de l'URSS, mais différente dans son sens (attachement à une identité singulière ici, attachement à une patrie universelle là).

Puis, dans les années 70, apparaît un néo-fondamentalisme juif. Beaucoup de ceux, notamment intellectuels, qui avaient identifié l'URSS et la Chine à la cause de l'humanité à laquelle ils s'étaient eux-mêmes identifiés se désenchantent. La perte du Messie prolétarien déclenche le retour aux prophètes d'Israël. Des intellectuels démarxisés se convertissent à la Torah. Une intelligentsia juive se réfère désormais à la Bible, source de toutes vertus et de toute civilisation, pensent-ils. La recherche profonde des racines se tourne vers la double référence, qui se trouve de plus en plus en symbiose, à l'État-nation d'Israël et à la religion de Moïse.

Enfin, la convergence se fait de plus en plus forte entre rabbinisme et israélisme. À l'origine, le rabbinat condamnait le sionisme, qui transférait sur le concept laïque de nation une identité jusque-là conçue de façon religieuse. Puis, il s'est d'autant plus rallié à l'israélisme que l'État laïque, pour renouer avec son antique passé national, ne pouvait que se référer à une histoire théocratique par nature, et devait naturellement instituer comme fêtes nationales les grandes fêtes religieuses.

Ainsi s'est reconstituée la triade d'avant l'occupation romaine peuple-nation-religion. Cette triade tend à envelopper comme tentacule, à récupérer, à absorber l'identité juive moderne, qui perd alors de plus en plus son fondement culturel laïque et européen. Même quand demeure le sentiment d'appartenance à la France et au peuple français, la triade devient la référence spécifique et du coup substantielle de l'identité juive. Ceux qui se reconnaissent ainsi juifs deviennent les membres représentatifs et dirigeants des associations juives. Ils vont parler naturellement au nom des juifs dans leur ensemble. Ce sont eux qui, au nom de la « communauté » (notion qui comporte implicitement en elle la triple essence religion-peuple-nation), vont condamner l'invitation faite par la France à Arafat, définir la position « juive » pour le Carmel d'Auschwitz, etc.

Dès lors, aux yeux de tous, juifs et gentils, le juif se définit par adhérence à la religion et à Israël. Ainsi, la presse tout naturellement fait de l'affaire du Carmel d'Auschwitz un conflit ou un malentendu entre juifs et catholiques, comme si désormais la définition du juif était inévitablement religieuse, de même qu'elle avait fait de la venue d'Arafat à Paris un conflit entre juifs et Palestiniens, comme si la définition du juif était inévitablement israélienne.

Il faut comprendre la situation présente : la conscience juive reste marquée par le trou noir d'Auschwitz qui, à la fois, attise l'incertitude irrémédiable sur la possibilité d'être intégré chez les gentils et fournit au diasporé laïque le témoignage de l'irréductibilité de son identité juive. Ainsi, le diasporé à la fois s'angoisse et se reconnaît intrinsèquement juif dans tout rappel du passé nazi (comme un procès de criminel de guerre), dans toute dénégation du passé (le « révisionnisme »), dans toute analogie présente avec le passé (la menace sur Israël). C'est pourquoi les instances dirigeantes de la « communauté » utilisent et attisent Auschwitz, le Carmel, Arafat pour bien envelopper toute identité juive dans la triade religion mosaïque-peuple juif-nation israélienne. Cela rencontre d'autant moins de résistance que, chez les juifs comme ailleurs, il y a, dans cette fin de siècle déboussolée, l'appel pour le réenracinement et pour le ressourcement qui nourrit tous les fondamentalismes.

Mais alors se pose le problème clé de la définition de tous ceux qui ne peuvent ni ne veulent se définir en fonction de la triade. Depuis que ceux qui se situent dans cette triade ont accaparé et monopolisé le concept de juif, ceux qui ne peuvent ni accepter cette définition ni refuser la qualité de juif se trouvent pris dans une double contrainte, un double bind. *Ce sont ceux qui n'ont aucun concept unique, clair et distinct à leur disposition pour se définir. Qui sont-ils ?*

Les spinosants

J'étais allé porter au nettoyage un costume d'été en coton léger. Au moment de le reprendre, mon pantalon fut aussitôt trouvé, mais non la veste. Le préposé inspecta à plusieurs reprises les vestes alignées, téléphona au sous-sol, vérifia que la veste n'était pas dans une machine ou rangée pour une seconde opération de nettoyage, mais la veste demeura introuvable et on me demanda de revenir le lendemain. Le lendemain, même scène, mêmes vérifications vaines, jusqu'au moment où le blanchisseur vérifia distraitement du côté des chemises et la découvrit par son numéro. Effectivement, cette veste avait une forme de chemise et, détachée de son pantalon, pouvait naturellement être considérée comme chemise ; mais, en présence du pantalon, elle devenait veste. Ainsi cette veste en forme de chemise, cette chemise faisant veste, n'avait de nom en aucune blanchisserie, où il n'y avait aucun concept comme « vestise » ou « chemeste » qui aurait pu la désigner.

Et j'ai pensé : voilà ce qu'il en est de nous. Nous n'avons pas de nom à nous. Nous sommes des hybrides, des bâtards, des métis qui ne sont même pas reconnus comme tels. On veut nous classer de force dans l'une des deux catégories dont on fait et on ne fait pas partie.

Quand on ne peut entrer dans des catégories mutilantes, il faut proposer des catégories plus complexes. Il y a un terme, « marrane », qui porte en lui la double identité. Les marranes sont les juifs espagnols convertis qui ont gardé plus ou moins longtemps leur identité juive à l'intérieur de leur identité espagnole. Mais le terme marrane connote une conversion de peur. Je me suis nommé « néo-marrane » et je crois que les juifs laïcisés sont en fait des néo-marranes ou, plutôt, des « spinosants[1] *». Le spinosant est celui pour qui le mot juif, cessant d'être substantif, devient adjectif ; c'est un adjectif parmi d'autres, mais pas de même nature que les autres, parce qu'il porte en lui beaucoup de souffrances et une insondable différence. Le néo-marrane, lui, porte en lui, en même temps que cet adjectif, de multiples communautés et une double différence.*

Situons-nous tout d'abord par rapport à la religion de Moïse. Je suis de ceux qui non seulement sont incapables de croire en une religion révélée, mais je suis aussi de ceux qui n'enferment pas la religion juive dans son ultime avatar après l'an 70 de son ère. Rappelons que le concept religieux de juif a subi de grandes variations historiques, des expressions diverses et divergentes ; ainsi la religion actuellement orthodoxe est la fille d'une des sectes, celle des formalistes pharisiens, née deux siècles avant notre ère, alors qu'il y avait, sous l'occupation romaine, les conservateurs élitistes sadducéens, les nationalistes zélotes, les mystiques esséniens, et enfin les disciples du juif Jésus qui se différencièrent de la

1. J'écris intentionnellement spinosants et non spinozants, pour inciter à oser ce que Spinoza osa.

souche sous l'impulsion du juif ex-pharisien Saül de Tarse, devenu Paul.

La richesse polymorphe du judaïsme avant l'an 70, elle-même fruit de l'immersion de la culture juive dans le monde gréco-latin, a éclaté en miettes après 70 et la secte des pharisiens est devenue religion officielle. Mais je peux, sans être pour autant chrétien, préférer le message du juif Jésus, qui comporte miséricorde et qui, avec Paul, s'est ouvert sans équivoque aux Grecs et aux gentils. Je peux répugner à la fermeture orthodoxe de cette religion qui, prise à la lettre, interdit toute commensalité avec le gentil. Je peux, comme Spinoza, être étranger à toute idée de peuple élu. Je peux et veux fonder ma philosophie sur le message de la démocratie et des philosophes d'Athènes et non sur celui des Tables de la Loi.

Écoute Israël

En ce qui concerne Israël, je ne suis pas seulement de ceux qui n'envisagent pas de devenir israélien, mais je suis de ceux qui se refusent à être une machine à justifier Israël, et je suis de ceux qui reconnaissent les même droits au peuple palestinien et au peuple israélien.

Tant qu'Israël était menacé plus que menaçant, tant qu'il apparaissait comme une nation démocratique exemplaire dans un voisinage despotique et rétrograde, tant que ses ennemis proclamaient ouvertement leur intention de l'anéantir, alors il n'y avait pas de fossé trop profond entre les juifs soucieux essentiellement que le génocide qui avait frappé les juifs d'Europe ne se reproduise pas pour la nation israélienne, et ceux qui s'étaient identifiés profondément à cette nation et approuvaient systématiquement tout ce que faisait son gouvernement. Mais les mesures punitives à l'intérieur et les expéditions punitives à l'extérieur, l'occupation de la Cisjordanie, la guerre faite au Liban, le siège de Beyrouth et enfin la répression de plus en plus sévère de l'Intifada, tout cela ruine l'image exemplaire d'Israël et indique une dérive historique tragique.

Le sionisme communautaire et le socialisme des fondateurs a été dévoré par une société « normale », laquelle est en cours de se faire dévorer par le nationalisme et un nouveau colonialisme. Tsahal instrument de survie d'Israël est devenue la solution à tout problème. On va vers une « sud-africanisation » d'un type nouveau. Quand on s'est efforcé toute sa vie de se refuser à l'indignation borgne et à la justification unilatérale, on ne peut fermer l'œil critique et justifier Israël en permanence. Mais le pire est toujours justifié par les officiels du judaïsme français qui continuent à faire d'Israël la jeune vierge du Cantique de Salomon et qui voient tout au plus d'inévitables bavures là où est en train de s'opérer un changement de nature.

L'horrible processus génocidaire de 1942-1945 ne conduit pas à sacraliser l'État d'Israël de 1989. Shoah ne doit pas vouloir dire qu'on doit continuer à considérer comme des victimes ceux qui tirent par balles sur des enfants palestiniens lanceurs de pierres, ainsi que ceux qui approuvent ces meurtres. Ceux que leur particularité juive avait amenés à se sentir solidaires de tous les persécutés se voient aujourd'hui tragiquement confrontés à un Israël nationaliste, dominateur, arrogant, répressif qui sera irrémédiablement entraîné dans une dérive fatale pour ses voisins et lui-même si des interventions internes et externes ne se conjuguent pas pour arrêter ce processus.

En ce qui concerne l'idée de peuple juif, je suis de ceux chez qui cette notion de peuple s'est estompée. Je suis de ceux qui demeurent dans l'univers syncrétique et laïque où ils se sont formés, je suis de ceux qui ont pris femme ou mari chez les gentils, qui ont des enfants, et ceux-ci, à la différence du chat de Schrödinger, lequel s'est trouvé coupé en deux demi-chats, ne sont ni demi-juifs ni demi-gentils.

Mais, surtout, je suis de ceux qui ne peuvent accepter que la singularité unique du destin juif nourrisse une fermeture particulariste par rapport aux autres expériences atroces, aux autres dénis de justice, aux autres horreurs de l'Histoire. La conscience d'Auschwitz ne me fait pas penser que cette horreur transcende l'Histoire. Il a fallu le traité de Versailles de 1919 et la crise économique de 1929 pour créer les conditions favorables au déferlement de l'antisémitisme en Allemagne. Si l'extermination est virtuelle dans la haine atroce portée aux juifs dès Mein Kampf, *il a fallu attendre l'année de guerre paroxystique de 1942 pour que Hitler décide de la Solution finale. En outre, le sort inique fait aux juifs n'a pas été unique. Shoah, le mot est très juste en hébreu, mais moi je dis tentative d'extermination ou de génocide, et cela a frappé aussi les tsiganes. D'autres ont été massacrés par Hitler, et bien d'autres, plus nombreux encore, par Staline.*

Je suis de ceux qui ne se sentent nullement représentés dans l'image punitive du juif, pourchassant après quarante-cinq ans les bourreaux devenus séniles, poursuivant en justice tout propos antisémite, extorquant même une éructation au premier Autant-Lara venu pour le désigner à la vindicte. Je suis de ceux qui ne renvoient pas sur l'antisémite la marque indélébile que celui-ci a imprimée au juif. Je suis de ceux qui attendent le repentir du méchant. Je suis de ceux qui n'ont jamais enfermé l'homme qui a commis un crime dans le concept de criminel qui le recouvre en entier.

L'expérience du camp de concentration a conduit ses victimes à deux leçons contraires. Il y eut ceux qui, comme Robert Antelme, se refusèrent désormais à humilier quiconque, y compris leurs bourreaux, et ceux qui au contraire furent prêts à mettre dans les mêmes camps ceux qui les y avaient mis. De même, l'on voit que la leçon de l'antisémitisme conduit les uns à refuser toute humiliation contre les Arabes, alors qu'elle conduit les autres à les humilier. C'est là une ligne de partage des eaux.

Il y a désormais une bipolarité dans le champ recouvert par le mot juif. À un pôle, ce mot est le substantif qui définit leur être par leur appartenance au peuple et à la religion de la Bible, et par leur relation ombilicale avec l'État-nation d'Israël. À l'autre pôle, le mot est un adjectif pour définir une des qualités, un des traits de l'identité. Entre les deux pôles, il y a toute une gamme de positions intermédiaires. C'est pour cela que la notion de juif est devenue confuse, équivoque, complexe, parfois contradictoire.

LES EAUX MÊLÉES

Ceux pour qui être juif est un des adjectifs qui les caractérisent ne se reconnaissent ni dans la synagogue, ni dans l'État d'Israël. Ils sont assimilés, mais ils sont aussi d'ailleurs. Ils ont gardé quelque chose de l'exil, et ils sont d'autant plus exilés qu'ils sont cette fois volontairement exilés d'Israël, et qu'ils n'ont pas la référence hiérosolymitaine. Ils ont pu souffrir de manque, d'insuffisance, de carence, et ils le peuvent encore puisque, s'ils ne sont plus juifs comme les autres, ils ne sont pas pour autant gentils. Ils peuvent vivre comme une vacuité le fait qu'ils sont dans une faille entre juifs et gentils.

Mais ils peuvent aussi se sentir riches de plusieurs racines, riches de la culture européenne (née de la dialogique entre la source judéo-chrétienne et la source gréco-latine) qui est leur vraie nourriture spirituelle, riches de l'universalisme qui est à la source et au terme de leur expérience dans le monde des gentils. Ils savent aussi que cette même culture européenne qui les a émancipés leur a aussi apporté la pire persécution, et qu'elle a dans le monde apporté non seulement les Lumières et l'humanisme, mais aussi la domination et la mort. Mais la singularité et l'unicité d'un destin persécuté, au lieu de les renfermer dans le particularisme supérieur du peuple élu, les a ouverts sur l'universalité de la cause des humiliés et offensés. C'est pourquoi, sans pouvoir se donner un autre nom que celui, provisoire, de spinosants, ils veulent reprendre comme leur idéal et dans sa plénitude véritablement humaniste la recherche qu'avait formulée l'homme à double identité Saül/Paul d'un monde où juifs et gentils ne se définiraient pas de façon substantive ni exclusive, la substance commune étant l'humanité.

*

Ce qu'il y a de nouveau depuis cet article d'octobre 1989, ce fut d'abord l'aggravation de la situation au Moyen-Orient, puis enfin l'espoir, qui va peut-être se concrétiser, d'une voie pacifique vers l'indépendance de la Palestine et d'une coexistence devenant collaboration, non seulement entre ces deux partenaires, mais dans l'ensemble moyen-oriental. L'espoir est très fragile, les fanatiques ou extrémistes des deux camps ont le même objectif : détruire toute possibilité de paix, et ils utilisent les moyens les plus horribles à cette fin. Mais l'espoir est là. J'espère en la paix qui, si elle advient, pourra entraîner la pacification dans les esprits. Je suis très heureux qu'Israël ait tourné le dos au projet du Likoud de coloniser entièrement la Palestine. Je suis heureux qu'il n'y ait plus cette arrogance dominatrice qui m'était répulsive.

Mais, quelle que soit l'évolution positive ou bénéfique que je saluerai de tout mon cœur, je demeurerai étranger à cette nation. Oz, Elkanna, Leibovitz sont des Israéliens ouverts qui ont toujours voulu reconnaître le droit des Palestiniens – en cela je me sens très proche d'eux, mais c'est de leur identité israélienne que je me sens distant. Oz me dit son horreur de l'Europe qui a produit l'antisémitisme, la ghettoïsation et l'élimination des juifs ; oui, mais, moi, c'est dans cette même Europe, dont je suis loin de méconnaitre les aspects horribles, que j'ai puisé ma culture et mes vérités, c'est dans le message grec et celui de Jésus que je reconnais mes sources.

Ma voie s'est arrachée à l'aimantation de l'universalisme révolutionnaire abstrait propre au juif énucléé, et elle a ignoré l'aimantation du ressourcement dans le judaïsme renucléé. J'ai été le juif énucléé mais je ne suis jamais devenu le fanatique abstrait bolchevique – je dis abstrait parce qu'il ignore ou méprise les patries, les ethnies, les religions, et il est pour cela antisioniste et anti-israélien. Mais je ne pourrais jamais devenir le juif renucléé, de plus en plus judéo-centrique, dépourvu de toute miséricorde pour ceux qui l'ont persécuté et pour ceux qu'il a persécutés. La critique de l'ignoble antisémitisme ne doit pas empêcher la critique de l'universalisme abstrait et de l'égocentrisme paranoïaque.

Mon détachement néo-marrane s'est donc affirmé de plus en plus fortement parce qu'il y eut, à partir des années 70, la cristallisation progressive autour de l'identité juive du complexe peuple-nation-religion.

Le communisme m'a été beaucoup plus intérieur, profond, que le judaïsme, il fut ma religion ; sans doute y ai-je été porté comme juif énucléé. J'ai rompu avec le communisme parce que je ne pouvais plus accepter ce qui se faisait en son nom. Juif énucléé, je me suis nucléé moi-même dans le monde laïcisé des gentils, où j'ai puisé ma culture et construit mon identité hybride.

Je reconnais ce qu'on appelle le génie juif, le génie frémissant des violonistes et des pianistes, le génie des pensées radicales de Marx, Freud, Einstein, Husserl. Mais il n'apparaît que hors synagogue, quand le juif est projeté dans le monde des gentils. Il apparaît chez le juif énucléé, vivant l'émancipation chez les gentils en même temps que le rejet des gentils, devenant déviant par rapport et aux juifs et aux gentils. Il se manifeste chez celui qui s'est nourri de Bach et Beethoven, de la pensée et de la science laïques de l'Europe : c'est le génie du meurtri, du déviant, du dissonant, mais qui est en même temps assimilateur de tous les sucs de la culture des gentils et, par là même, devient un « assimilé » (mot qui fait horreur aux « communautaires »). Ces assimilants/assimilés ont été animés/animateurs dans les bouillons de culture des grandes capitales polyculturelles comme Vienne, Berlin, Paris, New York ; ils ont vécu la contradiction et l'incertitude, l'inquiétude et l'interrogation, et c'est cela qui a permis l'émergence de leur génie.

Il y a un humour juif d'autodérision, une tendresse juive ; il y a aussi des casse-pieds juifs, des prétentieux juifs, des juifs abstraits et des juifs frénétiques. Le bolchevisme a été le bouillon de culture de cette abstraction et de cette frénésie, devenant terrifiantes et terrorisantes chez les commissaires politiques et tchékistes, devenant délirantes dans le messianisme de la révolution.

Israël, en singularisant les juifs de nouvelle façon, nous démontre du même coup, paradoxalement, que les juifs sont comme les autres quand ils forment un État-nation : ils ont leurs paysans, leurs socialistes, leurs fascistes, leurs intégristes, leurs fanatiques, leurs nationalistes, leurs libéraux, leurs œcuméniques, etc. Le caractère exceptionnel était dans la situation exceptionnelle de la diaspora, d'abord dans la ghettoïsation et la persécution, puis dans la déghettoïsation, l'accès à la citoyenneté et aux lumières d'une civilisation laïque, qui à la fois les accueillait et les rejetait… C'est de cette situation que sont nés les Marx, Freud, Einstein, mais aussi les fanatiques abstraits de l'universel, les bolcheviques.

Il faut comprendre ce qui a fait la tragédie juive du

siècle : le rêve d'être intégré ! Mais au mieux les juifs n'ont jamais été totalement acceptés : certains ont été tués comme Rathenau qui se sentait, se voulait tellement allemand ; même chassés, des juifs allemands émigrés à Haïfa ont pleuré en apprenant Stalingrad. Les autres, ceux qui ont voulu la patrie humaine et universelle, ont pour cela accompli les actes les plus inhumains ; ils avaient fait totalement don de leur personne à l'Internationale pour être bientôt rejetés comme cosmopolites. Ah ! les malheureux ! Et maintenant ils se sont raccrochés à Israël. Je les comprends mais je ne suis pas de ce train-là. La malédiction qui demeure peut me menacer, mais s'il fallait la fuir, ce ne serait pas en Israël.

Avec les minoritaires, les vaincus et les exclus

Ainsi, je romps avec le peuple élu, mais je demeure dans le peuple maudit. La condition faite au juif par le gentil est pour moi une expérience irréductible. Mon lien juif est de porter en moi le passé et la potentialité future de persécutions, expulsions, mépris, haines, et c'est ma façon d'être fidèle à cette mémoire que de me révolter contre les persécutions, expulsions, mépris, haines, commis sur d'autres que des juifs et, bien sûr, commis par des juifs. Je reste avec les exclus. En écoutant soudain *El condor pasa*, me revient mon sentiment d'émotion quand je découvris cette musique andine à Paris, ce qui m'incita à partir pour l'Amérique du Sud. La pensée de ces Indiens subjugués, méprisés, humiliés m'a toujours été cruelle. Et je sens qu'un quasi-instinct me pousse vers l'humilié, l'Indien, le Noir, le Palestinien.

Le paradoxe n'est qu'apparent ; c'est le fonds de

mon expérience juive qui, me rendant plus sensible à tout ce qui est humiliation et rejet, m'a éloigné de la Bible et des Israéliens, et m'a fait devenir pro-palestinien. Je suis avec les vaincus. Je sais que, quand les vaincus seront vainqueurs, ils seront comme leurs vainqueurs. Il ne suffit pas d'être persécuté pour être bonifié à jamais. Le rôle de victime conduit souvent à celui de bourreau. J'ai été accablé, ai-je déjà dit, par le comportement des communistes ayant subi les camps nazis, mais qui n'ont pas mis en question le principe du camp de concentration pour les « anti-communistes ». J'ai été encore plus accablé par le comportement d'Israël qui n'oublie pas de persécuter ses persécuteurs, mais oublie que des millénaires de persécution auraient dû conduire à l'horreur de toute persécution.

Je garde mon inquiétude parmi vous, gentils d'Occident. En vous sommeillent les gènes profonds (médiévaux) de cette crainte/horreur des juifs qui vous les fait, à la moindre crise, prendre comme boucs émissaires. Mais ici intervient ce que je crois devoir être le triste mais noble privilège du persécuté : être plus intelligent et meilleur que son persécuteur, ne pas l'imiter, ne pas l'enfermer dans cette notion de persécuteur, qui n'est qu'un aspect de son être, ne pas le mépriser ni le haïr. Sinon, le persécuté devient condamné à mépriser et haïr en bloc presque tout le genre humain.

Le post-marrane

Le caractère disjonctif des catégories juifs/chrétiens devient absurde quand on considère leurs sources puisque Jésus, Pierre, Paul, les apôtres sont juifs. Ces catégories juif/gentil perdent leur pertinence lorsque des juifs font partie des gentils par leur philosophie non religieuse, par leur appartenance à la culture européenne et leur appartenance à une nation, alors qu'ils ne sont juifs que par la filiation et l'héritage de la persécution.

Dès l'origine, je ne voulais pas être prisonnier des conceptions et jugements découlant de l'identité juive, ce qui m'amenait à chercher l'universalité de façon abstraite. Le développement de mes expériences m'a conduit naturellement à une poly-identité consciente, où le terme juif est adjectif, non substantif, où il est une composante « négative » au sens de Hegel, qui m'empêche de m'identifier totalement au monde des gentils, où il est en somme un ferment post-judaïque, comme chez Jésus, Paul, Sabbetaï.

Je me suis nourri de l'héritage judéo-chrétien-grec-latin. Je me suis formé dans l'ouverture sur la culture européenne où la composante grecque a nourri la pensée laïque. Je ne suis pas déraciné, je suis poly-enraciné dans la Méditerranée (avec les héritages ibérique, italien, salonicien, balkanique), j'ai poussé mes racines aux tréfonds de la France, comme le cabernet du Château-Latour fait pénétrer ses racines jusqu'aux riches argiles ensevelies sous les graves pour en pomper tous les sucs. Maintenant que j'ai écrit *Vidal*, que je me suis rattaché à la civilisation salonicienne, que je ne suis plus seulement le « Morin » qui m'évitait à la fois de me différencier des gentils et de me différencier des juifs, il faut que je me différencie de la synagogue, de la Bible, d'Israël, tout en réaffirmant la vérité de ce qui m'est venu de l'expérience juive : l'horreur des mépris, humiliations, discriminations, racismes, xénophobies pour tous ceux qui en sont victimes, y compris du fait des juifs.

Ce caractère est atypique, encore que je ne sois pas seul et que j'en connaisse qui sont comme moi. Ce caractère est complexe : hybride, sous-déterminé, poly-déterminé, comportant en lui-même conflits, antagonismes et, aussi, éventuelle fécondité.

Je l'assume quand je me dis de plus en plus résolument non plus néo-marrane, mais post-marrane. Le post-marranisme m'a conduit à la mise en question des évidences, à une pensée à la fois sceptique et critique, à l'interrogation permanente sur le mystère du monde, de la vie, de l'homme ; il a fortifié en moi la dialogique des antagonismes, la pensée des contraires, et il m'a fait rencontrer en deçà Héraclite et au-delà Pascal, Hegel, Marx, Niels Bohr…

Je dirais même que, pour moi, la pensée complexe est le stade suprême du marranisme (le souci d'intégrer des points de vue différents et parfois antagonistes, y compris le point de vue de la rationalité, du mysticisme, de la foi).

5
Caminante

Je ne saurais dire si la traversée du siècle a été pour moi une traversée de déserts avec des oasis ou des séjours d'oasis en oasis avec des traversées de désert. Je ne saurais dire si j'ai toujours été marginalisé et remarginalisé par contrainte extérieure ou si c'est plutôt ma nécessité intérieure qui m'a toujours fait cheminer dans les marges. De toute façon, j'ai été, je suis un itinérant. Toute vie est itinérante, mais c'est sans repos que la mienne a relancé et fait interagir les unes sur les autres mes idées et mes actes.

Toulouse et la vie errante

Par excès de souci pour son fils à jamais unique, mon père m'avait empêché toute escapade, toute évasion. Je crus trouver ma libération quand il fut mobilisé en septembre 1939 mais il m'obligea à résider chez sa sœur Henriette. Je préparais mes examens à la Sorbonne quand la radio annonça, un matin du début de juin 1940, que les épreuves universitaires de Paris étaient suspendues. Je pris alors le dernier ou avant-dernier train pour Toulouse, enfin seul, devenant libre alors que la France devenait asservie.

En juin 1940, la France dégringolait du nord au sud. Familles, vieux, jeunes, étudiants s'engouffraient à Toulouse. Je m'occupais des étudiants réfugiés qui arrivaient d'un peu partout, trouvant enfin l'expérience de l'utilité, de la fraternité, de la liberté. Bien que Parisien viscéral, je ne me sentais pas exilé. Je me liai à des *Heimatlos,* le Libanais Fouad Kazan, l'Autrichien Félix Kreisler, l'Iranien Khorsand (j'ai oublié son prénom), que, de plus, je pouvais aider en tant que secrétaire de l'Association des étudiants réfugiés. Et, en même temps, je faisais la connaissance de Clara Malraux, Jean Cassou, Vladimir Jankélévitch. J'avais même trouvé une famille chez Madame Henri. Veuve d'un éminent physicien mort durant l'exode de juin 1940, elle était arrivée à Toulouse complètement démunie avec ses trois enfants. La solidarité de ses collègues lui avait permis de trouver une villa près de l'allée des Demoiselles, et, en dépit des restrictions et de son très maigre budget, elle offrait toujours thé et biscuits à ses visiteurs, me retenant souvent à déjeuner avec ses enfants, dont sa fille aînée Hélène, qui avait mon âge et qui est devenue ma sœur. À l'automne 1940, le statut des juifs devait en principe m'exclure ou me marginaliser, mais jamais je ne m'étais senti aussi intégré tant par la protection d'enseignants que par des chaudes amitiés. Et donc, là où j'aurais dû être officiellement exclu, je fus concrètement inclus.

Ainsi commence le double aspect de ma vie qui va faire de moi souvent en même temps un réfugié, un accueilli et un rejeté. Je reste deux ans à Toulouse. L'invasion de la zone Sud par la Wehrmacht m'incite à fuir cette ville où je suis trop connu et, sur l'invite de mon ami Jacques-Francis Rolland, je me rends à Lyon où je partage sa chambre à la Maison des étudiants. À Lyon, je trouverais amitié, fraternité, action clandestine. Mais les arrestations autour de moi me font, durant l'été 1943, fuir Lyon, regagner Toulouse, où je trouve l'inoubliable hospitalité d'une famille ouvrière de Pechbonnieu, les Robène[1]. J'organise mon mouvement dans la région toulousaine, avec l'aide de « Jean », marin de Hambourg, antifasciste allemand réfugié en France après la guerre d'Espagne, enfermé, puis évadé. Puis le besoin de Paris se fait de plus en plus fort et, comme le centre de la Résistance de zone Sud se déplace vers la capitale, je laisse la responsabilité toulousaine du mouvement à Strickler et rentre dans ma ville.

Fidèle à la « conception synthétique de la vie », je menais la vie clandestine de l'ombre, avec ses rendez-vous, fabriques de faux papiers, imprimeries secrètes, recherches de renseignements et de planques, jusqu'au soir où nous sortions aux lumières de la ville voir *Le Soulier de satin*, l'*Antigone* d'Anouilh, *Les Mouches* de Sartre. La sauvagerie nazie se déchaînait dans les caves de la Gestapo, se révélait dans les gros titres des journaux collaborateurs, tandis que l'élite littéraire, oubliant ses exclus et ses maudits, vivait sa vie brillante de fêtes, de réceptions et de premières.

En deux ans, j'ai appris sur le terrain le métier de clandestin et, devenu professionnel, il me plaisait de donner des leçons aux débutants. La vie était dangereuse, bien des amis tombaient, « Jean » fut torturé et tué. Je ne sais quel avertissement reçut mon inconscient le jour de son arrestation. Nous avions rendez-vous le matin au cimetière Vaugirard et je ne l'y avais pas trouvé. Je ne ressentis nulle inquiétude et, quelques heures plus tard, je me rendis avec Violette à l'hôtel Toullier, rue Toullier, où il habitait. Je connaissais bien l'hôtel pour y avoir résidé précédemment.

1. Dont le petit-fils a récemment retrouvé ma trace et pour qui j'ai pu évoquer la noblesse d'âme de sa grand-mère.

Je demandai si M. Vandervelde, faux nom de « Jean », était dans sa chambre. La taulière dut se montrer évasive, n'osant pas me révéler que la Gestapo y avait tendu une souricière. Je vis que la clef de Jean n'était pas accrochée au tableau, et je montai résolument, demandant à Violette de m'attendre. Sa chambre était au deuxième étage. Arrivé au premier, je ressentis une inexplicable fatigue, m'arrêtai, redescendis tranquillement l'escalier, et griffonnai sous les yeux de la taulière toujours muette un mot proposant à « Jean » un rendez-vous ultérieur dans une galerie de la Sorbonne. Je sortis avec Violette, sans savoir que la taulière avait aussitôt détruit mon mot. Le lendemain, j'appris l'arrestation de Jean. Il fut tellement torturé qu'il perdit progressivement l'usage du français et répondit un jour en allemand à un interrogatoire, ce qui lui valut d'être abattu peu après dans une cave de la Gestapo.

Comme sur un champ de bataille, les amis tombaient autour de moi. J'avais souvent peur, mais je vivais pleinement. Après l'insurrection de Paris, l'arrivée des chars Leclerc, il y eut la fête inoubliable sur les Champs-Élysées. Nous étions, avec Dionys, Marguerite et Violette, Beauchamp au volant, dans une voiture à toit ouvrant ; j'étais assis sur le toit avec Dionys je crois, et je tenais fièrement un drapeau tricolore. Soudain, au rond-point des Champs-Élysées, des coups de feu, la foule se couche et fuit ; les snipers avaient commencé à tirer depuis les toits de Paris. Beauchamp accélère, notre voiture rejoint la rue La Boétie, le boulevard Haussmann où, sous les tirs, elle file le drapeau au vent accompagnée par les applaudissements des gens massés sous les auvents des grands magasins. Aussitôt après cette apothéose, la Libération fut pour moi un désastre.

En 1944, je faillis être rejeté dans les poubelles de l'Histoire. Dans mon mouvement de résistance, les mitterrandistes se méfiaient de moi, de façon compréhensible parce que j'étais communiste, mais, dans ce même mouvement, les apparatchiks du Parti se méfiaient également de moi, pour des raisons non moins compréhensibles. Cette situation me valut, après la Libération, d'être écarté des promotions. De plus, j'avais eu une altercation avec Dechartre, parce que j'avais critiqué l'imprudence de son comportement dans la clandestinité, et, en rétorsion, lui et ses amis m'avaient rejeté. Que faire ?

On offrait aux résistants, quasi sur un plateau, la réussite aux concours d'agrégation et des postes d'enseignants, mais, comme ces animaux qui ont dépassé les années plastiques de la jeunesse et ne peuvent plus alors être dressés, j'avais perdu la faculté d'obéir à des horaires, à un programme, à la répétition, et toute fonctionnarisation me semblait alors invivable. Que faire donc ? J.-F. Rolland me fit entrer comme stagiaire à *Ce soir*, quotidien contrôlé par le Parti communiste, où je me trouvai très mal à l'aise ; le stage fut un échec. Je ne pus non plus faire de textes convenables pour la rubrique que me proposait Courtade à *Action*: je fis un article assurant que les victoires du socialisme n'imposaient plus dans les pays libérés une dictature du prolétariat, mais seulement une hégémonie du prolétariat (c'est-à-dire une libéralisation politique et culturelle par rapport à ce qu'était l'URSS). Leduc me fit gravement remarquer qu'un tel propos ne pouvait être que de la compétence du Comité central et on me retira cette tribune imprudemment confiée. Du reste, tous les articles que j'avais envie d'écrire étaient hors de propos – comme celui intitulé « Où sont les philosophes ? ».

J'eus alors l'idée d'organiser une exposition sur les crimes hitlériens, projet dans lequel j'entraînai au début Dionys et Marguerite ; puis le ministère de la Justice, qui fournissait les crédits pour l'exposition, imposa un fils à papa communiste qui n'avait pas fait de Résistance, et je découvris un monde de mesquineries. Certes, il y avait bien eu des conflits de personnes et d'ambitions dans la Résistance, mais tout cela était enveloppé par la fraternité du combat volontaire et du danger commun ; aussi je fus très étonné de me trouver soudain plongé dans un univers de petitesses et d'égoïsmes qui était celui de la vie « normale ». Bref, quelques mois après avoir chevauché l'Histoire en triomphateur, je fus désarçonné, et je ne m'en sortis provisoirement qu'en saisissant l'occasion de rejoindre en Allemagne l'Histoire en marche. Mon ami Pierre Le Moigne, paladin plusieurs fois arrêté et évadé, notamment après avoir été horriblement torturé, me fit rencontrer le commandant Chazeaux, ex-chef du maquis de Franche-Comté, au pseudonyme sublime de Durandal, qui recrutait des volontaires pour aller gonfler l'état-major de la Ière armée entrée en Allemagne. Je le rejoignis en camion à Lindau.

Me voici alors dans une oasis sur le bord du lac de Constance. Nous sommes pendant un temps les Seigneurs de la race des Seigneurs. Violette et moi trouvons une *querencia* d'amitié avec Romuald, Jacqueline de Jomaron, Georges Lesèvre. Je suis passionné par cette Allemagne ravagée, je recherche les antinazis pour leur offrir mon aide, je me précipite à Berlin dès qu'il m'est possible, je retourne souvent dans la ville dantesque, je me lie en zone Est avec un haut responsable soviétique qui « contrôle » le général Tchouikov ; il me confie la première lettre du maréchal von Paulus pour sa femme depuis le siège de Stalingrad[1], je fais des plongées dans les quatre zones, je lis les rapports d'intelligence des Anglais et des Américains sur les événements et l'état de l'opinion dans leur zone ; enfin, poussé par Robert Antelme devenu éditeur, je me mets à écrire sur place un premier livre autodidacte (je ne suis pas germaniste, je ne connais pas l'allemand), *L'An zéro de l'Allemagne*, tableau de l'Allemagne ravagée, détruite, démantelée de 1945-1946[2]. Puis, le gouvernement militaire s'étant totalement bureaucratisé à Baden-Baden, nous rentrons à Paris.

À l'époque où je l'écrivais, *L'An zéro* était hérétique. « Tu vas te faire exclure », me disait le marxiste orthodoxe Bottigelli en lisant mon manuscrit par-dessus mon épaule. En effet, je rejetais l'idée de culpabilité collective du peuple allemand, je n'exprimai aucune haine de l'Allemagne, non pas seulement par esprit débonnaire comme mon père, mais par fidélité à mon éthique la plus enracinée. Le Parti communiste français « bouffait du boche » et exigeait le châtiment de l'Allemagne. Mon livre était en contradiction avec la « ligne ». Un tournant historique me sauva. Au moment de la sortie du livre, Staline modifia soudain la ligne en tendant la main au peuple allemand. La formule « Les Hitler passent, le peuple allemand demeure » devint le nouveau slogan. Pour suivre le tournant soviétique, Thorez déclencha alors dans la presse du Parti un concert d'éloges pour mon livre

1. Dans son château de la Forêt-Noire, la maréchale, une femme noble et grande, me reçut, et quand, embarrassé, je lui tendis une lettre en bredouillant : « De la part de votre mari », elle défaillit. Je transmis sa réponse au maréchal, *via* Berlin.

2. *L'An zéro de l'Allemagne*, Paris, La Cité universelle, 1946.

et, une fois encore, mais dans des conditions différentes, celui qui aurait dû être exclu fut chaleureusement inclus. Bien qu'accueilli par l'intelligentsia du Parti, je n'ai pas voulu entrer au Conseil national des écrivains et faire partie de la cour d'Aragon. Je fus sollicité par *Les Lettres françaises*, que dirigeait alors Claude Morgan, mais ce devint aussitôt une tribune pour exprimer mes idées dissidentes.

Je vécus un temps des économies de ma solde militaire, puis je devins vacataire au ministère du Travail pour m'occuper d'un journal destiné aux prisonniers de guerre allemands en France ; mais je perdis la vacation au départ du ministre communiste Croizat. Puis je trouvai par un ami le poste de rédacteur du *Patriote résistant*, bimensuel de la Fédération nationale des déportés internés résistants et patriotes. La « Fédé » était contrôlée par le Parti et je devins à nouveau « permanent ». Je m'occupais d'une triste feuille où tant de souffrances passées, de douleurs présentes, se trouvaient transmutées en slogans furibonds, où l'expérience humaine/inhumaine de la déportation était momifiée en une langue de bois, où les aspirations des survivants étaient réduites en revendications quasi syndicales. Nous avions notre trou dans cette « Fédé », Robert Antelme et moi, et nous y attendions le jour de la paie pour nous rendre chez Potel et Chabot, à quelques minutes de la Fédé, avenue Victor-Hugo, où nous commandions un très vieux porto que nous dégustions avec volupté. Je demeurai dans cette voie de garage, mais j'en fus chassé, « renvoyé à la production » après avoir refusé d'entrer à la page culturelle de *L'Humanité* : l'enquête sur mon refus avait déclenché la dénonciation de mon « titisme » par Pierre Courtade. Pierre Hervé me fit faire de temps à autre des piges pour *Action* (où je me dissimulais sous le patronyme de ma mère,

Beressi). Je pus faire aussi des articles dans *Parallèle 50*, Henry Thimonier étant le rédacteur en chef de cette feuille publiée sous contrôle de l'ambassade de Tchécoslovaquie. Bénéficiant de cette extraterritorialité, je déclenchai la fureur d'Aragon qui avait fait l'éloge de Barrès dans *Les Lettres françaises*, en publiant un article sur le même Barrès où je critiquais son nationalisme et son nihilisme. Mais la protestation du Parti français fut rejetée avec hauteur par le responsable tchèque du journal comme offense à sa démocratie populaire. Je fus sauvé du dogmatisme par l'hyper-dogmatisme…

Mais j'étais devenu chômeur. On me conseilla de m'inscrire à l'office des chômeurs intellectuels où je remplis un curriculum vitae suivi d'un long questionnaire. Le préposé, un homme d'une grande bienveillance, commença à manifester son admiration de mes titres passés (j'avais eu des responsabilités régionales et un temps nationales dans la Résistance, Michel Caillau m'avait bombardé lieutenant-colonel, j'avais été homologué lieutenant et j'avais été commandant assimilé au gouvernement militaire de la zone française d'occupation). Puis il me dit : « Je n'ai aucun poste digne de vos compétences, mais accepteriez-vous un poste moins brillant ? – Très volontiers ! – Très bien !… Mais je n'en ai pas non plus… Accepteriez-vous un poste subalterne ? – Oui, oui ! – Je n'en ai malheureusement pas, mais accepteriez-vous à la rigueur des vacations dans une bibliothèque où vous recopierez des fichiers ? – À la rigueur… » Et l'homme bienveillant, navré : « Je n'en ai pas non plus… »

Ainsi, de la grandeur de mes vingt-deux ans, j'étais passé à la déchéance de mes vingt-huit ans… J'ai vécu un an chômeur et j'ai souffert d'humiliation à l'égard de moi-même, avec la honte de ne pouvoir nourrir mes deux petites filles (Violette avait obtenu un poste de prof de philo loin en province) et avec le désespoir de ne jamais pouvoir m'insérer dans la société. Cette marginalisation sociale était inséparable de la marginalisation politique que m'avait value mon opposition culturelle depuis mai 1947, puis mon écœurement politique croissant de 1948 à 1949. Je me trouvais en exil intérieur et, comme je l'ai déjà dit, je n'avais pas repris ma carte, tout en continuant à me dire membre du Parti. Je ne voyais plus aucune insertion dans le monde communiste et je ne me voyais pas m'insérer dans le « monde bourgeois ». Je ne voyais donc pas d'issue.

Sous cet angle, les années 1947-1950 m'apparaissent comme des années de détresse et de désespérance. Mais c'est justement parce que je suis chômeur, c'est-à-dire libre de mon temps, que je peux passer mes journées à la bibliothèque nationale et entreprendre le livre pour lequel Olga Wormser, directrice d'une nouvelle collection chez Corrêa, m'avait fait signer un contrat, et dont j'avais choisi le thème, *L'Homme et la Mort*. Ainsi, du fond du trou, commence une remontée cachée et silencieuse. De même, ces années de dégradation, marginalité, hérésie, et bientôt exclusion, coïncident avec une période de félicité, dans une douce patrie d'amitié, au 5 de la rue Saint-Benoît.

Je m'étais lié avec Dionys Mascolo dans la Résistance, avec Marguerite Duras pendant la Libération de Paris, puis à mon retour d'Allemagne avec Robert Antelme. Marguerite nous avait alors hébergés, Violette et moi, dans son appartement de la rue Saint-Benoît, où vivait Robert Antelme, et où Dionys passait le plus gros de son temps. Pendant quelques mois, je vécus de ma solde, nous étions totalement libres, Robert et moi. Dionys allait passer quelques heures l'après-midi chez Gallimard, où nous allions le chercher. On vivait hors argent, hors profession, hors ambition. On faisait vie commune. On parlait, on se baladait, on bistrotait, on rencontrait des amis, on vivait des dîners enflammés, des discussions interminables. Plus on se querellait, plus on s'aimait. Comme dit le titre d'un film italien parlant d'un passé irrévocablement révolu, *On s'est tant aimés*. La vie coulait. Mon premier travail au ministère m'occupait à peine. Dans mon second travail, à la FNDIRP, j'étais dans le même bureau que Robert, et nous continuions la vie commune. On se retrouvait tous le soir. Marguerite faisait en un tour de main une cuisine savoureuse. On sortait ensemble. Notre dissidence culturelle au sein du Parti renforçait notre union. Nous avions une mission sacrée, dont Vittorini nous avait donné le premier sens : le front de la culture ne peut être confondu avec le front de la politique. Et nous en avions découvert ensemble le deuxième sens, plus profond : la résistance au mensonge et à l'ignominie.

Nous fûmes chômeurs en même temps, Robert Antelme et moi. Un jour, nous nous rendîmes compte que nous disposions d'une somme fabuleuse en Allemagne de l'Est. Mon *An zéro de l'Allemagne* y avait paru, expurgé, et s'était vendu à 50 000 exemplaires, son *Espèce humaine* y avait été vendue à 30 000 exemplaires. Marguerite Duras nous prêta sa voiture, nous obtînmes par Beauchamp ou Mitterrand des laissez-passer en quatre langues, mais qui n'avaient pas le visa soviétique, et nous partîmes, Robert, sa compagne Monique et moi. À la frontière Est-Ouest de l'Allemagne, les militaires anglais nous découragèrent, mais nous allâmes au poste tenu par les Allemands de la DDR. Quand ils nous dirent que notre laissez-passer n'était pas valable, je leur brandis les factures de nos éditeurs en m'écriant : « *Wir sind Schriftsteller sehr offiziell* ! » Ils se retirèrent pendant une demi-heure, puis la peur de commettre un impair auprès de très officiels écrivains publiés par les maisons d'édition du Parti les décida à nous laisser passer.

L'autoroute de l'Est était déserte, et traversait une immense plaine elle-même déserte. À Berlin, comme nous n'avions pas un mark de la RFA, nous franchîmes la porte de Brandebourg et je dirigeai la voiture sur la Friedrichstrasse, vers un majestueux hôtel wilhelmien que j'avais repéré lors de mes précédents séjours. C'était l'hôtel de luxe pour les officiels invités des démocraties populaires. Le concierge, qui était du KGB ou de la Stasi, nous demanda le *propusk* soviétique, document nous autorisant à prendre chambre à Berlin-Est. Je brandis à nouveau nos factures avec arrogance. L'ordinateur mental du policier-concierge fonctionnait à toute vitesse et finalement, avec un sourire de bienvenue, il nous donna deux clefs. Quand j'entrai dans ma chambre, je me tordis de rire. La pièce était gigantesque, avec des statues énormes, de grands tableaux de bataille navale, un lit large pour quatre personnes. Je courus à la chambre de mes amis. Ils se tordaient eux-mêmes de rire : leur chambre était du double de la mienne, avec deux lits jumeaux chacun de la taille du mien, et en plus un piano à queue. Dès le lendemain, chacun se rendit chez son éditeur. Le mien fut très étonné, mais très déférent, et donna aussitôt les ordres pour que je sois payé en espèces. Au bout d'un temps, une charmante secrétaire arriva avec une valise remplie de billets, comme dans les films de gangsters. Les billets étant trop nombreux pour mes poches, j'en mis sous ma chemise tout autour de ma poitrine, et je partis dans les rues, serrant mon trésor entre mes bras et lançant des regards méfiants de tous côtés. Nous disposions chacun, Robert et moi, d'une somme qui aurait pu nous faire vivre royalement pendant un an à Berlin-Est. Malheureusement, ces marks ne pouvaient être changés, sinon dans des officines privées de l'Ouest où ils perdaient dix fois leur valeur. Que faire ? De toute façon nous ne pouvions rester plus de trois jours à Berlin, d'autant que j'avais un très important rendez-vous dont dépendait peut-être mon admission au CNRS. Dépenser ? On aurait pu acheter auto et moto, mais il aurait fallu payer les droits de douane. Les magasins n'offraient que des appareils photo, des chemises en matière artificielle, des manteaux d'occasion, des cigarettes russes, des disques soviétiques. Nous achetions à tour de bras, nous allions au restaurant HO où nous commandions les plats et les vins les plus chers, mais nous n'arrivions pas à dépenser notre pactole. Finalement, nous repartîmes et changeâmes au cours privé au-delà de la porte de Brandebourg. Les marks-Ouest représentaient encore pour chacun d'entre nous 2 000 à 3 000 francs actuels. Nous voulûmes les changer en francs à la gare de Karlsruhe, mais c'était un samedi et les bureaux de change étaient fermés. Je téléphonai au commandant Chazeaux devenu gouverneur militaire de Fribourg, en lui expliquant notre problème : « Venez déjeuner, venez déjeuner, on s'arrangera. » À la fin du déjeuner, il tint à nous lire quelques petites nouvelles qu'il avait écrites dans le style du *Canard enchaîné.* Comme il se faisait tard, j'osai l'interrompre : « Et nos marks ? – Ah ! mon vieux, ici, je ne peux rien faire d'illégal, je suis trop surveillé. Laisse-moi les marks en dépôt, c'est très dangereux de franchir la frontière avec… » (Il y avait alors contrôle des changes.) Nous rentrâmes donc avec nos marks pour lesquels nous trouvâmes finalement un change minable. Nous étions retournés à notre triste situation de chômeurs, notre fortune s'était évanouie, mais nous avions connu trois journées de bonheur, de richesse et de grandeur.

Nous avions alors quitté la rue Saint-Benoît. Marguerite et Violette s'étant trouvées simultanément enceintes, l'appartement serait devenu trop petit pour nous tous. Violette et moi nous installâmes à Vanves. Nous avions perdu la communauté de vie quotidienne, même si nous nous revoyions très souvent ; leur exclusion puis la mienne semblaient devoir souder notre destin commun. Plus tard, une seconde distanciation, d'idées celle-là, nous éloigna, et, insensiblement, je perdis ma patrie sans pourtant cesser d'aimer mes amis.

L'EXCLUSION ET LE REFUGE

En 1950, j'étais cadavre politique, exilé de l'intérieur et chômeur sans perspectives. Le destin bascula en deux ans. Je fus sauvé par une intégration et une exclusion.

Je n'avais cessé de fréquenter depuis Toulouse Georges Friedmann, dont le livre *De la Sainte Russie à l'URSS* avait contribué à me faire basculer dans le communisme (et qui lui avait valu d'être basculé hors du communisme en 1938). Connaissant mon intérêt pour la sociologie et me voyant au chômage, il me suggéra de présenter ma candidature à la commission de sociologie du CNRS dont il était un électeur influent. Il me conseilla de recueillir des lettres de soutien, et, avec l'aide des recommandations de Maurice Merleau-Ponty, Pierre Georges, Vladimir Jankélévitch, la commission m'élut comme stagiaire de recherches. J'étais au plus bas de l'échelle. Moi, que nul n'avait appelé « jeune homme » quand, entre vingt et vingt-six ans, j'exerçais mes responsabilités de résistant puis d'occupant, j'étais à trente ans devenu « jeune chercheur » – et je le suis resté aux yeux des gérontes jusqu'à cinquante ans.

Je profitai de ma première année au CNRS pour achever *L'Homme et la Mort.* Paru en 1951, ce livre aérolithe tomba entre la mare littéraire et la mare universitaire. Aussi fut-il enterré, ne trouvant guère de lecteurs pendant vingt ans. C'est pourtant le seul de mes livres qui ait été salué par d'importants comptes rendus dont ceux de Georges Bataille, Lucien Febvre, Maurice Nadeau, Claude Mauriac... Au CNRS, j'avais choisi comme thème de recherche la sociologie du cinéma. Plutôt que de faire de la recherche sociologique classique (questionnaires, *content analysis*, etc.), je glissais sur ma pente anthropologique et prolongeais mon investigation sur « la réalité imaginaire de l'homme » que j'avais ébauchée dans *L'Homme et la Mort.* En fait, ce qui m'intéressait était l'invasion par l'imaginaire d'une machine inventée pour reproduire le monde objectif. J'avais trouvé dans le cinéma un domaine protégé, inconnu des sociologues, où personne ne viendrait me déranger. Ne voulant pas me risquer à traiter des thèmes brûlants où je me serais exposé aux coups des uns et des autres, j'avais délibérément choisi un sujet marginal qui, de plus, me permettait de donner libre cours à l'une de mes passions – j'étais heureux d'accomplir un travail salarié en allant voir des films[1].

En 1951, vint l'excommunication communiste pour un article qui aurait été jugé inoffensif dans tout autre contexte que celui du délire stalinâtre de

1. Cela ne fut pas sans me causer quelques problèmes. Comme mon maigre salaire ne pouvait suffire à me payer les trois séances de cinéma par jour auxquelles mon souci professionnel me commandait d'assister, je demandai au CNRS de me rembourser mes places. Une commission fut convoquée pour examiner cette demande originale ; elle conclut que ce qui était connu comme temps de loisir ne pouvait être reconnu comme temps de travail, et elle me proposa de me rembourser seulement mes tickets de métro sur présentation.

l'époque. Mais je n'eus pas à subir les pires conséquences de la malédiction. La cellule du CES (que je n'avais jamais fréquentée) donna la consigne de ne plus m'adresser la parole, mais je parlais déjà très peu avec les staliniens qui avaient pris cette décision. Quant au secrétaire de la cellule, mon ami Lucien Brams, avec qui je partageais un bureau, il ne modifia pas son comportement à mon égard. J'avais déjà rejeté de ma vie ceux qui étaient acharnés à me rejeter. Je ne fus pas bouleversé parce que le prudent philosophe qui venait déjeuner chez moi prenait le trottoir d'en face lorsqu'il m'apercevait. Je regrettai la disparition de chers amis comme les Jomaron, mais, en fait, la séparation avait été consommée au moment du procès Rajk. Notre petit groupe de la rue Saint-Benoît se trouva resserré par le commun anathème. J'eus beaucoup plus à souffrir du dégoût des compagnons de route, « progressistes » et sartriens, et même, au-delà, d'intellectuels bourgeois bon genre, pour qui l'ex-communiste était marqué comme relaps, apostat, renégat. Tout ce que lui dictait son expérience et sa conscience était alors perçu comme l'expression de « la morbide rancœur de l'exclu ». Tout cela – l'entrée au CNRS, l'adieu communiste, la publication de mon premier vrai livre où se manifeste pleinement mon mode de pensée – constituait une nouvelle mort-naissance.

J'aurais dû préparer une thèse au CNRS. Mais je jouais au sourd lorsqu'on m'incitait à le faire. D'une part, je n'acceptais pas de faire juger par un tribunal universitaire un travail qui échappait à ses normes ; d'autre part, l'obtention d'une thèse m'aurait conduit à un poste d'enseignement supérieur alors que je voulais rester au CNRS pour sauvegarder mon genre et mon style de vie. J'ai systématiquement voulu demeurer au CNRS, je n'ai rien postulé à l'extérieur, je n'ai pas voulu me laisser intoxiquer par l'ambition universitaire. Le CNRS m'offrit l'autonomie de vie qui me convenait. J'étais hors servitudes de l'Université, mais avec la liberté d'enseigner en France ou à l'étranger. J'étais devenu surtout libre de suivre mon propre questionnement, qui m'a toujours fait déborder hors des frontières officielles de la sociologie et qui a fini par me conduire à la longue aventure de *La Méthode*. Je jouissais d'un salaire régulier pour une vie irrégulière. J'avais la difficulté mais surtout la chance d'agencer mon temps de façon souveraine. À chaque projet nouveau, le travail envahissait ma vie, j'étais possédé par le livre qui voulait naître, je pouvais travailler des nuits jusqu'au petit matin, puis ma vie trouvait ses repos, ses vacances, ses fêtes.

Mon livre sur le cinéma se prolongea naturellement par un livre sur les stars. Je traitai des stars en considérant conjointement leurs dimensions historique, mythologique, culturelle, économique, et, bien sûr, leur spécificité par rapport aux acteurs de théâtre. Ce sujet réputé frivole me devenait un des indicateurs majeurs d'une époque. Puis je me trouvai non moins naturellement propulsé pour travailler sur la « culture de masse » (médiatique) et la nouvelle industrie culturelle, ce qui donna en 1961 *L'Esprit du temps*.

Le retour dans la mêlée

Je demeurai en hibernation politique jusqu'en 1955. Je restais « révolutionnaire » mais ce mot changeait de sens pour moi. Déjà, Dionys m'avait ouvert l'esprit sur l'importance philosophique et morale de la « révolution surréaliste » ; je découvrais les numéros anciens de la revue du même nom, les manifestes, et je réchauffais ces aspirations à la poétique de vie que m'avait donnée Rimbaud. Dans un sens convergent, la lecture de *La Part maudite* de Georges Bataille me révélait qu'il fallait chercher la consumation et non la consommation. Je fréquentai Pierre Naville qui m'avait incité à faire l'article dans *France Observateur* m'ayant valu l'excommunication. Lui-même avait été exclu du surréalisme dont il fut un des fondateurs, puis du trotskisme en 1939. J'admirais sa façon tranquille d'assumer hérésie et marginalité. Puis je me liai avec André Breton et Benjamin Peret, qui avaient rejoint notre Comité contre la guerre en Afrique du Nord, et cela d'autant plus qu'ils défendirent comme moi les messalistes calomniés et poubellisés par l'intelligentsia de gauche. J'admirais leur mode d'être, leur probité morale dans le monde intellectuel. Je trouvai mes nouveaux héros, qui étaient tous antistaliniens.

En 1954, Mendès France avait pacifiquement ouvert la voie de l'accession de la Tunisie à l'indépendance, mais le sultan du Maroc demeurait exilé par la France, et l'insurrection algérienne commença à la Toussaint. Notre petit groupe de la rue Saint-Benoît prit l'initiative d'un Comité contre la guerre en Afrique du Nord auquel il rallia très vite de nombreuses et prestigieuses signatures. Mais, rapidement, l'élimination physique des messalistes par le FLN créa une fissure dans le comité et singulièrement entre Dionys et moi. Influencés par Francis Jeanson et André Mandouze, un très grand nombre d'intellectuels du comité, et surtout les sartriens surexcités, dénoncèrent les messalistes comme traîtres et collaborateurs de la répression française. Or je connaissais les messalistes ; j'hébergeais un de leurs dirigeants menacé à la fois d'arrestation par la police française et de mort par le FLN (avant d'être menacé de mort par les messalistes eux-mêmes lorsqu'il eut rompu avec eux).

Je savais que Messali Hadj avait été le père fondateur du nationalisme algérien. Je savais que, lorsque les « centralistes » modérés firent scission avec le vieux chef, c'était non seulement parce que celui-ci s'était fait nommer « président à vie » du mouvement, mais aussi parce qu'ils envisageaient l'accession à l'indépendance par les voies parlementaires légales. Je savais que le groupe secret d'action militaire du mouvement, le CRUA, avait décidé de réconcilier les deux tendances en déclenchant l'insurrection armée. Je savais que l'automne 1954 avait été une date conseillée par Nasser, informé que l'Amérique souhaitait des difficultés au gouvernement Mendès France qui refusait la Communauté européenne de défense. Je savais que, dès l'insurrection de la Toussaint 1954, Messali avait donné ordre à ses militants de faire des maquis et d'entrer dans la résistance armée. Je savais surtout, et était un des rares bien placés pour le savoir, que le CRUA devenu FLN avait négocié avec Messali, lui proposant la présidence du FLN mais exigeant que ses troupes et ses militants rallient le FLN, ce qu'avait refusé le vieux leader. Je savais qu'alors le FLN avait décidé de liquider physiquement les messalistes. Je sus, de plus, que le massacre de Melouza fut un Oradour commis par un groupe FLN contre un village messaliste, alors que la plupart des membres de notre comité attribuèrent ce massacre à l'armée française. Je sus qu'Abane Ramdane, un dirigeant radical du FLN avait été non tué glorieusement au combat, mais assassiné dans une prison du FLN de Tunis.

Ma résistance à l'antimessalisme forcené ne fut pas seulement morale. Elle était intellectuelle. Tant de mensonges, de calomnies, d'ignorance volontaire et de bêtise surtout de la part d'intellectuels raffinés ont suscité en moi une allergie définitive à ce type d'erreurs, de mensonges et de bêtises que j'avais subis en Stalinie dans le silence puis l'écœurement. Je faisais valoir à Dionys que Messali avait été le fondateur et l'animateur de la résistance algérienne. Il me répondait que Laval avait été socialiste dans sa jeunesse, ce qui ne l'avait pas empêché de devenir le pire collaborateur des nazis en 1940. Je passe sur des épisodes que j'ai racontés dans *Autocritique*, pour insister sur ceci : c'est parce que j'avais accepté en silence la condamnation des trotskistes comme hitlériens et espions que je ne pouvais plus désormais rester passif devant des calomnies du même ordre.

La révolution hongroise porta un coup très dur au comité, y suscitant une autre rupture. Les uns, dont Dionys, Lefort et moi, voulaient condamner l'intervention soviétique en Hongrie avec la même vigueur que la guerre d'Algérie ; les autres voulaient que le comité restât « neutre » pour tout ce qui ne concernait pas l'Algérie. La répression de la révolution hongroise par les chars soviétiques transforma ma rupture avec le prétendu communisme en hostilité tranchée et radicale. De réunions en comités, je me liai avec les ex-trotskistes, ex-poumistes, ex-anarchistes qui n'avaient pas cessé le combat antistalinien, Wilebaldo Solano, Julián Gorkin, Louis Mercier. Puis je me liai de plus en plus avec Lefort et Castoriadis, avec lesquels je devins compagnon dans le cheminement sans chemin. J'avais insensiblement changé de famille spirituelle.

La révolution hongroise nous réunit à nouveau, Dionys et moi. Nous fîmes ensemble une fabuleuse incursion automobile dans la Pologne déstalinisée d'après l'Octobre 1956. L'Octobre polonais avait soulevé bien des espérances. Il y avait eu une menace d'intervention soviétique, mais l'unanimité du peuple polonais la fit reculer. Gomulka, victime de Staline, était revenu au secrétariat général du Parti. Il jura dans un grand meeting que le droit de grève était rendu à la classe ouvrière. Dionys, Robert et moi espérions en un « communisme libéral » ; nous croyions que le système soviétique pouvait se réformer de l'intérieur. Lefort ne partageait pas ces illusions, mais il croyait qu'une révolution « véritablement » socialiste pouvait sortir de la crise du stalinisme.

Bien que l'intervention en Hongrie nous fît rapidement abandonner l'idée que le rapport Khrouchtchev allait conduire à la réforme de l'URSS, nous espérions encore en la Pologne. Dionys reçut une invitation à se rendre à Varsovie, envoyée par Georges Lisowski, de la revue *Twórczość*. Dionys proposa pour l'accompagner les noms de ses amis Antelme, Lefort, Morin. Nous décidâmes de partir en voiture, dans la 203 de Dionys. À l'époque, il n'y avait pas de circulation automobile de France en Allemagne de l'Est et de l'Allemagne de l'Est en Pologne. Du reste, nous n'avions obtenu des autorités soviétiques, qui géraient en France les intérêts de l'Allemagne de l'Est (non reconnue diplomatiquement), qu'un visa pour le chemin de fer. Comme je connaissais assez bien la façon de prendre de haut les gardes-frontières de l'Allemagne de l'Est (en nous disant écrivains officiellement invités), j'encourageai mes amis à maintenir notre projet et nous partîmes un matin de janvier 1957.

Nos compagnes nous avaient fait enfiler des caleçons de sous-mariniers polaires, recouverts de multiples laines. Le mythe de l'hiver polonais était tel qu'à la porte de Vincennes, Robert s'écria : « Stop ! Verglas... » Nous sortîmes de la voiture et, en nous penchant, découvrîmes seulement une tache d'huile qui brillait au soleil du petit matin. Nous franchîmes sans encombre les barrages entre les deux Allemagnes et arrivâmes le soir à Francfort-sur-l'Oder, fleuve où passe la « frontière de l'amitié » entre les peuples allemand et polonais. Le pont-frontière n'avait pas servi depuis de longs mois et était fermé par des barbelés. Les gardes-frontières allemands n'étaient pas là. Klaxons. Appels. Finalement arrivent les uniformes, ahuris, qui prennent nos documents et vont s'enfermer pour réfléchir. Bien que leur poste-frontière ne fût pas mentionné dans nos visas, le cachet soviétique les impressionna, et ils déplacèrent les barbelés.

Nous voici en Pologne où nous accueillent joyeusement les gardes-frontières polonais. Après que notre voiture eut reçu quelques crachats de paysannes, nous prenant pour des Russes ou des Allemands sans nous indiquer la *kawiarna* (la taverne) que nous demandions, j'ai l'idée de dire « Fransouski » et nous voici accueillis à bras ouverts, propulsés dans des tavernes où la vodka coule dans des grands verres. De taverne en taverne, on arrive à Wroclaw à l'hôtel Orbis, où clients, personnels, réceptionnistes sont tous ivres, la vente de vodka devant être interrompue le lendemain, jour d'élections. Nous poursuivîmes le voyage jusqu'à Varsovie, avec quelques arrêts-tavernes. À chaque fois, j'expliquais que, n'étant pas électeurs polonais, nous n'étions pas concernés par l'interdiction, et on nous servait la vodka dans d'épaisses tasses à thé.

À Varsovie, nous multipliâmes les rencontres avec des intellectuels octobristes, des responsables politiques réformateurs (pour qui nous étions des « trotskistes »), et nous visitâmes des conseils ouvriers. Déjà, nombre de nos interlocuteurs, à commencer par Leszek Kolakowski, nous disaient que l'Octobre avait échoué. L'intervention soviétique en Hongrie avait paralysé le mouvement polonais. Le processus de démocratisation était stoppé. Les forces régressives de l'appareil reprenaient le dessus. Alors que Dionys et Robert maintenaient leur foi candide dans le parti de Gomulka, Lefort et moi (convaincus qu'il n'y aurait pas de vraie démocratisation tant que l'appareil du Parti ne serait pas brisé) étions devenus sceptiques, sachant que la démocratisation ne pourrait reprendre, plus tard, que sur d'autres bases.

Lefort et moi voulûmes visiter le faubourg de Praga. Dionys ne trouva aucun intérêt à nous accompagner dans cette visite folklorique. Les maisons étaient des sortes d'isbas, il n'y avait pas vraiment de rues, mais des espaces en terre où couraient poules et cochons. Dans une taverne, un type nous interpella en français. C'était un ouvrier polonais originaire du nord de la France, dont la famille avait rejoint la Pologne après la guerre. Il nous demanda combien coûtait en France une paire de chaussures comme les nôtres. À l'écoute du prix, il exprima sa rancœur et nous parla des déceptions de tous ceux qui, comme lui, avaient quitté la France.

En nous promenant dans Praga, Lefort et moi inventâmes une blague à faire à Dionys et Robert. Nous élaborâmes un scénario bouffon sur le chemin du retour, dans le tramway, et, nous esclaffant, nous arrivâmes à l'hôtel pour retrouver nos amis. Nous commençâmes par raconter qu'à Praga, un ouvrier polonais, qui avait écouté nos propos sur les conseils ouvriers (que nous avions visités à Zeran), nous avait demandé si nous voulions connaître les *vrais* conseils ouvriers. Mais bien sûr ! Alors suivez-moi. Il nous avait conduits à travers les poulets et les cochons à une isba où il avait frappé trois coups. Une vieille femme avait ouvert. Il lui avait parlé en polonais, et la vieille rayonnante, se tournant vers nous, avait dit : « Entrez, mes enfants. » Nous voici introduits dans l'isba obscure. Autour d'une table, de rudes visages de prolétaires nous saluent. Ils nous avertissent qu'ils comptent organiser prochainement une insurrection générale des conseils ouvriers. « Mais pas contre Gomulka », s'écrie Dionys, alarmé. « Mais si, mais si ; pour eux Gomulka est devenu un réactionnaire… »

Nous continuons la farce devant un Dionys bougon. La vieille nous conduit à une barquette miniature, posée sur la cheminée, dans laquelle il y a des documents secrets. « Je vous prie, nous dit-elle, de les transmettre à Guy Mollet. » À ce moment, Dionys, indigné, explose : « Non, non et non ! Jamais je ne remettrai cette barquette à Guy Mollet ! » Robert rit mais ne se rend pas compte encore de la plaisanterie. Lefort et moi profitons de son rire pour laisser passer un peu de la rigolade que nous réprimons. « Mais, Dionys, dis-je en retenant mes spasmes, il faut que tu comprennes que pour eux Guy Mollet est un allié contre les staliniens. – Je m'en fous. Jamais je ne porterai cette barquette dans ma voiture ! Guy Mollet est un salaud. » Nous essayons de lui démontrer qu'il faut à tout prix transmettre la barquette à Guy Mollet. Et plus il s'indigne, plus nous rions. Robert dit soudain : « C'est une blague. – Mais non, ce n'est pas une blague », dit Dionys furieux. Nous nous tordons, et finalement, à grand-peine, nous finissons par le convaincre que l'isba, la vieille, le conseil ouvrier, la barquette n'étaient qu'inventions…

Au début de cette même année 1956, j'étais entré en relations chaleureuses avec un petit groupe italien qui publiait depuis un an *Ragionamenti*, bulletin de discussion ouvert où collaboraient des intellectuels socialistes, des communistes (à l'italienne bien sûr) et des « sans parti ». Franco Fortini et Roberto Guiducci, qui animaient le groupe, m'invitèrent à une de leurs réunions, et l'idée nous vint de faire une revue cousine en France. J'en avisai Jean Duvignaud, qui obtint aussitôt de Jérôme Lindon, directeur des Éditions de Minuit, la possibilité d'imprimer la revue ; les articles ne seraient évidemment pas rétribués, et nous nous chargerions nous-mêmes de la diffusion. Le titre *Arguments* fut trouvé par François Fejtö en mémoire d'une revue non conforme du même nom qu'il publia en Hongrie avec Attila Jószef. Le premier numéro est daté de décembre 1956-janvier 1957, à peu près au moment où *Ragionamenti* expire. *Arguments* a de fait vécu à l'état naissant et s'est sabordé dès 1962 par sage décision de ses dirigeants, plutôt que de s'institutionnaliser, de se répéter et de se normaliser.

La publication d'*Arguments* était prévue avant les grands ébranlements de l'année 1956. Mais en fait *Arguments* naquit au moment même où la crise soudaine et profonde affectant le mythe de l'URSS (le rapport Khrouchtchev, la révolte ouvrière polonaise, la révolution hongroise et l'écrasement des soviets ouvriers de Budapest par l'armée dite soviétique) entraînait en chaîne une crise, non seulement du communisme stalinistique et du mode marxiste de penser, mais des idées reçues par l'intelligentsia de gauche. En 1958, le putsch d'Alger et l'arrivée au pouvoir de De Gaulle ouvrirent une nouvelle crise frappant tous les mythes de la gauche. Nous avons été naturellement entraînés à réviser non seulement le marxisme, mais toutes les idées évidentes, molaires, qui fondaient la vulgate de l'intelligentsia de gauche. *Arguments* se voua à ce révisionnisme qui, pour nous, fut non tant une hérésie qu'un mouvement de réinterrogation buissonnant et généralisé : interrogation des savoirs scientifiques, de la physique à la sociologie, réinterrogation des fondements de la croyance et de l'action. Nous voulions assumer non seulement les problématiques philosophiques et scientifiques, mais aussi celles de la littérature et de la poésie, du vivre et de l'amour.

Nous avions ainsi affirmé notre volonté de « réviser sans limite aucune les idées reçues et les idéologies courantes, exercer une critique radicale, sans dogmes ni interdits, à l'égard de la réalité et de la pensée dominantes ou prétendues révolutionnaires, mettre en question tous les aspects du monde contemporain – sociaux, politiques, humains, littéraires et artistiques, scientifiques ou philosophiques – pour que surgissent leurs problèmes et leur crise ». Nous n'avions pas seulement mis en question la « mission » mais aussi la nature de la classe ouvrière. Nous avions démythifié radicalement la Chine en 1962, avant même que commence la suprême mythification. Nous avions problématisé le bien-être et notre civilisation elle-même. Nous avions provincialisé Marx. Nous avions provincialisé l'Europe et l'Occident. Nous avions posé la nécessité de penser tout problème dans le contexte de l'ère planétaire.

J'avais pu, grâce à *Arguments*, amorcer ma réforme de pensée. En même temps, la rédaction d'*Autocritique* en 1957 développait mon aptitude autoréflexive, et me permettait de reconnaître enfin que, loin d'approcher de la fin de l'histoire, nous étions toujours dans l'âge de fer planétaire.

Le principe même d'*Arguments* était celui de l'affrontement des thèses, du dialogue. Aucun d'entre nous ne songeait à former une doctrine ou à imposer une idée. La revue fut conviviale et fraternelle. Certes Dionys fit défection et Lefort ne voulut pas participer au comité de la revue, mais si je souffrais de l'absence d'anciens et nouveaux amis, j'étais heureux du climat d'*Arguments*. Notre communauté n'était pas fusionnelle comme l'avait été celle de la rue Saint-Benoît, mais l'esprit d'aventure et de fraternité d'*Arguments* nous lia étroitement, Fejtö, Duvignaud, Axelos, Fougeyrollas et moi. Nous n'avions pas formé une revue de secte (exclusive, exclueuse), mais une revue d'interrogation et de débat; nous n'étions pas porteurs d'une arche d'alliance ou guidés par un grand gourou (comme *Esprit* ou *Les Temps modernes*). Nous n'avions pas de noyau idéologique dur. Notre noyau ouvert était le questionnement. Nous n'avions pas la tristesse de l'échec du communisme, mais la joie de réadhérer à la « vraie vie ». La rupture de l'arche d'alliance philosophique-idéologique ne nous conduisait pas au désespoir, ni même au désenchantement, elle libérait nos énergies intellectuelles et vitales; nous étions dans une nouvelle résistance, une nouvelle recherche, avec un nouveau viatique qui était déjà formulé par Antonio Machado mais dont je pris connaissance plus tard : « *Caminante no hay camino, se hace camino al andar* (Marcheur, il n'y a pas de chemin, le chemin se fait en marchant) ».

Notre mode d'être était commensal et « combibendal » – nos réunions de rédaction étaient des dîners se terminant en ivresses. Nous vivions la joie de redécouvrir, sous la doctrine, le monde. Nous étions amoureux et amants, et chacun d'entre nous vivait à la fois l'intensité d'une passion amoureuse et la tragédie qui en résultait dans nos couples profondément liés par un passé d'épreuves communes. Pour la plupart, nos barques d'amour se sont, comme celle d'*Arguments*, brisées sur le rocher de la vie.

Moi aussi, j'ai été écrasé par un impossible et inexorable choix ; je trouvai et perdis l'être qui sortait d'un roman de Dostoïevski (et me disait modestement ne relever que de Jean Anouilh), j'ai plongé dans les abysses de l'éros qui portent la mort, j'ai vécu des amours heurtées qui se dénouent parce que les partenaires ne se sont pas agrippés à la bonne prise. Et je me posai la question : « Comment vis-tu ? » Cette question, j'ai cru pouvoir en chercher la réponse en la posant à d'autres. Désigné comme juré avec Jean Rouch au premier Festival des peuples à Florence (en fait festival du film ethnographique et sociologique), je suis séduit par les documentaires sur le vif, avec prise de son directe, et je propose à Rouch, qui avait fait des films en Afrique, d'en faire un avec moi en France sur le thème « Comment vis-tu ? ». Rentré à Paris, je fais part en cinq minutes de ce projet au producteur d'Argos Films, Anatole Dauman qui me dit simplement : « J'achète. » Et nous voici lancés durant l'été 1960 dans une aventure pleine de joies et de frustrations, qui enregistra plus de vingt heures de tranches de vie sur pellicule et qu'il fallut mutiler pour arriver à un film d'une heure et demie. Je fus très déçu par le montage du film et renonçai à réaliser les films de cinéma-vérité que j'avais projetés.

C'était une époque où les appels du lointain s'étaient multipliés. Je m'étais déjà laissé emporter dans la dispersion de conférences, colloques, séminaires. Au début des années 60, les demandes deviennent planétaires. Poussé à la fois par un appétit du monde et le besoin de fuir mon mal intérieur, je pars pour l'Amérique latine. Après une étape au Brésil, je vais passer un hiver austral à Santiago du Chili (où je donne des cours à la Faculté latino-américaine des sciences sociales), au pied de la Cordillère, dont les cimes aux couleurs changeantes surgissaient de façon sublime par-dessus une brume impalpable. J'achète une Lambretta d'occasion qui me fait rayonner dans la campagne et sur la côte Pacifique. Je rentre en France après des étapes en Bolivie, au Pérou, au Mexique. Petit train partant du port d'Antofagasta, traversant le désert et grimpant à plus de quatre mille mètres sur l'Altiplano, où l'on roule dans un air transparent qui rend proches les volcans lointains. Quebrada de La Paz. Fête de Chulumani dans les Yungas, où l'on arrive après avoir franchi un col plus haut que le mont Blanc. Lac Titicaca, Puno, Cuzco, Machu Picchu, Guayaquil, Mexico, Yucatán, Chichén Itzá, Chiapas, Oaxaca, Manaus, Belém, Fortaleza, Salvador, Rio, le continent sud-américain m'est entré dans l'âme, avec fascination et respect pour le monde indien, chaleur et ferveur pour le monde afro-brésilien. Je ne sais plus où, je réussis à écrire *L'Esprit du temps* qui paraît en 1962, puis, après un nouveau périple aux Amériques, je vis une tragédie à Washington où se tient un congrès mondial de sociologie, je suis foudroyé sur le Golden Gate Bridge de San Francisco, ramené grelottant de fièvre à New York où, transporté au Mount Sinai Hospital, je plonge dans l'oubli de tout et de moi-même.

Comment considérer ces années 1956-1960 vécues dans le bouillon de culture d'*Arguments* et dans l'effervescence de mes bouillonnements intérieurs ? Elles m'ont éperonné et enflammé, en me faisant éprouver les sublimités et les tragédies de l'amour, en me mettant en prise directe sur les événements, en me jetant dans une bataille désormais ouverte, en me catapultant dans les Amériques. Mais l'exaltation est devenue agitation, puis dispersion[1]. L'effondrement m'a fait retourner dans les limbes.

---

1. J'ai recensé ce qu'ont été pour moi les années 1957-1961 dans *Le Vif du sujet*, *op. cit.*, p. 13-17.

J'avais sans doute besoin de purger mes culpabilités en plongeant dans les eaux de la mort, et de payer par une grave maladie ma renaissance.

Quand je sortis de ma léthargie au Mount Sinai Hospital, tout ce qui évoquait mes « activités » me faisait horreur. J'étais devenu allergique aux mots sociologie, réunions, séminaires, conférences, revue, cinéma-vérité, articles. Je sentis le besoin impérieux de faire le point sur ce qui est important pour moi, sur ce que je pense, ce que je crois. Les premiers mots que j'écrivis sur mon lit furent : *Maintenant, il ne faut plus seulement que les idées me travaillent, il faut que je les travaille.* Programme que je ne commencerai à réaliser que bien plus tard. Dans l'immédiat, je voulais méditer. Le mot s'était imposé à moi ; dans la dernière semaine d'hôpital, j'écrivis quelques pages de notes commençant par : *Vers la méditation. Y arriverai-je ? Concentration... Temps...*

Je savais que j'aurais besoin d'une convalescence de plusieurs mois, et j'avais décidé de consacrer ce temps à la « méditation ». Je fis effectivement ce travail dans un appartement que l'on me prêta à Monte-Carlo, j'appris à taper à la machine pour inscrire les notes que je prenais au jour le jour, et comme je passai de la vie végétale à la vie animale puis sociale, je tins en contrepoint le journal de mes réémergences. Ce travail parut sept années plus tard sous le titre *Le Vif du sujet.* Après la retraite convalescente, je rentrai à Paris, non plus chez moi, mais accueilli dans une chambre-cuisine jouxtant l'atelier de tapisserie d'une amie, rue des Blancs-Manteaux. J'avais abandonné mes aises, mon confort, emporté seulement dix livres de ma bibliothèque, trouvant du même coup une réponse à ma peur obsédante de l'embourgeoisement. Je n'étais pas nu comme un ver, je gardais une partie de mon salaire, je faisais ma frugale popote, j'étais souvent invité chez des amis. La Viaggiatora venait me voir. Cette chambre fut une oasis où je terminai ma « méditation » qui fut progressivement parasitée par le retour des sollicitations parisiennes.

Au cours de ma retraite, j'avais pensé qu'il fallait arrêter *Arguments*. Axelos fut d'accord. La revue « marchait », comme on dit – 2 000 à 3 000 abonnés, 4 000 à 8 000 lecteurs. Mais, d'une part, le groupe s'était dispersé (Duvignaud s'était fixé à Tunis, Fougeyrollas à Dakar) ; d'autre part, elle ne répondait plus au besoin vital de ses animateurs ; chacun était désormais tenu de faire sa recherche personnelle ; enfin, la crise des idées qui nous avait été favorable était passée. Le regel intellectuel s'était effectué avec rapidité au début des années 60. Le marxisme s'était reconstitué sous la forme « scientifique » la plus rigide, dotée de la souveraineté épistémologique absolue. La Grande Ineptie, formulée par Althusser, à savoir que Staline était un « économiste humaniste » et que les excès de son pouvoir étaient dus à cette déviation, fut accueillie avec une admiration respectueuse par l'intelligentsia. De son côté, Sartre faisait du FLN algérien l'avant-garde éclairée de la révolution mondiale, après avoir proclamé que le marxisme était l'horizon indépassable de notre temps. Le mythe chinois allait bientôt remplacer le mythe de l'URSS. Une nouvelle vulgate s'était reconstruite avec le marxisme dogmatique et le messianisme révolutionnariste pro-FLN, puis pro-Mao.

En même temps, le structuralisme triomphant dans les sciences humaines éliminait l'homme, le questionnement historique et la problématique du sujet. Pas d'individu, pas de sujet, pas d'histoire, pas d'homme, pas d'âme. Ces inanités étaient assenées au nom de la Science par les nouveaux Diafoirus, toute dénégation étant considérée comme débilité mentale. Comme un personnage de Labiche, je me disais parfois : « Molière, si j'avais tes pinceaux ! »

En sociologie, c'était le règne des questionnaires, des enquêtes à finalités techno-économiques (les économistes du Plan faisant appel aux sociologues pour déterminer le résidu non économique de la réalité sociale). De l'autre côté, complétant le dogmatisme althussérien, le dogmatisme bourdivin expliquait le système éducatif par la « reproduction », la réussite scolaire par l'« héritage culturel »[1] et récusait l'existence de tous « dons » individuels, ceux-ci étant une mystification idéologique destinée à justifier la réussite scolaire des « héritiers ». Sur la rumeur trompeuse que *L'Esprit du temps* avait été vendu à 50 000 exemplaires, Bourdieu se chargea au séminaire d'Althusser de mettre en pièces ce livre qui comportait deux mystifications majeures : la première est que je m'interrogeais sur le fait que Piaf ou Chaplin étaient goûtés dans diverses classes, divers âges, voire, dans le cas de Chaplin, dans toutes sociétés ; la seconde était que je dissimulais que la culture de masse fût un instrument d'aliénation au service du capitalisme pour détourner le prolétariat de sa tâche révolutionnaire. De fait, j'ouvrais la lutte sur deux fronts, l'un contre la basse crétinisation des médias et l'autre contre la haute crétinisation, celle de l'intelligentsia et de l'Université. Je ne pouvais donc, au cours de ces années 60, que susciter le rejet de l'establishment, du structuralisme, du marxisme orthodoxe…

La sociologie s'était inscrite dans l'Université de façon totalement close, fermée à l'histoire, fermée à

1. Bien que cette thèse ait été diversement démentie par les travaux de Noëlle Bisseret, Raymond Boudon, Cherkaoui et d'autres, elle a régné majestueusement pendant des dizaines d'années.

l'individu, rejetant la philosophie. Elle se croyait scientifique parce qu'elle avait pour credo le déterminisme mécanique et l'évacuation de tout ce qui n'est pas quantifiable, ignorant la révolution épistémologique qui introduisait l'aléa, le désordre et l'observateur dans les sciences physiques. Au lieu d'être une compétence multidimensionnelle complexe qui permet d'articuler les uns aux autres les divers caractères de la réalité sociale, la sociologie était devenue (et demeure) une discipline compartimentée en sous-disciplines non communicantes.

C'est dans ce nouveau désert que j'ai cheminé, notamment avec Lefort et Castoriadis. Nous aspirions à une pensée qui rende compte de l'invention, de la création et du sujet humain. Nous menions ensemble une réflexion sur les problèmes de la société, de la civilisation, de la démocratie. Nous nous efforcions de reconsidérer le problème politique (théorie et pratique). Nous maintenions ensemble le refus de tous les conformismes de gauche. À la fin de ma convalescence, je les avais rejoints au CRESP (Centre de recherches et d'études sociales et politiques) qu'ils animaient, et je poursuivis la repensée commencée à *Arguments* à travers les remises en question du CRESP. Nous cheminâmes ensemble jusqu'à mai 1968 inclus.

En sociologie, j'étais de plus en plus hérétique. Déjà, dans *L'Esprit du temps*, je m'étais efforcé à une tentative de saisie complexe, historisée, différenciée, et à une réflexion globale sur le phénomène de la « culture de masse » qu'on appellerait aujourd'hui médiatique. Le hasard intervint pour me lancer dans une sociologie « sur le vif » encore plus déviante. En 1963, à l'occasion de la « Nuit de la Nation » et sur la sollicitation du directeur de la rédaction du *Monde*, Jacques Fauvet, je commençai par pratiquer une sociologie événementielle, essayant d'extraire le suc de l'événement à partir de la surprise qu'il provoque. De plus en plus, je me rendais compte que les doctrines repoussent, refoulent, anesthésient, tuent l'événement qui les gêne. De plus en plus, je pensais qu'il était salubre d'interroger et de se laisser interroger par l'événement. De plus en plus, il m'intéressait de comprendre comment une crise, petite ou grande (de la Nuit de la Nation de 1963 à Mai 1968 et à la rumeur d'Orléans de 1969) fait surgir des sous-sols une réalité jusqu'alors invisible.

La Nuit de la Nation était tout à fait inattendue. Une fête organisée par l'émission *Salut les copains* d'Europe 1 aurait dû se dérouler dans une euphorie paisible ; elle s'était transformée en manifestation violente avec bris de vitres, voitures renversées, grilles d'arbres soulevées. C'est en réfléchissant sur ce phénomène (avec en arrière-fond mes idées sur les « secrets de l'adolescence »), en le reliant à des antécédents cinématographiques (*The Wild One, Rebels without a Cause*) et historiques (la nuit de la Saint-Sylvestre à Stockholm en 1959), que j'exprimai l'hypothèse de la formation d'une bio-classe adolescente qui trouvait son code et ses mots de passe dans le phénomène « yé-yé ». Je suivis les éruptions adolescentes, de loin celles de Berkeley en 1965, plus près avec les révoltes étudiantes du début 1968, de tout près avec le Mai 68 parisien.

Un colloque organisé en Toscane par l'association Agriturist, animé par mon ami Simone de San Clemente, me donna l'occasion de dégager les contre-courants néo-archaïques, néo-naturistes, néo-ruraux qui se faisaient jour dans notre civilisation, ce qui me prédisposa quelques années plus tard à l'écoute du message écologiste. C'est au cours de ce cheminement qu'il m'intéressa de plus en plus de suivre une déviance qui se transforme en tendance et va jouer son rôle dans la dialectique des évolutions historiques. Ce faisant, je me différenciais plus radicalement encore de la sociologie dominante de l'époque, qui est incapable de traiter directement les événements et les phénomènes concrets, mais qui est également incapable de considérer à l'état naissant les évolutions et transformations.

Je ne voulais pas me consacrer exclusivement à la sociologie sur le vif, et j'envisageais un livre, « Théorie de la nation », que je préparai en faisant un cours sur ce thème à l'université de Montréal en 1964. Mais à nouveau le hasard me relança sur le vif. Une grande enquête pluridisciplinaire décidée et financée par la DGRST[1] avait commencé au début des années 60 dans la commune de Plozévet en pays bigouden. En fait, les enquêtes disciplinaires y coexistaient, chacune compartimentée, craignant de laisser filtrer au profit des autres ses précieuses informations. J'ignorais tout cela quand je fus sollicité pour participer à ce grand projet et je pris pour thème la « modernisation », thème évidemment transdisciplinaire puisqu'il concernait tous les domaines, de l'économie à la psychologie, de la mécanisation de l'agriculture à l'introduction du confort ménager. À vrai dire, j'avais accepté le crédit de la DGRST pour en faire bénéficier un étudiant que je mettrais en place ; mais, arrivé à Plozévet, je fus fasciné par le pays et ses gens, je décidai d'y résider, de développer une enquête en faisant appel à des étudiants bretons que j'installai dans divers hameaux de la commune, et j'improvisai une stratégie de recherche qui assure le plein emploi de la subjectivité (l'intérêt, la sympathie, la passion) en même temps que le plein emploi de l'objectivité,

1. Délégation générale à la recherche scientifique et technique.

nécessitant donc à la fois l'implication de soi-même et le détachement par rapport à soi-même.

Le problème n'était pas seulement de respecter le singulier et le concret (des vies, des destins, des problèmes), il était aussi de situer ce singulier concret dans le grand courant de transformation qui, à cette époque, traversait la France et plus largement l'Europe. Il était donc de pouvoir à la fois fermer et ouvrir l'objet de la recherche : le tenir assez fermé pour sauvegarder sa singularité, mais l'ouvrir sur l'histoire passée et surtout les courants nationaux et transnationaux de la modernisation généralisée. Cette exploration concrète de la vie quotidienne de personnes d'âges, de conditions sociales, de destins très divers fut pour moi une expérience capitale.

Mon investigation ne faisait pas que traverser les disciplines, elle prenait en charge des thèmes majeurs ignorés par le découpage disciplinaire : le rôle des femmes « agents secrets de la modernité », la nouvelle mentalité adolescente et le nouveau rapport entre adolescents et adultes, l'événement du remembrement rural qui s'effectuait au moment même de mon enquête. En cours d'enquête, j'apprenais à extraire mon savoir du « terrain » en y élaborant une méthodologie qui s'y adapte sans le trahir.

Je passai donc en 1965 une année passionnée dans un penty sur terre battue, sur la falaise bordant la mer à Poulhan, port des pêcheurs de Plozévet. J'accumulai une énorme documentation faite des journaux quotidiens d'enquête de mes collaborateurs et du mien, de longs entretiens enregistrés, d'observations multiples, de notes prises dans les rapports déjà effectués par les géographes, historiens, démographes, etc. L'expérience humaine du terrain par la fréquentation, l'insertion, la vie commune (et non par questionnaires), le désir d'aller vers les êtres, de leur donner la parole me démontraient, une fois de plus, que les individus ne sont pas des crétins sociologiques, ignares et inconscients, mais qu'ils portent en eux un savoir, une expérience de vie, une réflexion : ils trimballent en même temps ignorances, superstitions, erreurs. Mais il en est de même du sociologue, qui se prétend détenteur de la vraie connaissance et qui lui-même est un crétin sociologique, mû/possédé par des forces qui le dépassent.

Jusqu'en 1965, la DGRST avait donné la consigne de ne faire aucune publication. Le Premier ministre Pompidou, étonné d'un énorme budget consacré à une petite commune et ne voyant aucun résultat, manifesta quelque impatience et l'on inversa la consigne : il fallait publier. Je me lançai donc dans la très difficile rédaction de mon livre, qui me prit deux ans et parut en 1967. Je crus que l'on m'aurait félicité. Au contraire, ma transdisciplinarité fut perçue comme indiscipline et mon hérésie sociologique comme insanité. Une machine infernale se mit en marche à la commission de la DGRST pour m'infliger un « blâme scientifique ». Il m'était reproché contradictoirement d'avoir pillé les autres rapports et d'avoir dit n'importe quoi. C'est par hasard que je fus mis au courant de la machination. Rencontré dans la rue, Raymond Aron me mit au parfum en s'étonnant de l'ire que j'avais suscitée. Fou de rage, je voulus rencontrer le nouveau président de la commission de la DGRST, Claude Gruson, à qui je demandai deux commissions d'enquête, l'une pour juger mon travail, l'autre sur l'usage des fonds dépensés pour la recherche interdisciplinaire. La plupart des enquêtes avaient consacré le plus gros de leurs crédits, fort considérables, à d'autres sujets et n'avaient réservé que de maigres moyens à leur recherche sur Plozévet. Par contre, j'avais rétribué mon équipe de jeunes chercheurs avec la totalité d'un très faible crédit, sur lequel je n'avais personnellement pas prélevé un sou. J'étais en excellente position de contre-attaque. Le président Gruson voulut me dissuader en me disant qu'il était prêt à signer une déclaration indiquant que je n'encourais aucun blâme. Cela me rendit encore plus furieux : « C'est comme si j'avais besoin d'un certificat attestant que je ne suis pas un escroc. Ce sont des félicitations que je demande. » J'avais de plus pour moi, avant de faire mouvement, la résistance de mon Bastogne : André Burguière, alors jeune historien sous la dépendance de puissants patrons, était chargé du rapport de synthèse sur Plozévet. Il avait eu le courage de faire une lettre attestant que, loin de devoir être blâmé, je devais être loué pour avoir véritablement pratiqué l'interdisciplinarité.

Nous étions au printemps 1968. Mai brisa la coalition de mes ennemis, puissants mandarins et jeunes chercheurs larbins. Je fus transporté par les folles journées et, à l'automne, j'avais oublié l'affaire Plozévet. J'en ai gardé tous les documents, y compris les accusations et mes réponses. Bien entendu, une mauvaise rumeur m'a suivi et me suit toujours dans les milieux des sciences sociales en France et à l'étranger : on murmure que j'aurais fait quelque chose de sale à Plozévet. À l'éloge de mon livre, on a pu répondre : « Oh, c'est facile, avec trois milliards ! » À la place de la médaille, il me demeura une tache sur le plastron.

L'affaire Plozévet illustre ce qu'eut de périlleux ma traversée du désert des années 60. Et pourtant ces années du désert intellectuel, sociologique, philosophique, idéologique furent pour moi des années oasis sur le plan personnel. *Je m'étais lié avec la comète d'amour qui nous entraîne dans sa chevelure… grande communicatrice qui va vers chacun, veut le connaître, l'ouvre... éveille et dévoile en chacun le meilleur...* J'ai vécu travail et fête dans des oasis d'amitié et de paix hors du monde parisien. Le Palagio, Caldine, Orbetello, trois lieux magiques où nous trouvions chaque fois aimante hospitalité. Et il y eut La Mourre, Tozeur, Hammamet, Sidi Bou Saïd, Calenzana, Argentario où, sous la houlette du mâle alpha Jean, nous formions une famille unie de couples ; et je n'oublie pas la douce période de retrouvailles à Neauphle-le-Château. Que les innommés et innommées, pour ne pas faire catalogue, sachent ma tendresse et ma nostalgie...

J'étais dévoré par le travail, dévorant la vie. Dans mon travail, je mettais mes intérêts, mes passions, ma vie. L'amour nourrissait ma vie qui nourrissait mon travail. À Sidi Bou Saïd, je me sentais tellement bien que je travaillais de nuit pendant que J. allait danser. Vers 4 heures du matin, je partais danser, ou parfois J. me trouvait au retour de la fête devant mon manuscrit. À Calenzana, ma table de travail était dans le recoin d'un grand salon, où les amis dansaient. De temps à autre, un air me soulevait, je me joignais aux danseurs, puis me remettais à ma table.

Et Mai 68 arriva dans cette vie à deux faces, l'une sombre, l'autre illuminée... Il illumina la face sombre.

Renaissance et réapprentissage

En février ou mars 1968, j'avais fait à Milan une conférence sur l'universalité des révoltes étudiantes. J'essaie alors de répondre à une question qui défie la sociologie : pourquoi les mêmes mouvements dans des pays de stade historique et de situation sociologique différents ? À la même époque, Henri Lefebvre, invité en Chine, m'avait demandé de le remplacer pour deux semaines à Nanterre. J'étais tombé dans une effervescence indescriptible autour d'un départ de cars de police, et j'avais été frappé par l'agitation d'un jeune rouquin sur les marches de la faculté des lettres. Mon cours avait été chahuté par des situationnistes qui, n'arrivant pas à m'éliminer, ont coupé l'électricité de l'amphithéâtre sans fenêtre et la sono du micro.

J'avais gardé ma caméra mentale braquée sur Nanterre quand la révolte y éclata. Puis quand elle se répandit à Paris, Bernard Paillard devint mon informateur majeur. Mêlé à tous les mouvements, il sut discerner l'action de ceux du 22-Mars, des trotskistes, des maos. J'entraînai Lefort et Castoriadis à Censier, premier bastion de la commune étudiante avant l'occupation de la Sorbonne. Alors que nul dans le mandarinat ni dans la presse n'avait d'instruments de détection au cœur du mouvement, je pouvais en discerner les phases, les courants, et je fis dans *Le Monde* du 17 au 21 mai une première série d'articles où j'essayai de comprendre le sens de ce que je nommai *La Commune étudiante.*

Je vécus la Sorbonne, aidant Lapassade à trouver un orchestre rock, tombant dans les bras de Clavel s'exclamant de sa voix caverneuse : « C'est le Moyen Âge », mais je ne fus nullement un acteur du mouvement ; j'étais le témoin plein de sympathie pour la désinhibition, l'ébullition, la fraternisation, la joie, mais intérieurement gêné des « CRS-SS » et autres inepties de « combat ». Je ne crus pas en cette « révolution », mais j'étais heureux de cette extase de l'Histoire et je crus que *c'est dans l'expérience utopique et non constructive qu'elle a construit un avenir qui concerne toute la société.*

Je devais partir à Rio pour faire un cours à l'université Candido Mendes au début de mai. Je différai mon départ. Je pris l'avion quand je crus que le mouvement se tassait. Aussitôt arrivé à Rio, je me rue à l'AFP où je lis que tout s'enflamme à nouveau. Je supplie Candido-Mendes de me laisser repartir, et je reviens à Paris pour un week-end, en passant par Bruxelles, Air France étant en grève, puis en prenant un car pour Paris. Je repartis pour Rio, mais j'appris là-bas les événements de Flins et je fis la semaine suivante un nouvel aller-retour Rio-Paris, par les mêmes moyens et de la même façon. Entre-temps, je ne sais comment, je pus faire ma seconde série d'articles, *Une révolution sans visage*, fin mai-début juin. À São Paulo, à Bahia, à Fortaleza, j'étais reçu aux aéroports par deux délégations, celle des enseignants et celle des étudiants en grève. À São Paulo, où l'université me fut fermée, des étudiants m'entraînèrent dans une sorte de zone herbeuse où je vis accumulés bout à bout des objets et détritus hétéroclites. « Qu'est-ce que c'est ? – C'est notre barricade », me dirent-ils avec fierté.

Fidèle à ma méthode, je revisitai Mai 68 d'abord à l'automne de la même année, puis en 1978 et 1988, avec l'expérience rétroactive des décennies consécutives, et modifiai chaque fois mon diagnostic sur le sens des événements, comme en témoigne l'édition de *La Brèche* parue aux éditions Complexe en 1988.

Les années 1969-1975 furent ambiguës. D'un côté, il y eut une nouvelle relance marxiste sous l'influence des dogmatismes trotskistes et maoïstes, et il y eut une virulente flambée de foi révolutionnaire pour la Chine, le Vietnam, Cuba, qui avaient pris à l'URSS la place de la Jérusalem terrestre. Mais, d'un autre côté, l'espoir d'un « socialisme à visage humain », puis la répression du printemps de Prague favorisaient un timide processus de légitimation de la gauche antitotalitaire, toujours rejetée dans les poubelles réactionnaires de l'« anticommunisme viscéral» par l'intelligentsia de gauche (le même crétinisme perdura chez des éléphants socialistes jusqu'à la perestroïka). Il y eut encore bien des aveuglements comme lorsque le Parti communiste portugais tenta de confisquer la révolution des œillets au Portugal. Je montai alors en première ligne dans *Le Nouvel Observateur* quand la démocratie populaire en gestation voulut interdire le journal *Reppublica*, et j'attaquai de front la thèse défendue, y compris par Jacques Fauvet dans *Le Monde*, que la liberté de la presse était secondaire là où il fallait nourrir le peuple. Mais bientôt la percée du message de Soljenitsyne et des dissidents soviétiques dessilla bien des yeux.

Mai 68 avait déclenché ma remontée sociologique. Ce n'est pas que mon niveau se fût élevé. C'est que celui de la sociologie ordinaire avait baissé, et comme il arrive après une baisse du niveau de la mer, ce qui avait été recouvert par les eaux apparaît en surplomb. D'autre part, une fois encore, une période de crise intellectuelle favorisait l'attention accordée à mes analyses et thèses. Je devins donc un «sociologue réputé», mais c'est à ce moment de consécration que je me retirai de la sociologie. Après mon séjour en Californie, je m'orientai vers la «réforme de pensée» et je confiai à Bernard Paillard, mon collaborateur fidèle depuis Plozévet, le grand projet d'études sur la construction de Fos-sur-Mer.

L'aventure de la méthode

C'est qu'un processus de «réforme génétique» de mon système mental avait commencé avant Mai 68 pour se poursuivre après l'entracte de mai en 1969-

1970, et il devait me conduire à la mise en chantier, puis à la rédaction, à partir de 1973, de *La Méthode.* Au départ, il y eut le « groupe des dix », formé par le docteur Jacques Robin au début 1968, où les échanges et discussions me révélèrent le visage fécond, pour moi ignoré, de la cybernétique. Invité à l'Institut Salk de recherches biologiques de La Jolla en 1969-1970, je redevins étudiant et j'entrai simultanément dans la « révolution biologique », dans les différents courants de la *general system theory,* dans la pensée de Gregory Bateson, dans la problématique écologique. Je me branchai intellectuellement sur tous les renouvellements de connaissance qui s'offraient à moi et je me branchai affectivement sur la révolution culturelle de la jeunesse californienne. La Jolla fut plus qu'une oasis dans ma vie, ce fut un bain de jouvence quotidien, un lieu de bonheur, de réconciliation avec moi-même, d'apprentissage et d'études intensives, de participation euphorique à la culture hippie en l'ultime année de son épanouissement.

Le retour *via* Tokyo, Kyoto, Phnom Penh, Angkor, Colombo, Kandy, me fit sentir comme jamais que *chaque culture du monde, chaque ethnie, avait quelque chose de spécifiquement aimable*[1]. Je commençai à devenir amoureux de chaque peuple, au point de crier soudain à Kandy : « Je suis amoureux du monde. » Sur la lancée de La Jolla, je découvre, de retour en France, grâce à Henri Atlan, la théorie des automata auto-reproducteurs de von Neumann, le principe *order from noise* de von Foerster, les premiers concepts

1. Peu après, chez les êtres les plus aimables, les plus doux, les plus avenants que j'avais jamais rencontrés, les Cambodgiens, commençait une guerre qui allait finalement transformer une partie d'entre eux en déments d'une férocité inouïe. Aussi dois-je complexifier mon propos et dire que toute ethnie a quelque chose de spécifiquement aimable et de potentiellement horrible.

de l'auto-organisation. Je lis Serres, Prigogine, Thom qui à l'époque étaient marginaux ou inconnus hors de leur stricte discipline. Le mot méthode s'est imposé alors à moi sans que je comprisse pourquoi et sans que je susse encore ce que j'allais faire.

À Paris, j'entreprends avec le concours de John Hunt, le soutien de Jacques Monod, puis de François Jacob, et la bénédiction de biologistes américains importants, de constituer un Centre international d'études bio-anthropologiques et d'anthropologie fondamentale. Le centre accueilli à l'abbaye de Royaumont grâce à Philippe Daudy devient le Centre Royaumont pour les sciences de l'homme, et Massimo Piattelli, biologiste moléculaire de formation, est introduit auprès de moi par Jacques Monod. Nous organisons divers colloques internationaux, puis nous préparons un très grand colloque bio-anthropologique intitulé *L'unité de l'homme.* Ma communication de soixante-dix pages se développe ensuite en un livre, *Le Paradigme perdu,* qui est comme le rameau anthropologique prématuré de *La Méthode,* à moins que c'en soit le prélude qui en annonce les thèmes. J'écris le livre dans les conditions écologiques, naturelles et humaines les plus bénéfiques, dans les lieux bénis que j'ai déjà nommés et aussi à l'île d'Itamaracá, au Trastevere, au couvent d'Alziprato...

Une faille s'était introduite dans le Centre Royaumont. Monod n'avait pas apprécié les communications au colloque de von Foerster, Atlan, Buckley que j'avais tenu à y inviter. À ses yeux, ils n'étaient pas des scientifiques « sérieux ». D'autre part, il envisageait des programmes de recherche qui, pour bénéficier des crédits de fondations, relevaient plus de la « science normale » que de la « science innovante ». Le Centre avait épuisé pour moi ses vertus nutritives, et la direction en revint à Piattelli. De toute façon, il fallait que je me retire en moi-même, que je brise les ponts avec le monde pour me mettre à la rédaction de *La Méthode*.

Je profite d'un trimestre à la New York University pour rédiger l'Introduction générale. Je le fais dans des conditions heureuses, dans un superbe appartement au vingt-sixième étage d'une tour de Bleecker Street. J'ai vue sur le sud de Manhattan, tous les matins le soleil qui se lève sur Brooklyn m'inonde de sa lumière et me catapulte hors du lit. Je me lie avec Tom et Helen Bishop, je retrouve mes amis Dionys et Marguerite, je suis chaste comme les guerriers qui se préparent à la bataille, Johanne me rejoint, Alanys vient nous visiter, le travail acharné alterne avec les fêtes. État de grâce, euphorie. Ma radio donne très fréquemment *Angie*, interprétée par les Rolling Stones, et, chaque fois, elle m'enlève de mon siège et je danse. Je rentre à Paris fin décembre 1973 avec le premier jet de mon introduction.

À Paris, mon temps est haché, heurté, je n'arrive pas à embrayer, je me sens impuissant, je me démoralise en dépit d'une plongée dans la révolution des œillets portugaise. La date approche du colloque international sur la « crise du développement » que j'organise avec Candido-Mendes, pour juin 1974, et qui doit se tenir au Palagio, chez mon ami Simone. La proximité du colloque contribuait à me démoraliser puisque cela me détournerait un peu plus de la rédaction de *La Méthode*. À la gare de Florence m'attendait celle qui devait devenir Providence en se donnant pour mission de me sauver. Elle m'a régénéré, guéri, délivré. Elle m'a fait sortir du *double bind* : nécessité de quitter Paris, impossibilité de quitter Paris. Elle m'a trouvé la retraite pour mon livre. Nous

nous sommes séparés après une complète combustion qui ne laisse ni cendres ni résidus.

Quelques jours avant de quitter Paris, j'ai rencontré une seconde Providence. Elle m'a accompagné dans ma Volkswagen bourrée de livres et documents. Elle est revenue périodiquement nourrir le feu sans lequel le haut fourneau se serait éteint. Au Castiglioncello de Bolgheri, château à demi ruiné au sommet d'une colline boisée, dans un petit appartement, mon hôte, le marquis Incisa, m'avait fait monter des tréteaux pour y disposer ma table, afin que je contemple à mes pieds les cinq mers et l'île d'Elbe. J'étais en compagnie d'un couple de gardiens, dont la femme, la signora Pagni, me faisait les nourritures que j'aime le plus au monde, et le marquis Incisa me donnait des bouteilles de son vin Sissacaia, dont le cépage cabernet avait été sélectionné dans le Pauillac. J'étais sans téléphone, sans télévision ni radio. Je travaillais continûment, m'arrêtant pour une promenade sur les crêtes où subsistaient les ruines d'un village abandonné ; des collines de maquis d'une sauvagerie absolue ondulaient en profondeur vers l'intérieur du pays ; au-dessus de moi je contemplais un ciel gigantesque et, en plongée, la mer. J'avais pour base de week-end une petite maison sur le littoral que mon ami Lodovico Antinori avait mise à ma disposition et qui avait le téléphone. Je passais samedi et dimanche chez les amis gentlemen farmers du voisinage, puis, le lundi matin, je traversais avec ma Volkswagen la via Aurelia, remontais la pente douce des vergers et oliveraies, tournais la serrure du cadenas de la barrière fermant la route privée de Castiglioncello, gravissais les cinq kilomètres boisés jusqu'au château et, avec une énorme clef, en ouvrais le portail, puis reprenais le travail. J'aurais pu, dû, rester indéfiniment à Castiglioncello... Après avoir rédigé un premier jet d'ensemble, je me suis cru contraint de rentrer, puis ai été accueilli à Carniol en Haute-Provence chez les Gregory, à Saint-Antonin au pied de la montagne Sainte-Victoire chez les Nugue, où j'ai achevé le premier tome fin 1976. Puis j'ai passé deux années à Ménerbes, suis retourné à Caldine où j'ai terminé le second tome à l'été 1979.

Lieux privilégiés, merveilleuses oasis, bonheur, loin de Paris, du féroce milieu intellectuel. Salubre rupture avec le « monde » pour mieux comprendre le monde. La solitude, la Méditerranée, la paix, le travail effréné, qui n'est pas seulement rédaction mais auto-production des idées et auto-transformation de chaque volume de version en version. Le long travail dans le temps et qui bénéficie de cette durée lente pour pouvoir se métamorphoser. Les changements dans la constellation conceptuelle, surgissement d'idées s'installant à la périphérie de l'œuvre en cours, puis passant de la périphérie au centre et obligeant d'autres idées à migrer du centre à la périphérie.

Mais, dans cette période si bonne, il y a eu dérive mutuelle entre J. et moi. Elle n'était pas préparée à une aussi longue et continue vie de travail. Nos temps ne pouvaient plus communiquer...

Le premier tome paraît en 1977. Par une coïncidence qui me fut bénéfique, c'est une année de crise intellectuelle, d'incertitude et de réinterrogation. Avec l'affaire Lin Piao et celle de la Bande des quatre, le mythe maoïste sombre dans le grotesque. Avec les *boat people* qui fuient Saigon et avec la conquête du Cambodge, le Viet-minh libérateur devient le Viet-minh oppresseur. Avec l'auto-génocide cambodgien, le communisme de Pol Pot se noie dans le sang. Le paradis tropical de Cuba devient un enfer de poche. C'est du coup l'écroulement de la grande religion de salut terrestre qui avait soulevé le XXe siècle, et qui entraîne le collapsus du marxisme. En même temps, se continue la lente érosion du structuralisme, du lacanisme, et s'effectue le réveil des grands problèmes qu'ils avaient cru résoudre à jamais, dont celui de la connaissance.

Aussi la crise des idées a-t-elle été favorable à l'écoute de *La Nature de la Nature* qui sinon aurait sombré dans l'indifférence générale. Mais les temps de crise durent peu. La réforme de pensée nécessite une remise en question radicale qui décourage. Tout retombe alors dans les anciennes ornières. Le mythe débile de l'Union de la gauche isole à nouveau, du moins pour quelque temps, les interprètes de la gauche non conformiste. Je recommence une traversée du désert de 1980 à 1989. *La Nature de la Nature* avait bénéficié de la crise de tous les dogmes de la physique classique. Bien que sa théorie s'appuie sur toutes les données mises au jour par la « révolution biologique », *La Vie de la Vie* se heurte aux nouveaux dogmes du réductionnisme moléculaire. Plutôt que de bénéficier de l'essor des sciences cognitives, *La Connaissance de la Connaissance* subit la répugnance des cognitivistes et ne reçoit aucune critique de presse. Je suis redevenu une chose qui n'a pas de nom : ni philosophe, ni sociologue, ni scientifique, ni écrivain... Je n'entre dans aucune rubrique, aucun compartiment. Je subis la haine renouvelée des parcellaires et des disciplinaires. Certes mes idées se disséminent, mais je n'en vois pas les germinations. Je n'en prendrais connaissance que bien plus tard, et avec étonnement.

Ma vie personnelle avait recommencé en 1980. À Caldine, m'avait rejoint celle dont le visage m'avait fasciné en 1961 à Santiago du Chili, et un appel destinal se réalise après une vingtaine d'années. Puis une nouvelle patrie d'amitié s'est constituée avec, au noyau, Mauro Ceruti, Gianluca Bocchi, Sergio Manghi, Oscar Nikolaus. Et voici 1989. À la traversée du désert succèdent des années ardentes. L'effondrement de la Soviétie désintègre les ultimes illusions et mensonges. Je fais dans *Le Monde* des articles qui sont comme des illustrations, sur le vif de l'histoire en marche, de la méthode complexe. En 1992, ce sont les grandes espérances de 1789 qui elles-mêmes s'effondrent. Nous entrons dans une ère incertaine de décompositions évidentes et peut-être de recompositions occultes. Le destin du monde zigzague, oscille, nous n'en sommes pas encore aux grandes bifurcations. Au moment où la planète se disloque, *Terre-Patrie*[1] paraît pour affirmer la nécessité d'une conscience planétaire. Les ethnies, les nations, les religions se renferment et, à ces clôtures, s'ajoutent celles de la pensée compartimentée : partout l'hyper-spécialisation des technosciences rend incapable de contextualiser et globaliser. Ainsi les progrès de la connaissance techno-scientifique s'accompagnent-ils d'une cécité croissante.

Une nouvelle aventure commence, dans nuit et brouillard. Au moment où j'écris, je n'ai pas trouvé la paix de l'âme, je ne vis pas dans la retraite tranquille à laquelle j'aspire, j'ai des difficultés, je vis dans une incertitude accrue. Et je me sens lié au destin historique qui hésite. Je suis toujours prêt à continuer, c'est-à-dire encore résister.

CAMINANTE

Je n'ai cessé d'être cheminant. Ma vie a été et continue d'être une vie mouvante, errante, en méandres, poussée par mes aspirations multiples et antagonistes.

---

1. Cf. *Terre-Patrie* (en collaboration avec Anne-Brigitte Kern), *op. cit.*

J'ai obéi avec continuité à mes démons, mais événements et hasards ont apporté des discontinuités, me transportant où je ne savais devoir aller, mais où je retrouvais mes démons. J'ai continué à aller d'un milieu à l'autre, à circuler dans la société, dans les sociétés, je me suis refusé à me laisser enfermer dans la caste (surtout intellectuelle). J'ai été fidèle à la « conception synthétique de la vie ».

J'avais cru que mes « traversées de désert » alternaient avec des oasis, en fait les oasis de l'âme et du cœur m'accompagnaient dans les traversées de désert. J'ai subi l'alternance traversées de désert/oasis comme un destin imposé de l'extérieur par les conditions historiques dans lesquelles je me suis trouvé. Par contre, c'est de façon très intérieure, très personnelle que j'ai été animé par les deux démons contraires de la dispersion et de la reconcentration. Je me suis à plusieurs reprises dispersé jusqu'à l'éparpillement, mais j'ai pu, dans mes périodes de reconcentration, rassembler ou utiliser les matériaux acquis dans la dispersion. Je n'ai fait que des recommencements et la plupart ont été décennaux : 1931, 1941, 1950-1951, 1962, 1968-1970, 1980... Et ces cycles de traversées de désert/oasis, de dispersion/reconcentration, de recommencement, ont constitué mon cheminement lui-même.

C'est le chemin, non que je m'étais tracé, mais qu'a tracé mon cheminement : *Caminante no hay camino, se hace camino al andar.*

6

Les réorganisations génétiques

Mon cheminement a été marqué par des réorganisations successives de ma façon de penser, à l'image de ces réorganisations génétiques qui, avec l'introduction d'un élément nouveau, modifient la place et le rôle des constituants d'un organisme vivant et, par là, transforment l'organisme lui-même en le faisant évoluer. Ici, il s'agit de l'organisation « paradigmatique[1] » constituée par mes concepts fondamentaux, mes catégories maîtresses et les relations logiques entre ces concepts et ces catégories.

Au départ, il y a le double foyer incandescent en *yin/yang* qui, dans et par le deuil, s'est maintenu au centre actif de tout ce que j'allais croire et penser : doute/foi, désespoir/espoir... C'est lui qui suscitera

1. J'ai défini la notion de « paradigme » de façon à la fois sémantique, logique et idéologique : un paradigme est constitué par des concepts fondamentaux et des catégories maîtresses de l'intelligibilité, en même temps que par les relations logiques (conjonction, disjonction, implication ou autres) entre ces concepts ou catégories. Ainsi les paradigmes organisent et contrôlent de façon occulte toutes les observations, tous les énoncés, toutes les théories qui obéissent à leur empire (*Les Idées*, *op. cit.*, p. 213). Dans le même livre, le chapitre intitulé « L'arrière-pensée (paradigmatologie) » (p. 211-238) éclaire l'importance fondamentale de l'organisation paradigmatologique pour toute connaissance.

et stimulera une dialogique permanente, d'abord marquée par le passage d'un terme de l'alternative à l'autre, puis assumant les deux termes à la fois.

Une première conception du monde

Les idées de mon adolescence, comme je l'ai dit, sont dialogiquement polarisées : vérités du cœur/vérités de la raison, et mes curiosités multiples me font aller vers de multiples branches du savoir. Mais il faut attendre les années 1941-1943, et la tragédie de la guerre, pour que se constitue en mon esprit un noyau organisateur autour duquel pourront s'articuler un certain nombre d'idées récoltées dans mes lectures et dans les cours des historiens Lefebvre et Aymard (la nécessité de s'auto-historiser, l'idée que les actions n'obéissent pas aux intentions de leurs auteurs). C'est la lecture de Hegel, vitalisée et marxisée par mes innombrables conversations avec Georges Szekeres[1], qui m'a fourni un noyau d'idées fondamentales associées les unes aux autres.

1. *L'intégration des vérités isolées*

Dans Hegel, je me suis senti encouragé et légitimé dans mon aspiration adolescente à assembler, relier les différents champs du savoir et de la connaissance, sauver les vérités isolées de l'erreur qui réside dans

1. Cet ami philosophe hongrois, qui avait subi l'influence de Lukács, m'avait, en 1942-1943, dirigé sur Hegel, que j'ai lu, pour *La Logique,* dans la traduction ancienne de Vera dont on disposait à l'époque, pour *La Phénoménologie de l'esprit,* dans la toute récente traduction d'Hippolyte, et avec l'aide des *Morceaux choisis* de Lefebvre et Guterman qui avaient paru peu avant la guerre.

leur isolement même, en les articulant à d'autres vérités même antagonistes.

Je me suis reconnu dans l'aspiration à la totalité qui n'est pas la quête d'un impossible savoir total et absolu (de toute façon, la totalité se défait et se refait dialectiquement dans le devenir), mais l'injonction à relier les vérités éparses et les vérités antagonistes. Hegel dans ce sens m'a montré la limite et l'insuffisance des connaissances disjointes qui ne peuvent se référer à l'ensemble dont elles font partie. Il a encouragé mon aspiration *encyclopédante*[1], cet effort pour tenter de faire communiquer, et si possible articuler, ce qui est disjoint.

2. *L'intégration des contradictions*

Je découvre dans Hegel la pensée qui accepte et assume la contradiction, qui se développe dans l'antagonisme permanent des idées, et qui retrouve toujours un nouvel antagonisme quand elle a surmonté l'antagonisme qu'elle subissait. J'étais enchanté de découvrir qu'au-dessus de la raison limitée de l'entendement (*Verstandt*), il y avait une raison dialectique supérieure qui se nourrissait de la contradiction au lieu de la rejeter (*Vernunft*).

3. *L'intégration du doute*

Dans le mouvement même de la dialectique, le doute devenait le « négatif », c'est-à-dire l'énergie même de l'esprit ; cette énergie comportait en elle-même la possibilité de nier la négation, et par là de

1. *Le terme encyclopédie ne doit pas être pris dans le sens accumulatif et alphabébête où il s'est dégradé, il doit être pris dans son sens originaire* agkuklios paidea, *apprentissage mettant en cycle le savoir... apprenant à articuler les points de vue disjoints du savoir en un cycle actif* (*La Méthode*, tome 1, *La Nature de la Nature*, Paris, Seuil, 1977, et « Points Essais », 1981, p. 19).

dépasser le scepticisme sans jamais éliminer le travail du négatif.

Ainsi je pouvais assumer à la fois doute et conviction, assumer mes contradictions comme vérités et forces positives. Doute et contradiction devenaient non plus stérilisants, décourageants, mais féconds et toniques. Plus profondément, je pouvais ainsi intégrer dans la dialectique ma dialogique spontanée, c'est-à-dire le double foyer en *yin/yang* qui animait mon esprit.

Alors que beaucoup ne voyaient (ne voient encore) dans Hegel que le système abstrait ou la dialectique intempérante, je voyais le combat/copulation entre l'abstrait et le concret, le combat/copulation entre l'idée et le réel. Bien que le système philosophique de Hegel soit devenu, dans son achèvement même, la cible des critiques pertinentes de l'« existentialiste » Kierkegaard, j'ai toujours été sensible au mouvement même de la pensée hégélienne qui est un corps à corps ininterrompu avec ce qui, dans l'existence, échappe à la rationalité. Du reste, via Marx, la pensée hégélienne « remise sur ses pieds » débouchait sur la « praxis révolutionnaire », c'est-à-dire l'action concrète dans le réel. On échappait au monde de la spéculation « idéaliste » pour entrer dans la lutte de vie et de mort qui, pour nous, à cette époque, était dotée de la plus intense charge existentielle.

Enfin, l'idée hégélienne de « ruse de la raison » (qui montrait que celui qui croit n'agir qu'en fonction de ses intérêts égoïstes agit en fait pour une œuvre historique dont il est inconscient), jointe à l'idée que des processus atroces peuvent aboutir à des résultats heureux (comme la conquête romaine avait abouti à la paix d'un empire donnant droit de cité à tous ses ressortissants), permettait de justifier comme seule praxis révolutionnaire authentique celle qui s'inscrivait dans le communisme mondial incarné et guidé par l'Union soviétique. Ainsi je rejetais non pas les critiques trotskistes au stalinisme, mais leur méconnaissance des ruses de la raison. Cet hégélianisme devenu le soubassement de mon marxisme me permit donc de cristalliser mon adhésion au communisme stalinien désormais conçu comme stade certes barbare, mais inévitable et nécessaire pour sauver l'humanité de la barbarie.

Le centre de gravité de mon marxisme n'était pas économique. J'avais certes étudié la science économique parce que j'avais cru qu'elle constituait la clé d'intelligibilité du devenir historique. Mais la lecture du *Manuscrit économico-philosophique* de Marx avait déplacé le foyer de mon intérêt sur l'anthropologie. Certes, je croyais que le développement des forces productives et la lutte des classes étaient les moteurs de l'Histoire, mais ce n'était pas la révélation du *Capital* qui était au noyau de mon adhésion : c'était celle de l'« homme générique ».

Le *Manuscrit économico-philosophique* déclarait que science de l'homme et science de la nature devaient s'embrasser l'une l'autre, aucune ne devant engloutir l'autre, mais l'une et l'autre devant tisser une relation dialectique indissoluble. C'est là où s'est sourcée mon anthropo-sociologie depuis *L'Homme et la Mort* jusqu'au *Paradigme perdu* avec ma conception de l'unidualité humaine (naturelle et culturelle). De Marx, je retenais aussi l'idée que les disciplines (économie, psychologie, sociologie, histoire) n'étaient que des catégories d'utilité limitée, et qu'il fallait saisir les problèmes anthropo-sociaux dans leur multidimensionnalité. Mais, surtout, j'avais été saisi par l'énergie inouïe avec laquelle Marx avait uni dans une même conception théorie et praxis. Ce qui me retenait et me bouleversait, c'était qu'il avait réussi à arrimer à la vision dialectique de l'histoire humaine, pourtant inachevable dans son principe, l'idée qu'un saut révolutionnaire radical pourrait provoquer l'abolition de l'exploitation de l'homme par l'homme. Ainsi, mon hégéliano-marxisme, surdéterminé par ma tendance messianique propre, me faisait embrasser la religion du « salut » terrestre, sans prendre conscience de son caractère religieux. Certes, même au moment le plus intense de ma foi (c'est-à-dire au cœur des massacres de la guerre et dans la tout immédiate Libération), je sus qu'il n'y aurait jamais sur terre de « paradis » socialiste, et que les malheurs des humains ne seraient pas effacés à jamais. Mais j'ai cru au progrès indéfini de l'humanité, et même, ce dont témoigne le dernier chapitre[1] de la première édition de mon livre *L'Homme et la Mort*, que l'être humain pourrait, grâce aux progrès de la science, accéder à l'« amortalité ».

Ainsi donc l'intégration de ma dialogique spontanée dans la dialectique hégélienne, l'intégration de l'anthropologie de Marx dans ma conception de l'humanité constituèrent le noyau paradigmatique qui produisait et contrôlait toutes mes pensées.

Au sein de cette conception, je pouvais facilement intégrer l'évangélisme qui m'était venu de Tolstoï et Dostoïevski, et cela d'autant plus que la grande religion du salut terrestre prolongeait sur le mode laïque la religion de salut céleste. Je trouve, dans mon journal de l'époque, ces lignes qui doivent dater de 1942 ou 1943 : *Marxistement, l'effort de toute vie humaine est d'atteindre l'essentiel. L'essentiel, ce n'est plus l'absolu de l'idée hégélienne, mais les rapports d'amour entre les humains. Le libre amour est cet essentiel de la vie. Et aussi*

1. Chapitre non supprimé mais « dépassé » dans les éditions suivantes.

la libre connaissance. Se débarrasser de l'inessentiel, tel est l'essentiel pour l'homme...

SECONDE RÉORGANISATION GÉNÉTIQUE

À partir de 1947, le système intégré de ma conception hégéliano-marxiste s'est désarticulé sous l'effet de mon incapacité de réduire en « ruses de la raison » le crétinisme jdanovien, les mensonges déchaînés, les procès en sorcellerie, et, au terme d'un « combat spirituel », ma révolte morale a opéré la rupture décisive.

La découverte de Georges Bataille et du surréalisme, la prise en compte de la philosophie existentielle, sous l'effet d'une révolte elle-même existentielle, puis la découverte simultanée d'Adorno et du récent Heidegger vont m'apporter des éléments qui entreront dans la réorganisation génétique des années d'*Arguments*. Mais après le rapport Khrouchtchev et la révolution hongroise, c'est surtout la souillure définitive du communisme stalinien et, corrélativement, la remise en question du marxisme qui vont déclencher une réorganisation génétique décisive.

1. *La totalité disloquée, fragmentaire et inachevée*

Le système totalisant qui intégrait réciproquement la connaissance et l'action, l'éthique et le politique, s'est disloqué. L'éthique surgit dans son autonomie et son irréductibilité et devient désormais problématisante et problématique.

L'idée de totalité a dû intégrer en elle son contraire qui la désintègre. C'est l'apport décisif d'Adorno : « La totalité est la non-vérité. » Adorno voulait dire que l'impossibilité d'appréhender la totalité faisait que la prétention à la totalité était non-vérité. Je n'abandonnais pas mon aspiration à un savoir global, mais j'y liais dialogiquement la conscience du caractère fragmentaire et inachevé de toute connaissance humaine.

Et ce que je maintenais était la nécessité d'une connaissance, non plus totale, mais multidimensionnelle, comme nécessaire antidote à la pensée unidimensionnelle.

2. *L'indépassabilité des contradictions*

La critique de la dialectique intempérante qui « dépassait » toujours les contradictions dans des « synthèses » me conduisait à reconnaître le caractère irréductible des contradictions fondamentales que rencontre notre connaissance des mondes physique, biologique et humain. Ainsi la rationalité doit comporter non l'élimination ou le « dépassement » des contradictions, mais la reconnaissance de leur irréductibilité. Dès lors, sans que je puisse encore la nommer, la dialogique (entre instances à la fois antagonistes et complémentaires) commençait à prendre la place de la dialectique.

3. *La réactivation du doute dans la pensée interrogative*

Le doute avait commencé son travail de sape durant mes années de contestation au sein du communisme. Il avait fait éclater le système intégré. Désormais, il s'attaquait aux fondements du système, et devenait la partie « négative » nécessaire de la réorganisation génétique. Rédigée en 1957, mon *Autocritique* opéra ce travail de décomposition/recomposition. Elle s'accompagnait d'un très vaste programme critique qui était celui d'*Arguments*: la réinterrogation buissonnante et généralisée. Et, reprenant la formule d'Axelos, j'ai prôné la « pensée interrogative ».

4. *L'abandon des ruses de la raison et la consolidation d'une éthique de résistance*

Voilà ce que je dis à la fin d'*Autocritique*: *L'histoire mondiale est le tribunal suprême, disait Hegel; mais c'est un tribunal qui a toutes les faiblesses et les duretés d'un tribunal humain. L'Histoire a toujours le visage du juge Cauchon. Parfois un bon Cauchon réhabilite les victimes du mauvais Cauchon. Mais ce n'est pas, disons pas seulement, Jeanne d'Arc qui a eu raison. C'est le plus fort des Cauchon. Aussi je dois, malgré ma pente, récuser les arrêts du pouvoir, de la force, de la réussite.*

J'ai adopté, je crois, irrévocablement une éthique de résistance contre le fait accompli et plus largement contre les barbaries de notre temps. Mais, comme je l'ai indiqué, mon éthique affronte ses difficultés et contradictions ainsi que le problème des compromis vitaux.

5. *La complexification de l'anthropologie*

Avec *L'Homme et la Mort*, puis *Le Cinéma ou l'Homme imaginaire*, le mythe et l'imaginaire ont pris une place radicale dans mon anthropologie : ce ne sont pas des superstructures, des vapeurs ; la réalité humaine est en elle-même semi-imaginaire. Et je reconnais la place du mythe et de l'imaginaire dans notre société avec *Les Stars* et *L'Esprit du temps*.

Désormais l'homme ne se définit pas seulement ni principalement par la technique et par la raison. Il se définit aussi par l'imaginaire et l'affectivité. J'intègre également au cœur de l'anthropologie la fête de Caillois et la consumation de Bataille, la poésie vécue des surréalistes. L'être humain habite la terre non seulement prosaïquement, mais, comme dit Hölderlin, poétiquement. Au cours de la rédaction du *Vif du sujet* en 1963, j'ai l'occasion de développer ma conception anthropologique de la multi-personnalité et de l'hystérie proprement humaines. En même temps, la conception de Bolk sur l'inachèvement de l'homme vient corriger l'« homme générique » de Marx. Une anthropologie complexe est en formation que je pourrais vraiment développer plus tard, avec encore de nouveaux éléments, dans *Le Paradigme perdu*.

6. *La pensée planétaire*

J'ai pris en charge l'idée heideggérienne de pensée planétaire, introduite à *Arguments* par Axelos. Je considère les temps modernes sous l'angle de la naissance et du développement de l'ère planétaire. De plus en plus, j'introduis tout problème contemporain dans le contexte de l'ère planétaire. Je maintiendrai et développerai avec continuité jusqu'à aujourd'hui inclus l'idée que nous sommes toujours dans l'âge de fer planétaire et dans la préhistoire de l'esprit humain.

7. *La première émergence d'un diagnostic de civilisation*

Le mal de notre société n'est plus seulement dans le capitalisme et l'impérialisme ; mon texte d'*Arguments* sur les insuffisances du bien-être annonce des diagnostics ultérieurs sur les sous-développements de notre civilisation développée.

8. *La provincialisation de Marx*

Du marxisme ouvert et sans frontières je suis passé au méta-marxisme. Marx n'est nullement vomi, en dépit de ses carences anthropologiques, de ses aveuglements théoriques, de son inanité épistémologique. Il n'est plus qu'une étoile dans une constellation en gestation qui prendra forme vingt ans plus tard. Le marxisme est rejeté en tant que doctrine : au cours de ce siècle, il a obscurci plus qu'éclairé ; il est devenu, selon la parole de Karl Korsch, une « utopie réactionnaire[1] ».

9. *L'autonomie et la repensée politique*

Je suis devenu définitivement autonome en politique. Je me sens plus efficace en exprimant mes idées sous ma signature que sous le label d'un parti. Mon opposition au communisme stalinistique et à la Soviétie est devenue irréductible. Je me pose le problème politique du « que faire ? » dans des articles d'*Arguments*. J'élabore au cours de ma « méditation » de 1963-1964 ma conception de l'anthropo-politique qui paraîtra isolément (en 1965, puis 1970) sous le nom d'*Introduction à une politique de l'homme*.

En conclusion, je vais vers la pensée complexe, mais le mot n'émerge pas, je n'en suis pas conscient, je m'en tiens à des problèmes pré-paradigmatiques ou pré-épistémologiques.

TROISIÈME RÉORGANISATION GÉNÉTIQUE

Les expériences concrètes (1963-1969), le bain dans le présent (de *L'Esprit du temps* à *La Rumeur d'Orléans*), bref, la période de sociologie du présent, que j'ai évoquée dans le chapitre précédent, me font affronter l'événement, l'inattendu, le nouveau, le concret (Plozévet), les transformations sociales et culturelles (la « modernisation » de la France, la formation d'une classe adolescente, le développement de contre-courants néo-ruraux, néo-archaïques,

1. « Toutes les tentatives de rétablir la doctrine marxiste comme un tout et dans sa fonction originelle de théorie de la révolution sociale sont aujourd'hui des utopies réactionnaires » (« Dix thèses sur le marxisme », 1950, publiées in *Arguments*, n°16, p. 26-28).

néo-naturistes) ; je suis amené à mettre en œuvre des stratégies de recherche aptes à répondre aux défis de la complexité affrontée. Cette immersion dans le contemporain me prépare, sans que je le sache, au mouvement en sens inverse, vers la réforme paradigmatique, qui constitue ma troisième réorganisation génétique.

Cette grande réorganisation s'opère en trois étapes, une étape préliminaire ou d'initiation de 1968 à 1972 (marquée par ma participation au « groupe des dix », mon séjour à l'Institut Salk de San Diego, la création du Centre Royaumont pour une science de l'homme) ; une étape génésique où s'opère ma « réforme paradigmatique » de 1973 à 1982 ; et une étape productive de 1982 à 1994, qui sera entrecoupée par un certain nombre de développements (la rédaction de *Science avec Conscience*, de *Sociologie*, de *Pour sortir du XXe siècle*, de *Penser l'Europe* et enfin de *Terre-Patrie*).

Il m'a fallu attendre les années 1968-1970, c'est-à-dire mes cinquante ans, pour que je recommence un apprentissage où des idées et théories, alors inconnues de moi, venues d'horizons très différents, me marquent de façon décisive. Ce fut une extraordinaire confluence d'apports qui ont interagi les uns sur les autres. Il y eut : l'initiation à la révolution biologique par la fréquentation du « groupe des dix », la lecture du manuscrit du *Hasard et la Nécessité* de Jacques Monod, le séjour à l'Institut Salk ; l'initiation de façon simultanée aux « trois théories » : la théorie de l'information (Weaver, Brillouin), la cybernétique (de Wiener, Ashby à Bateson), la théorie des systèmes (de von Bertalanffy aux *Yearbooks* de la General Systems Theory) ; la problématique physique du désordre (de la thermodynamique de Boltzmann à Prigogine) ; l'au delà des trois théories, c'est-à-dire la seconde cybernétique de Maruyama, la théorie des automata auto-reproducteurs de von Neumann, la problématique de l'auto-organisation et le principe *order from noise* de von Foerster, la pensée de Gotthard Günther ; les travaux sur la science de Popper, Kuhn, Lakatos, Holton ; la thèse de Jean Ladrière sur les limites du formalisme ; la réflexion sur la science de Husserl et de Heidegger...

C'est le travail de rassemblement, confrontation, problématisation, transformation, complexification, de tous ces matériaux qui va opérer ma réorganisation génétique ultime. Sans ces apports, je n'aurais pu tenter la nouvelle et ultime aventure, celle qui m'a permis de concevoir enfin ce qui a toujours été mon problème, celui de la pensée complexe apte à saisir la solidarité des problèmes, dont l'indissociabilité du problème anthropo-bio-cosmologique. Le travail de réorganisation va se poursuivre durant la rédaction même des quatre tomes de *La Méthode*, aboutissant à la constitution d'une nouvelle constellation paradigmatique.

1. *La complexité a congédié la totalité.* La connaissance classique croyait trouver la certitude dans ses fondements, dans l'ordre de la nature, dans la séparabilité de ses objets et dans la logique déductive-identitaire. La connaissance complexe affronte l'incertitude, l'inséparabilité et les insuffisances de la logique déductive-identitaire.

Il n'y a plus de fondement unique ou ultime à la connaissance. Il n'y a plus d'ordre souverain dans un univers où chaos, désordres et aléas obligent de négocier avec l'incertitude. D'où la formulation, dans le premier volume de *La Méthode*, du Tétralogue dialogique : ordre/désordre/interactions/organisation.

Il n'y a pas de connaissance pertinente sur des

objets clos, séparés les uns des autres. L'inséparabilité trouve son expression dans la phrase de Pascal qui devient une de mes maximes clés: « Toutes choses étant causées et causantes, aidées et aidantes, médiates et immédiates, et toutes s'entretenant par un lien naturel et insensible qui lie les plus éloignées et les plus différentes, je tiens impossible de connaître les parties sans connaître le tout, non plus que de connaître le tout sans connaître particulièrement les parties. » Il y a donc la nécessité de contextualiser toute connaissance particulière, et si possible de l'introduire dans l'ensemble ou système global dont elle est un moment ou une partie.

Enfin la reconnaissance des limites de l'induction (Popper), de celles de la déduction (Gödel, Tarsky) et du principe d'identité nécessite la redéfinition de la rationalité au-delà de la logique déductive-identitaire. La pensée complexe a pour tâche non de remplacer le certain par l'incertain, le séparable par l'inséparable, la logique déductive-identitaire par la transgression de ses principes, mais d'effectuer une dialogique cognitive entre le certain et l'incertain, le séparable et l'inséparable, le logique et le méta-logique. La pensée complexe n'est pas le remplacement de la simplicité par la complexité, elle est l'exercice d'une dialogique incessante entre le simple et le complexe.

2. *Une conception complexe de l'organisation* a été élaborée à partir de notions d'origine systémique, cybernétique, auto-organisationnelle[1].

3. *Une conception de l'auto-éco-organisation* permet de fonder en termes scientifiques les notions d'auto-

---

1. Elle se trouve exposée dans *La Nature de la Nature, op. cit.*, p. 94-151.

nomie, d'individualité et de sujet. L'organisation vivante est à la fois auto-éco-production et auto-éco-organisation[1] d'êtres qui sont des individus-sujets. Son autonomie dépend de ce qu'elle puise dans son écosystème, lequel est une organisation spontanée (à partir des interactions myopes entre unicellulaires, plantes, animaux, se constitue de proche en proche un système éco-organisateur qui rétroagit sur les participants de l'écosystème et régule l'ensemble de ses activités). L'auto-organisation vivante ne peut être conçue qu'à partir du principe de la boucle récursivement auto-productrice et de la relation hologrammatique entre les parties et le tout. Le sujet était le résidu irrationnel de l'explication scientifique classique. J'élabore une théorie bio-logique du sujet (ce qui je crois est mon apport le plus personnel dans *La Méthode*[2]).

4. *Le principe dialogique* est devenu conscient et distinct de la dialectique. La dialogique est désormais une notion clé.

5. *L'épistémologie complexe* prend forme à partir de la connaissance de la connaissance, qui comporte la connaissance des limites de la connaissance. Il n'y a pas de connaissance « miroir » du monde objectif. La connaissance est toujours traduction et construction. Il en résulte que toute observation et toute conception doivent inclure la connaissance de l'observateur-concepteur. Pas de connaissance sans auto-connaissance.

Toute connaissance suppose à la fois séparation et

1. En fait, elle est, de façon incompressible, auto-(géno-phéno-égo-)éco-re-organisation, paradigme dont j'explicite les termes et la relation entre ces termes dans le tome 2 de *La Méthode, La Vie de la Vie*, *op. cit.*

2. *Ibid.*, p. 155-200.

communication. Aussi les possibilités et les limites de la connaissance relèvent du même principe : ce qui permet notre connaissance limite notre connaissance et ce qui limite notre connaissance permet notre connaissance. La connaissance de la connaissance permet de reconnaître les sources d'incertitude de la connaissance et les limites de la logique déductive-identitaire. Le surgissement de contradictions et d'antinomies dans un développement rationnel nous signale les nappes profondes du réel.

6. *Une rationalité ouverte et complexe est définie par opposition à la rationalisation.* Elle comporte la connaissance de sa propre incomplétude, le dialogue avec l'irrationalisé et l'irrationalisable, et l'affrontement de la complexité (qui comporte l'inséparable, l'incertain et, justement, l'irrationalisable). Les trois principes de pensée complexe dégagés sont :

– le principe dialogique qui se fonde sur l'association complexe (complémentaire, concurrente, antagoniste) d'instances nécessaires *ensemble* à l'existence, au fonctionnement et au développement d'un phénomène organisé ;

– le principe récursif où tout moment est à la fois produit et producteur, causant et causé, et où le produit est producteur de ce qui le produit, l'effet causateur de ce qui le cause ;

– le principe hologrammatique où non seulement la partie est dans le tout, mais où le tout est d'une certaine façon dans la partie.

7. *L'anthropologie complexe* prend forme notamment dans *Le Paradigme perdu*[1]. L'homme générique a acquis

1. Il manque toutefois l'anthropologie historique dont j'indique le projet dans *Terre-Patrie*, *op. cit.*, p. 11-12.

l'intériorité, la subjectivité, l'irrationalité, le jeu, l'extase… *Homo* est *sapiens/demens*. Raison, affectivité, pulsion sont en hiérarchie rotative et enchevêtrée. L'humain est conçu dans la continuité/discontinuité évolutive à partir d'un rameau primatique. Sa nature biologique et physique est reconnue en même temps que sa réalité culturelle et psychique. La nouvelle édition de *L'Homme et la Mort* en 1970 situe l'homme dans un univers soumis au second principe de la thermodynamique et abandonne radicalement toute idée d'« amortalité ». L'anthropologie est ainsi située dans le monde biologique, dans le monde physique et dans le cosmos ; c'est une anthropo-bio-cosmologie. L'humanité est reconnue dans ses racines et son destin terrien. La « conquête de la nature » est désormais dénoncée et la mission du « berger des nucléo-protéinés » devient celle de civiliser la terre.

8. *Les conditions de l'action et de l'éthique* sont définies dans leur complexité : l'écologie de l'action montre que celle-ci échappe aux intentions de ses auteurs, et l'éthique devient problématique quand l'acteur est soumis à deux injonctions contraires simultanées. Le pari est la réponse qui s'impose dans l'incertitude éthique et la stratégie est la démarche qui s'impose dans l'incertitude de l'action.

Ce que je remarque aujourd'hui, c'est que les ébranlements mentaux suscités par les secousses sismiques du siècle, les acquis continuels de ma curiosité nomade, ma façon de penser à travers le jeu des idées contraires, mon intérêt non seulement pour les données empiriques et l'événement, mais aussi les idées et les problèmes anthropologiques, ma crainte obsessionnelle de l'erreur (après l'erreur de jugement sur le stalinisme), tout cela, de façon convergente, a entretenu et vitalisé un processus assimilateur/interrogateur continu, avec des phases éruptives qui furent véritablement réorganisatrices. Aussi le marxisme ouvert et multidimensionnel des origines, joint à l'endossement hégélien des contradictions, s'est métamorphosé en pensée de la complexité.

J'ai fait par trois fois ma « réorganisation génétique » parce que je n'ai pas cessé de revenir à mes questions adolescentes, les questions dites philosophiques ou éthiques, celles de l'homme, de la vie, de l'homme et de la vie dans le monde, celles du qui sommes-nous, d'où venons-nous, où allons-nous, celles des origines, du devenir, du sens et du nonsens. Je n'en ai jamais fait mon deuil parce que j'ai échappé à l'*imprinting* de plus en plus puissant qui somme chacun de ne se consacrer qu'à un savoir parcellaire de spécialiste-expert. J'y suis revenu en 1962-1963 quand j'ai voulu savoir où j'en étais, ce que je croyais, ce qui était important en moi, où étaient « mes » vérités, s'il y avait « une » vérité. Et voilà qu'au cours de ces années 1969-1970, je commençais à trouver, dans les marges du savoir universitaire officiel (et de façon étonnante dans le monde enginéral/mathématique où est née la cybernétique), les outils, notions, qui me permettaient désormais de conceptualiser ce que j'avais toujours fait spontanément et de fixer enfin la recherche cognitive sur la connaissance elle-même.

Et, à cinquante ans, je suis arrivé devant le Sphinx qui m'attendait depuis toujours... Ainsi a émergé, dans le travail même de réorganisation génétique, la paradigmatologie de la pensée complexe. C'est cela qui a été enfanté sous l'abri du mot « méthode ».

7
Une expérience intellectuelle

Qu'est-ce qu'un intellectuel ? Quand devient-on intellectuel ? Que l'on soit écrivain, universitaire, scientifique, artiste ou avocat, on ne devient, à mon sens, intellectuel que lorsque l'on traite, soit par l'essai, soit par le texte de revue, soit par l'article de journal, de façon non spécialisée et au-delà de son champ professionnel strict, des problèmes humains, moraux, philosophiques, politiques. C'est alors que l'écrivain, le philosophe, le scientifique,... s'auto-instituent intellectuels.

Le terme « intellectuel » a une signification missionnaire, divulgatrice, éventuellement militante. Ainsi, la qualité d'intellectuel n'est pas déterminée par l'appartenance professionnelle à l'intelligentsia, elle vient d'un usage ou du dépassement de la profession dans et pour des idées. Ainsi Sartre est un intellectuel quand il écrit *L'existentialisme est un humanisme* et qu'il anime la revue *Les Temps modernes.* Camus est un intellectuel quand il écrit *L'Homme révolté* et qu'il fait des éditoriaux dans *Combat.* Aron est un intellectuel quand il participe au Comité pour la liberté de la culture et publie ses analyses dans *Le Figaro.* À la pointe des intellectuels, il y a la race bâtarde des écrivains/écrivants (comme disait à peu près Barthes, l'écrivain écrit pour l'écriture, l'écrivant écrit pour les idées). Et leur moyen d'expression le plus adéquat est l'essai, genre hybride entre philosophie, littérature, journalisme et sociologie.

MES ÉTAPES

Je crois que mon premier acte d'intellectuel a été la rédaction d'un article sous l'Occupation, que je destinais aux *Lettres françaises* clandestines. L'article ne fut pas publié. J'opposais la thématique de l'*Antigone* de Jean Anouilh condamnant la révolte au nom des nécessités de l'ordre, à celle des *Mouches* de Jean-Paul Sartre, exaltant l'insoumission au destin, et bien entendu dans un sens favorable aux *Mouches*. (Toutefois je crois bien que j'étais plus contre Créon que pour Antigone, car mon hégéliano-marxisme m'éloignait des « belles âmes » et des « grands cœurs ».)

Je devins intellectuel avec mon livre *L'An zéro de l'Allemagne* où, au-delà du reportage sociologique, je repoussais l'idée de culpabilité du peuple allemand. Mais c'est en m'opposant à la mise au pas des intellectuels au sein du Parti communiste que je le devins vraiment, parce que, avec Mascolo et Antelme, je défendais l'autonomie de la culture par rapport à la politique. Vaincu, j'entrepris quelques petits coups de guérilla à propos de Gide, Rousseau, Barrès, mais je fis mon hibernation d'intellectuel en ne réagissant pas lors de la condamnation de Tito et en ne me révoltant qu'en privé contre la condamnation de Rajk. Jusqu'à l'article qui provoqua mon exclusion en 1951, je fus comme paralysé.

Peu après cette exclusion, je me réveillai comme intellectuel, suscitant un comité pour s'opposer à l'arrestation de Jacques Duclos après la manifestation communiste anti-Ridgway (commandant des troupes américaines en Corée) ; mais à la publication de la pétition dont j'avais été l'initiateur, mon nom dut disparaître, à la demande de Pierre Courtade, rédacteur à *L'Humanité*. Ce fut la première des expériences qui m'amenèrent à comprendre qu'en dehors des périodes de grande crise idéologique (comme la révolution hongroise, le putsch des généraux d'Alger en 1958, Mai 68, etc.), je serais toujours écarté par la gauche officielle.

C'est en 1955 que je deviens pleinement intellectuel avec le Comité contre la guerre en Afrique du Nord, puis, en 1956-1957, avec mes articles et interventions pour l'Octobre polonais et la révolution hongroise, et enfin avec *Arguments*. Alors que je n'avais pas osé, durant mon séjour en Stalinie, manifester mon dégoût de la liquidation morale et physique des trotskistes, je m'élevai contre la liquidation morale et physique des militants du MNA par le FLN. Je suscitai du reste la fureur de Sartre par un propos de table, à Rome, qu'un journaliste italien avait rapporté dans son quotidien (je ne sais plus lequel). Il m'avait demandé ce que je pensais de Sartre et j'avais répondu : « Écrivain génial, philosophe moyen, politique nul... » Sartre, qui était lui-même à Rome, fut interviewé le lendemain sur mes propos et déversa sur moi les plus sottes attaques personnelles : lui qui n'avait jamais fait de Résistance, assurait que je ne prenais pas parti pour le FLN parce que j'étais vert de trouille. Si je n'ai pas pris parti pour le FLN, j'ai pris inconditionnellement parti contre la torture en Algérie, et uniquement pour des raisons morales (car je ne me cachais nullement que la torture sert à arracher des informations) et je fis le premier article dans la presse française sur *La Question* d'Henri Alleg que je saluais en ces termes : *Il est unique de trouver un homme qui ait eu à la fois l'expérience du supplicié, la lucidité du témoin, la volonté de l'acteur et l'absence de style de l'écrivain dans la tragédie de la torture moderne. Ce n'est pas seulement la relation terrifiante de la torture, c'est aussi l'épopée vécue de la résistance à la torture, de la victoire constante sur la force et la bêtise que l'on trouvera dans* La Question. *Les grands mots sont usés, salis. Je ne peux toutefois m'empêcher de dire que ce livre est le livre d'un héros pour avoir combattu, résisté, subi le supplice, riposté, dénoncé, et finalement pour avoir écrit ce livre*[1].

Depuis 1956, je n'ai cessé de combattre la vulgate « progressiste », subissant les tentatives de liquidation morale et intellectuelle des sartriens et althussériens. J'ai conservé la vigilance antitotalitaire ou antistalinienne jusqu'à la chute. Je suis ainsi devenu ce que je suis encore : un intellectuel de gauche déviant parmi les intellectuels de gauche et m'opposant à leurs évidences.

Arguments, qui s'est fondé et a existé selon la déontologie du débat, a assumé le rôle polyvalent de l'intellectuel, dans sa problématisation généralisée, dans ses multiples tentatives de diagnostic, dans sa volonté réflexive. La revue a même, dans son numéro « Penseurs et intellectuels », montré que les penseurs, tels Socrate à l'égard des sophistes, Rousseau à l'égard des Lumières, Marx à l'égard des philosophes, étaient inévitablement incompris ou rejetés par la majorité des « intellectuels » de leur époque : les intellectuels, en tant que groupe ou caste, sécrètent leur propre conformisme.

Je suis devenu intellectuel-sociologue à partir des années 60 en faisant des articles-diagnostics sur les mouvements adolescents et étudiants, sur le surgissement de contre-courants néo-archaïques, néo-rustiques, néo-naturistes, sur les malaises et carences

1. *France Observateur*, 20 février 1958.

de notre civilisation. Puis, dans le cheminement que j'ai déjà décrit, j'ai fait la navette entre la repensée de *La Méthode* et les diagnostics et interventions sur la place publique. Je n'ai pas cessé d'être indépendant, hors de tout parti, mais participant quand je le crois nécessaire à des ligues, associations ou clubs. Je n'ai jamais parlé en tant qu'expert ou au nom d'une mythique autorité sociologique, mais seulement en mon nom propre. Je me suis toujours refusé aux dénonciations et aux rejets hors du débat d'adversaires intellectuels. J'ai été souvent solitaire parce que je ne pense pas selon les alternatives et les évidences de la caste intellectuelle.

J'ai pu résister mentalement aux hystéries de guerre qui se manifestent par la stupide conviction de l'invincibilité ou/et par la diabolisation de l'ennemi et l'angélisation de l'allié. Certes ma seule et capitale erreur de guerre fut de ne pas comprendre que Stalingrad pouvait être à la fois la plus grande victoire et la plus grande défaite de l'humanité. Mais, durant la même époque, je n'ai jamais diabolisé les Allemands. J'ai toujours été conscient des responsabilités en chaîne et en boucle dans le déclenchement et le déchaînement des guerres, mais cela ne m'a jamais empêché de reconnaître les responsabilités principales ni de prendre parti.

Après avoir évité d'être l'engagé militant qui transforme ses idées en poudre à canon, je ne suis pas devenu la vedette médiatique qui vend les idées de haute consommation. À partir des années 70, la conscience de plus en plus forte de la nécessité d'une réforme de pensée m'a singularisé tout en me renforçant dans l'idée que je devais exemplifier, en tant qu'intellectuel, ce type de pensée complexe que je propose. C'est ce que j'ai fait dans les craquements et convulsions des années 1989-1993.

Être un intellectuel et faire partie des intellectuels sont deux choses qui, à la fois, s'identifient et s'opposent. Il y a un déterminisme de collectivité ; ainsi les sauterelles isolées sont d'aimables insectes, chacune vouée à ses petites affaires, chacune ayant son comportement. Mais, à partir d'une densité du reste assez faible, elles deviennent une troupe où les individualités disparaissent, elles perdent leur couleur verdâtre pour un uniforme standard jaune-gris, elles acquièrent un comportement stéréotypé et elles se transforment en impitoyables dévoreuses, détruisant tout ce qui fait obstacle à leur frénésie. De même les intellectuels sont isolément de sympathiques individus, chacun voué à son œuvre, mais leur rassemblement en société en fait des monstres.

J'ai écrit (je ne sais plus où) : *Je ne suis pas comme eux, mais eux aussi ne sont pas comme eux...* J'ajoute : quand je suis parmi eux, je deviens comme eux. Pourquoi, plongé dans ce milieu, chacun y est-il rétréci au plus mesquin de lui-même ?

J'avancerai deux causes :

1. Les membres du monde intellectuel sont obsédés par la création, qu'ils soient ou non auteurs ; ils ne savent pas au fond d'eux-mêmes s'ils sont géniaux, médiocres ou grotesques, et ils cherchent dans l'admiration, à travers la critique, le signe de la grâce. Une obsession égocentrique s'y entretient et peut rapidement se développer en cancer, jusqu'au complexe de persécution de l'auteur qui voit dans le silence de la critique à son égard la preuve d'une conspiration (combien de fois moi-même, quand mon nom n'est

pas cité par oubli ou ignorance, je me surprends à imaginer la perfidie du signataire).

2. Toutes ces ambitions sont concurrentes non seulement au sein d'un marché économique, mais surtout au niveau supérieur d'un marché mythologique où se déchaîne la fantastique compétition non avouée à la gloire. Une sur-agressivité se camoufle plus ou moins dans les rapports de flatterie ou de camaraderie superficielle – « formidable ton papier, mon vieux », « *j'aime* ton livre » –, mais gicle parfois dans l'article vache et, plus souvent encore, dans les coulisses – « Son dernier livre ? de la merde ! »

Tout cela est aggravé :

– par la dépendance de l'intellectuel au sein du système de production culturelle (maisons d'édition, journaux, radios, télés) qui fournit le plus souvent le second métier gagne-pain, lequel tend à dévorer la vocation et à censurer l'inspiration ;

– par l'antagonisme entre le producteur et le créateur qui se dissimule sous les relations aimables ; par les donjuanismes de divertissement ou de compensation ; par les malaises dolcevitiens, etc.

D'où vraiment une socialité horrible dont seule l'habitude nous fait oublier la disgrâce. La bile est sécrétée en flux constants ; l'obsession de sa propre grandeur se convertit en rapetissement obsessionnel d'autrui, et se traduit en perpétuels ragots. Pour des riens, la méchanceté et la haine se déploient, et le ragot révèle la bêtise, la bassesse, la lâcheté de l'autre. On démolit des auteurs qu'on n'a jamais lus, que l'on ne connaît que par ragots devenus dogmes, à travers des citations tronquées ou déformées, des anecdotes vicieuses. Tout cela dans l'égocentrisme le plus forcené, donc le plus naïf. Les amitiés s'étiolent rapidement pour des « raisons » littéraires ou politiques.

Dans le désastre de l'amitié, il subsiste un masque de camaraderie, des liens de clan. Les îlots fraternels sont rares, inattendus.

C'est à mon retour de longue maladie, en 1962, que j'ai trouvé de plus en plus pénible le milieu intellectuel. Je supportais tout cela avant ; j'avais même besoin comme d'une drogue des contacts et des cocktails. Mais, à mon retour, j'ai ressenti cette fatigue hépatique qu'on nomme écœurement ; non tant par réaction de « moraliste » que par le sentiment que *ce n'est pas possible de caricaturer ainsi sa propre vie.* Aussi, je n'ai pu vivre qu'en passant plusieurs mois, parfois des années, de travail loin de ce monde épouvantable.

Aujourd'hui, tout a empiré. Les réseaux de services mutuels sont devenus de puissantes mafias contrôlant chacune ses journaux, magazines et animateurs télé. Les caïds ou parrains se font baiser la plume par leurs féaux. Dès qu'une révolution de palais élève au pouvoir un rédacteur jusqu'alors ignoré des encens littéraires, son livre reçoit les hommages thuriféraires. La machine éditoriale sélectionne d'avance ses éventuels best-sellers que les piquantes déléguées aux services de presse essaient de fourguer dans leurs réseaux de critiques ; les livres ignorés par les comptes rendus quittent les librairies en trois semaines, pour être bientôt mis au pilon. L'accroissement de la commercialisation et l'accroissement de la sélection provoquent sans doute une diminution de la bio-diversité intellectuelle. Toutefois, comme je l'ai montré dans *L'Esprit du temps*, le système ne peut se passer de nouveauté, d'originalité et d'invention, il ne peut éviter le risque quand il veut bénéficier de la chance, et il continue à élever des jeunes auteurs dans ses haras.

Ce qui m'est de plus en plus pénible, dans ce petit monde, c'est l'impitoyable cruauté des tueurs intellectuels que la sélection darwinienne a promus parce qu'ils veulent férocement toujours plus de gloire et de puissance. Bien que je n'aie pas cherché ni pris situation de pouvoir ou de contrôle, bien que je n'aie pas été intégré dans un réseau, j'ai fait de l'ombre sans le vouloir à des insatiables qui prétendent concentrer tous les rayons du soleil sur leur personne. J'ai cependant échappé à plusieurs anéantissements grâce à mes amitiés.

Face aux deux crétinismes

J'ai été amené à me différencier de la plupart des intellectuels à la fois dans mon attitude à l'égard de la médiatique « culture de masse » et dans mon attitude à l'égard des dogmes de la haute culture officielle.

Le monde intellectuel, universitaire, scientifique se plaît à dénoncer le crétinisme d'en bas, celui des médias. Bien des cultivés n'ont jamais été capables de comprendre que l'incultivé qui va au cinéma sait qu'il voit une fiction tout en y participant intensément ; de même ils sont persuadés que le téléspectateur, fasciné par son écran, perd tout discernement et, envoûté par les messages publicitaires, voue un culte à Omo ou Bonux. Les intellectuels qui sont aliénés dans une idéologie abstraite ne peuvent supporter que les non-intellectuels soient aliénés dans les feuilletons télévisés ou le football. Les intellectuels disent que la télé est une sous-culture qui répand le conformisme, les stéréotypes, les idées conventionnelles. Je suis pleinement d'accord, mais je vois chez ces intellectuels une autre sous-culture (comportant ignorance et jugements *a priori*) avec conformismes, stéréotypes, idées conventionnelles, avec de plus assurance et arrogance.

Le crétinisme qui me répugne à la télé n'est pas celui des feuilletons, c'est celui des interviews ou débats où l'on coupe arbitrairement la parole, où le propos de l'interviewé sert à prendre place dans un show et où, sous la terreur d'un Audimat fantôme, les animateurs et intervieweurs ne peuvent supporter une minute d'argumentation. On me dit que le temps d'un raisonnement jugé supportable par les présentateurs télévisuels est passé à dix secondes...

Mais la dénonciation du crétinisme d'en bas ne me fait pas oublier le crétinisme d'en haut. Je suis encore stupéfait quand je me souviens combien les plus hautes autorités scientifiques ont cru aux pires stupidités politiques concernant l'URSS. Comment elles ont appliqué sans réflexion une vision mécaniste sur le monde en folie qui est le nôtre. Comment ces esprits formés à l'école du déterminisme et du réductionnisme n'ont pas compris que les phénomènes sociaux et politiques ne pouvaient être traités par les méthodes avec lesquelles ils examinent leur objet dans un laboratoire. Et, plus ahurissant encore, comment un jour, dans les sciences humaines, il n'y eut plus d'événement, plus de vie, plus d'amour ni de mort, seulement des structures. Comment un kidnapping épistémologique justifia une pseudo-scientificité triomphale. Comment les plus fins lettrés et philosophes ont décidé que l'homme n'existait pas, qu'il n'était qu'une invention arbitraire. Comment des sujets raffinés ont éliminé la notion de sujet comme pure illusion. Comment le don musical des enfants Mozart ou Menuhin a été balayé comme pure idéologie. Comment les plus sagaces historiens ont décidé que les accidents historiques n'étaient que l'écume d'une histoire sans histoires. Comment les plus renversantes conneries, à condition qu'il y ait de la fine dentelle autour, ont pris forme de lois et de dogme...

C'est le passé, me direz-vous. Et aujourd'hui ? Ne voyez-vous pas les nouvelles générations de Trissotin, Oronte et Diafoirus sans encore nul Molière à l'horizon ? Ce qui m'étonne en permanence, c'est la grossièreté de ce monde raffiné. La grossièreté est celle des idées de base, des découpages primordiaux, et le raffinement vient dans les développements subtils qui se tissent autour de ces idées grossières. Ce qui m'étonne en permanence, c'est que les idées abstraites et les constructions théoriques, faites pour élucider le monde, servent à voiler et à occulter tout ce qui y est concret et existentiel.

Je suis toujours étonné que philosophes, psychologues et psychanalystes aient des comportements tellement mesquins, aveugles, méchants, et d'abord entre eux. Je suis étonné que les cultivés pensent que ceux qui ne disposent pas de leur culture sont des ignorants et des crétins sociologiques. Jenner a découvert la vaccination antivariolique parce qu'il a pris au sérieux la réponse d'une vachère anglaise à son médecin : « Pourquoi voulez-vous que j'aie eu la variole, tout le monde sait au village qu'on ne l'a pas quand on a eu la fièvre de la vache. » Le docteur Pierre Cornillot qui rappelle ce propos ajoute : « Douter systématiquement de ce que dit le patient, de sa culture, de son appréhension de lui-même et de sa santé est un crime contre l'esprit[1]. » Je suis étonné que, bien qu'on sache que les grandes découvertes scientifiques

1. In *Le Généraliste*, n° 1465, 12 octobre 1993. Pierre Cornillot écrit également : « La mise en évidence des produits actifs, cortisone, antibiotiques, vaccins, neuroleptiques, endorphines ou autres... ne s'est pas déduite d'une réflexion rationnelle sur un savoir connu... Ces découvertes se sont faites le plus souvent en contradiction avec le savoir d'alors, à partir de phénomènes le plus souvent non prévisibles, d'observations liées au hasard, au génie intuitif, au sens du paradoxe. »

ou médicales ont contredit le savoir de leur époque et suscité le rejet des officiels, l'on continue à repousser et mépriser *a priori* toute idée déviante.

Dans les sciences naturelles comme dans les sciences humaines, la connaissance baigne dans l'idéologie, avec des orthodoxies, des allégations gratuites, et des rejets cruels dès que des marginaux ou déviants s'expriment. En même temps, l'esprit disciplinaire entraîne une parcellarisation de l'intelligence. On croit que la frontière de la discipline est une frontière dans la réalité, on croit que seul est réel tout ce qui se laisse formaliser ou modéliser par des outils logico-mathématiques, on découpe à la machette les têtes, les sexes et les membres, on rejette comme déchets et ordures ce qui manifeste de la vie. Enfin, l'instinct territorial, fort développé dans le monde animal, se réveille avec férocité chez le spécialiste. Il se considère comme le « propriétaire » du domaine (physique, éthique, culturel) dont il croit occuper le centre, et il attaque les intrus au lance-flammes ; comme dit António Bracinha Vieira : « On a affaire alors au vécu d'un paranoïaque, c'est-à-dire d'un persécuteur-persécuté. »

L'aveuglement règne dans les zones de la basse crétinisation. L'intelligence aveugle règne dans les zones supérieures. Il est impossible de faire comprendre la rationalité au rationaliste, la complexité au réductionniste, le concret au formaliste. C'est ce qu'ils appellent l'« irrationnel ».

Menace sur l'intellectuel

Aujourd'hui les intellectuels sont menacés par l'extension tout terrain de la professionnalisation, de la technicisation, de la spécialisation. En effet, la culture scientifique et la culture technicienne, la première de plus en plus compartimentée et ésotérique, la seconde de plus en plus adonnée aux fonctionnements et à la fonctionnalité, éliminent d'elles-mêmes les grands problèmes humains, moraux, philosophiques qu'elles sont incapables de poser et de penser, et les renvoient à la vie privée de chacun. Les idées générales sont écartées de ces savoirs, mais, comme nul ne peut se passer d'idées générales, les idées générales les plus creuses règnent dans l'esprit des scientifiques et techniciens hors de leurs laboratoires et de leurs officines.

En même temps, les intellectuels polycompétents disposent de moins en moins de savoirs. Issus pour la plupart de la culture humaniste, ils ne peuvent porter à leur moulin le grain des connaissances scientifiques, lesquelles commencent seulement à être réfléchies et problématisées par quelques physiciens et biologistes se faisant essayistes, et par là devenant intellectuels. Mais il manque souvent à ces derniers la culture philosophique, historique, sociologique. D'où les lamentables carences et errances des intellectuels, notamment dans le diagnostic politique. Mais leur disparition serait la disparition de toute problématisation générale et fondamentale dans le domaine public et civique.

Tout ce qui réduit l'importance et le rôle des intellectuels accroît le besoin d'une sphère où demeureraient posés les problèmes généraux et fondamentaux, lesquels sont précisément occultés, laminés, broyés par le développement des spécialisations. Ainsi la nécessité des intellectuels s'accroît-elle en même temps que s'accroît le processus tendant à leur élimination.

Comme je l'ai écrit, *la vertu des intellectuels est de sauver, divulguer les grands problèmes. Ils ont sauvé le problème de la vérité, au prix hélas des pires erreurs, dont la plus importante est la sous-estimation du problème de l'erreur. Elle est de prendre en charge les idées générales, génériques, généreuses que le monde de la technique et du profit laisse en friche ou passe au broyeur. Or l'idée générale risque de dégénérer en idée abstraite ou creuse, l'idée générique risque d'être confondue avec un maître-mot qui répond à tout, l'idée généreuse peut conduire dans le sens contraire de son intention, et produire plus de maux que l'idée cynique*[1]. Il n'en reste pas moins qu'*à travers leurs essais qui ont été souvent leurs erreurs, les intellectuels ont été et demeurent les seuls champions qui préservent les problèmes fondamentaux communs à tous*[2].

Et j'ajoute : *Les intellectuels ont certes été présomptueux, arrogants, légers, naïfs, mais c'est grâce à eux qu'existe une arène où les notions de vérité, justice, droit, humanité, bonne société, essaient d'avoir un sens... Malheureusement c'est lorsqu'ils se sont voulus réalistes qu'ils ont sombré dans l'illusion, c'est lorsqu'ils se sont crus matérialistes qu'ils ont été idéalistes, c'est alors qu'ils se sont crus détenteurs de la conscience universelle qu'ils ont été inconscients. Ainsi ils ont dénaturé les idées qu'ils ont sauvegardées, sauvegardé les idées qu'ils ont dénaturées, et méritent-ils d'être à la fois condamnés, absous et loués*[3]...

La régénération du rôle de l'intellectuel comporte la nécessité de faire communiquer le savoir acquis par les sciences, la réflexivité proprement philosophique, et la qualité d'expression proprement littéraire : le bien écrire vient de l'art de voir, percevoir, traduire en mots, en phrases, et l'usage de métaphores contribue à la justesse de la description[4].

1. *Pour sortir du XXe siècle*, *op. cit.*, p. 252-253.
2. *Penser l'Europe*, Paris, Gallimard, 1987 et « Folio actuel », 1990, p. 138-139.
3. *Pour sortir du XXe siècle*, *op. cit.*, p. 253.
4. Ainsi le langage œnologique réussit à donner une description très précise d'un vin par un assemblage de métaphores venues de tous horizons (bouquet, corps, fruité, jambe, etc.).

J'ai essayé de remplir ma « mission » d'intellectuel en m'efforçant de respecter et restituer la complexité des problèmes dans le diagnostic et le jugement, et en évitant imprécations et hystérie. Cette mission, dont la polyvalence s'est de mieux en mieux dégagée à mes yeux, de 1956 à aujourd'hui, je vais tenter de la formuler.

1. *La conscience que l'intellectuel est acteur, au-delà de l'alternative entre l'engagement et la tour d'ivoire, dans le jeu de la vérité et de l'erreur, qui est au centre du jeu de l'histoire humaine.*

2. *L'obsession permanente du problème de l'erreur.*

L'erreur est le risque permanent de la connaissance et de la pensée[1], donc de l'intellectuel. L'erreur qui accable particulièrement notre temps est l'erreur idéologique. Comme je l'ai dit un peu plus haut, les intellectuels ont par idéologie accumulé les plus fatales erreurs ; d'où la nécessité d'une vigilance incessante pour détecter toutes les sources d'erreurs possibles et prendre garde en permanence contre l'intrusion sournoise de l'erreur.

La lutte contre l'erreur comporte la détection des mythes qui nous animent, mais elle ne saurait être la « démystification », la « démythification » ni la « désidéologisation ». L'élimination du mythe ne peut être qu'une illusion. Les mythes comme l'imaginaire font partie de la réalité humaine. Le vrai problème est de

1. Cf. l'erreur de sous-estimer l'erreur in *Science avec Conscience*, Paris, Fayard, 1982 ; Paris, Seuil, « Points Sciences », 1990, p. 130-144.

reconnaître le caractère mythique de nos mythes, de les élire en tant que mythes, de faire dialoguer notre rationalité avec nos mythes.

La lutte contre l'erreur comporte l'étude attentive des informations diverses et des documents contradictoires. Mais elle ne se borne pas à la vérification des informations. Elle suppose la volonté cognitive de respecter la complexité des phénomènes humains, sociaux, historiques, afin d'éviter les thèses brillantes mais frivoles et unilatérales, ainsi que les imprécations. Elle implique le souci de tenter de comprendre notre devenir.

3. *La problématisation comme activité fondamentale de l'intellectuel*, plutôt que la « critique » qui en fait sélectionne arbitrairement ses cibles et ne sait pas se critiquer elle-même.

4. *La nécessité de quitter le site du souverain juge de toutes choses.*

Il est du devoir de l'intellectuel de tenter de se décentrer et d'essayer de trouver un méta-point de vue par rapport aux évidences établies et aux idées reçues. Cela comporte la nécessité de l'auto-examen permanent et la résistance aux hystéries collectives qui se prétendent toujours être l'expression d'une juste et vertueuse indignation. Il est évident qu'éviter l'hystérie n'est pas se refuser à une juste indignation. Il reste non moins évident que l'indignation ne peut tenir lieu de pensée.

5. *La nécessité de promouvoir des idées génériques, qui sont des principes générateurs de connaissance et de compréhension, plutôt que des idées générales.*

6. *La sauvegarde de l'éthique du débat par opposition à celle du rejet.*

Cette éthique que nous avions instituée dans *Arguments*, j'ai essayé de la poursuivre, pour résister à la tendance qui transforme l'affrontement des idées en combats où l'on ne veut (ne peut?) percevoir les idées adverses sinon en les défigurant. Il est rare que les intellectuels pratiquent ce qu'aurait dû normalement développer leur culture : l'attention au discours d'autrui, la capacité d'entendre un argument sans le déformer. Il y a au contraire l'avilissement en basses intentions, « mauvaise foi », « malhonnêteté » des propos ou entreprises d'autrui. À quoi leur a donc servi de lire Montaigne, La Bruyère, Freud ? Il faut reconnaître le droit de parole aux diviseurs et aux négateurs, c'est-à-dire au diable, puisque celui-ci est à la fois l'esprit qui nie et la force qui divise.

7. *La réflexion sur la paupérisation culturelle et l'effort pour le remembrement culturel.*

Rappelons le diagnostic déjà formulé : *La culture est disloquée. D'un côté, des « humanités » appauvries qui ne savent se brancher sur les sources vérificatrices (les sciences) ni sur les sources quotidiennes de la connaissance (les médias) et qui réfléchissent à vide. D'un autre côté, une culture scientifique qui, par principe, méthode et structure, est incapable de concevoir les problèmes d'ensemble et de réfléchir sur elle-même. D'un troisième côté, une culture des médias, en prise au jour le jour sur le monde, l'événement, le nouveau, mais ne disposant que de faibles moyens de réflexion*[1].

Partout donc, dans les sciences, les techniques, les

1. C'est pourquoi j'accorde une grande importance au comité « Science et citoyens » du CNRS qui s'efforce de décloisonner l'univers scientifique pour répondre aux besoins cognitifs des citoyens.

humanités, les médias, règnent les idées générales creuses, ici sonores et retentissantes (les humanités), là cachées mais omniprésentes (les sciences), ailleurs triées selon leur valeur consommatrice et marchande (les médias). Partout se pose la nécessité de la réflexion : *L'idéologue est incapable de penser non seulement le réel, mais l'idéologie et sa propre idéologie ; le technicien est incapable de penser non seulement la société, mais la technique ; le scientifique est incapable de penser non seulement l'humanité, mais la science*[1]*... Partout une formidable poussée civilisationnelle, avec le mode de vie urbain sous tous ses aspects, la logique de la machine artificielle, les pressions chronométriques, les surcharges, les besoins immédiats, la hâte, la presse, la fatigue nerveuse et physique, tendent à annihiler toute possibilité de revoir, réfléchir, repenser*[2].

L'intellectuel a donc la tâche la plus difficile qui se soit jamais présentée dans l'histoire de la culture : résister à toutes les forces qui dégradent la réflexion et être capable de porter sa réflexion sur les apports capitaux des sciences contemporaines afin d'essayer de penser le monde, la vie, l'être humain, la société.

8. *La mission de résister à la barbarie.*

Il y a plusieurs barbaries : une barbarie venue du fond des âges et qui se manifeste par la haine, le massacre, le mépris, l'humiliation ; une barbarie proprement anonyme, destructrice d'humanité, de responsabilité et de convivialité, qui se développe avec l'extension du monde techno-bureaucratique ; une barbarie également destructrice d'humanité qui se développe avec l'extension du profit en tous domaines

1. *Pour sortir du XXe siècle*, *op. cit.*, p. 265.
2. *Ibid.*, p. 260 261.

et de la marchandisation en toutes choses ; une barbarie proprement politique qui a atteint un apogée contemporain avec le totalitarisme. Cette dernière barbarie est assoupie, mais peut renaître sous de nouvelles formes. Les autres barbaries sont en pleine activité et se sont entrassociées. La résistance devient ainsi un devoir permanent de l'intellectuel.

9. *La mobilisation de toutes les qualités intellectuelles dans les activités politiques.*

La grande leçon des années 1930-1990 peut s'énoncer ainsi : *On ne peut plus, je veux dire on ne doit plus réserver la part la plus conne (la plus obscure, infantile, incontrôlée de soi-même) à la politique*[1].

10. *La conscience d'humanité et l'éthique de l'universel concret.*

L'aspiration à l'universalité risque la perte de contact avec le concret, et la volonté d'imposer une vérité universelle peut conduire à la terreur. À l'inverse, la défense du concret conduit au particularisme clos, et même au mythe abstrait de la concrétude (la terre, le sang). Déjà, implicitement chez les *Aufklärer* du XVIIIe siècle, puis explicitement dans les grands romantiques, notamment Hugo, l'aspiration cognitive-éthique des intellectuels a été d'assumer la conscience de l'humanité. Romain Rolland, dès le début de la guerre de 1914, avait voulu se mettre « au-dessus de la mêlée » franco-allemande pour parler au nom de l'humanité. L'adhésion au marxisme a été une adhésion à la doctrine prenant en charge le genre humain. Les intellectuels qui se sont ralliés au communisme et au trotskisme l'ont fait pour la cause de l'humanité, Camus a parlé au nom de

1. *Ibid.*, p. 254.

l'humanité en exprimant son horreur de la bombe d'Hiroshima. Mais que d'inconsciences, d'erreurs et d'horreurs ont été commises en croyant servir le genre humain ! Dans toutes les variantes du communisme, la cause de l'humanité a été trompée par ses serviteurs aveugles.

Une partie des intellectuels qui, dans les années 70, ont pris conscience de la tragique erreur, s'est alors vouée aux droits de l'homme. Avec ces intellectuels clairsemés, plus quelques esprits tiers-mondistes, ce sont alors le Club de Rome, les Médecins sans frontières, Amnesty International, qui ont joué, mais sur une seule dimension, le rôle de conscience de l'humanité.

Faut-il renoncer à toute universalité, de crainte de l'abstraction et de l'erreur ? Au contraire : nous sommes à l'ère de la communauté de destin de toute l'humanité. Des problèmes fondamentaux de vie et de mort sont communs à tous les humains – *l'universel est concret.* Il est d'autant plus concret que l'humanité, issue d'un tronc commun, porteuse d'une nature commune, a ses racines communes dans la planète Terre. Désormais, le besoin de racines, qui pousse tant de peuples et d'individus à se replier sur l'ethnie et la religion singulières, doit s'approfondir et s'amplifier dans la reconnaissance de la communauté terrienne des humains. Nous pouvons et devons nous ressourcer dans la Terre-Patrie qui est notre universel à la fois singulier et concret.

Être intellectuel, ai-je dit, c'est s'auto-instituer tel, c'est-à-dire se donner une mission : une mission de culture, une mission contre l'erreur, une mission de conscience pour l'humanité. Voilà la mission que je me suis donnée de plus en plus fermement. Je sais bien que je l'ai remplie insuffisamment, ce qui aurait dû m'éviter une certaine auto-satisfaction que je n'ai cependant pu m'empêcher d'exprimer...

8

L'expérience politique

Pourquoi la politique est-elle présente en moi depuis mes quinze ans ?

Quand la politique avait envahi notre cour de récréation, en février 1934, j'étais demeuré indifférent et sceptique, me croyant supérieur à une agitation ridicule. Je fus insensible à la formation du Front populaire, en juin 1936, me sentant heureux non de sa victoire, mais du vent d'espérance qui avait pendant quelques jours transfiguré Paris. Je crois que c'est seulement fin 1936-début 1937 que j'ai commencé à lire toute une presse qui allait des libertaires aux « frontistes » en passant par les « gauchistes ». En un an, donc à seize ans, je suis révolutionné. Pourquoi ? La première réponse qui me vient, c'est que, depuis l'arrivée de Hitler au pouvoir en 1933, l'Histoire s'était mise en transe, puis s'était déchaînée et que, comme tant d'autres, elle m'avait emporté.

Toutefois j'aurais pu, comme la majorité des autres, ne pas m'engager. J'avais certes un besoin intérieur de fraternité. Mais les amitiés ferventes de l'adolescence auraient pu me suffire. Pourquoi ce besoin s'est-il projeté sur la politique ? C'est, sans doute, parce que la politique était alors plus que de la politique. Militer apportait une *reliance* profonde dans un salut collectif. Or, à cette époque, le thème de la rédemption et du sacrifice, qui s'était révélé à moi par la lecture de Tolstoï et Dostoïevski, se trouva assumé et porté à l'incandescence par le film *Le Chemin de la vie*, puis par les chants révolutionnaires. Le sentiment de la misère de l'âme humaine, mis en évidence par Dostoïevski, rendu sensible par la mienne propre, se trouvait désormais concentré sur la misère des prolétaires, victimes de l'exploitation, sur cette dénonciation des exploiteurs qui terminait la chanson de Mackie dans *L'Opéra de quat'sous*: « En eau trouble c'lui qui pêche/ roula l'autre/ mais tous deux/ s'raccommodent et vont de mèche/ bouffer l'pain des/ malheureux... »

S'y ajoutait un sentiment venu de mon enfance, nourri par *Le Livre de la jungle* et *Croc-Blanc.* Je pensais que les humains étaient dénaturés par la société. J'ahurissais mes parents quand je leur disais que les animaux nous étaient supérieurs parce qu'ils n'étaient pas hypocrites ni menteurs. Je chagrinais mon père en disant que le commerce était le vol. Je prônais à mes parents effondrés le retour à l'état de nature, où l'argent et le commerce seraient supprimés, où l'on serait simplement vêtu de peaux de bêtes. L'adolescence devait me faire abandonner le rêve d'un retour heureux au sein de la nature, mais le message révolutionnaire m'apporta la promesse d'une harmonie, non plus par un retour à la nature, mais grâce au progrès dans le futur. La révolution était nécessaire pour que se constitue une société fraternelle. Et le besoin de société fraternelle était stimulé par la constatation et la contestation de l'injustice et de la misère. Il s'est ainsi produit dans l'idée de révolution une osmose entre ce que les livres, les films me révélaient de moi-même et la projection de mon aspiration profonde à une autre vie. J'ai été révolutionné par l'idée de révolution car j'y ai retrouvé ma source enfantine et elle a exprimé mon mythe adolescent.

Mais, en même temps que mon élan me portait vers l'idée de révolution, un autre mouvement intérieur, contraire, me poussait en sens inverse vers le « réalisme ». Comment espérer en une révolution mondiale, trotskiste ou libertaire, quand le monde était soumis aux formidables forces de régression hitlérienne et stalinienne ? Comment croire en l'internationalisme prolétarien alors que se déchaînaient partout les nationalismes ? L'horizon révolutionnaire était bouché par le nazisme et le stalinisme. Alors, l'idée de révolution limitée à la nation, jointe à l'idée pacifiste, me conduisirent et me fixèrent en 1938-1939 sur le frontisme de Gaston Bergery. Son journal, *La Flèche*, était du reste éclectiquement ouvert aussi bien à des libertaires pacifistes comme Georges Pioch qu'à des ex-staliniens comme Rappoport. Je trouvai une synthèse ou du moins un compromis entre messianisme révolutionnaire et réalisme réformateur.

La première pulsion militante m'avait conduit au local de SIA (Solidarité internationale antifasciste, d'inspiration libertaire) pour confectionner des colis destinés aux combattants des brigades anarchistes de Catalogne. La seconde pulsion me poussa au sous-sol du café de l'Odéon où se tenaient les réunions des étudiants frontistes. Je m'y sentis à l'aise car j'y trouvai une très grande diversité de motivations et d'idées. Le frontisme signifiait alors, selon la parole de Bergery, la lutte sur deux fronts, l'un antifasciste, l'autre anticommuniste. Je n'ai pas su être fidèle à la « lutte sur deux fronts » durant la période de guerre.

Bergery non plus, mais en faisant le choix inverse du mien[1].

Mon adhésion au communisme, que j'ai déjà évoquée, a obéi à un formidable appel existentiel, lié à l'acceptation du sacrifice de ma vie. Mais j'ai fait une étrange osmose entre une logique sacrificielle et une conception « réaliste » du lourd tribut à payer pour sauver le monde. De même, j'ai fait une étrange combinaison entre mon messianisme et mon réalisme. Il m'a fallu des arguments « réalistes » pour me convaincre que les caractères négatifs de l'URSS stalinienne tenaient à son passé tsariste et à l'encerclement capitaliste, et une logique « réaliste » pour penser que les fondations socialistes de l'URSS donneraient toutes leurs fleurs une fois la victoire acquise. Il y a donc eu, de 1942 à 1947, une mauvaise synthèse entre mes besoins de réalité et d'utopie, de religion et de raison. Je recherche encore la bonne synthèse, mais je sais désormais qu'il faut maintenir l'irréductible antagonisme entre ces besoins complémentaires, et qu'il faut abandonner le messianisme de salut et du sacrifice collectif.

J'ai été un communiste de guerre. S'il n'y avait pas eu la guerre mondiale, et la résistance de l'URSS à l'invasion nazie, les forces de scepticisme auraient peut-être dominé en moi, et je n'aurais pas adhéré à la grande religion de salut terrestre. Je dirais même que mon adhésion au communisme stalinien, contre lequel toute ma culture politique antérieure (hésitant entre les radicalismes libertaires ou trotskistes et le réformisme de Bergery) m'avait presque immunisé, n'a été possible que dans ces conditions particulières.

1. Rallié à Vichy après l'armistice, Gaston Bergery (1892-1974) devint conseiller de Pétain, puis ambassadeur à Moscou et à Ankara. Traduit devant la Haute Cour de justice en 1949, il fut acquitté.

Et j'ai dû refouler et anesthésier toutes les lucidités politiques acquises avant mes vingt ans, notamment au moment de la guerre d'Espagne et des procès de Moscou. L'après-guerre a permis le retour de ces lucidités.

J'ai été communiste de guerre, et ce communisme n'a pas survécu à la paix : le dégel qui me semblait inévitable n'est pas arrivé en 1945 et le regel est survenu dès 1946-1947. Alors a commencé ma résistance, d'abord culturelle et timide, puis devenant radicale en 1948-1951. Je suis devenu un vrai « ennemi du Parti » en 1956-1957. J'ai résisté à cette machine dès 1946, je me suis trempé cette fois non plus dans la lutte physique contre un ennemi extérieur, mais dans le « combat spirituel », le plus terrible de tous, comme l'avait bien vu Rimbaud, contre la Foi enracinée en moi-même.

« Communiste de guerre » veut dire aussi qu'il a fallu que je régresse dans ma conscience politique et que je mette en veilleuse mon intelligence, tout en utilisant toutes les acrobaties intellectuelles et tous les arguments rationalisateurs hégéliano-marxistes pour adhérer à cette formidable religion. Pascal l'a bien dit à celui qui veut croire et n'arrive pas à croire : « Abêtissez-vous. » Suivez les rites, récitez les prières, obéissez. Il faut utiliser l'intelligence à s'abêtir. J'ai utilisé l'intelligence pour m'abêtir dans la militance. C'est un des enseignements majeurs que je tire non seulement de mon expérience en Stalinie, mais de toute mon expérience politique : l'utilisation de l'intelligence pour l'abêtissement.

Je me suis aveuglé moi-même jusqu'à devenir aveugle à mon aveuglement. C'est le nœud psychologique de mes erreurs. Alors que j'étais sûr d'opérer une progression et un dépassement, j'effectuais une régression intellectuelle. C'est plus tard, quand j'ai pris conscience de cette régression, que j'ai pu progresser... C'est même la forte conscience de cette régression qui me permit d'opérer, je crois, le progrès décisif. Ainsi cette régression intellectuelle a été la condition de ma progression future, c'est-à-dire de prises de conscience qui n'ont pu me venir que de la réflexion sur l'expérience que j'ai vécue. De plus, cette régression intellectuelle des années 1941-1944 fut liée à une progression existentielle décisive : c'est ce qui m'a permis de m'affranchir, de risquer ma vie, d'affronter la mort, de quitter l'état chrysalidaire dont je n'aurais sans doute jamais pu m'affranchir s'il n'y avait pas eu la guerre.

J'avais écrit le paragraphe qui précède, mais voilà qu'au cours d'une conversation de dîner, Jacques-Francis Rolland s'exclame : « Je vais te dire, moi, ce qui reste de notre expérience communiste de résistance : comme la SS, ç'a été une école de courage, de dévouement, de sacrifice ; on a été une aristocratie qui a mis sa vie en jeu : c'est pour ça qu'on n'a pas été des pourris. » Ces propos sur l'« école du courage » ont d'abord corroboré ce que je venais d'écrire sur ma « progression existentielle », puis l'analogie avec la SS et notre identification à une aristocratie m'a choqué. J'ai aussitôt sécrété l'antidote : est-ce que la nature de notre foi en l'humanité, antagoniste à leur foi dans leur race, ne produisait pas un comportement différent ? N'étions-nous pas non une aristocratie, mais un ordre monastique au service des opprimés ? Oui, mais Staline avait dit, dans son adieu à Lénine : « Nous autres bolcheviks sommes d'une étoffe différente des autres hommes. » Et la (fausse) conscience de connaître les lois de l'Histoire et d'être les exécutants conscients de la volonté inconsciente des prolétaires a fabriqué une caste supérieure au masque prolétarien, qui, comme un virus, a fait travailler pour sa propre reproduction meurtrière tout ce qui aspirait à l'émancipation de l'humanité. Nous étions pourtant non des dominateurs, mais des libérateurs, non des arrogants, mais des maudits et des pourchassés... Oui, mais devenus triomphants et maîtres du pouvoir, les staliniens sont devenus dominateurs et arrogants, capables comme la SS de la pire cruauté et experts à liquider tout ce qui s'opposait à leur cause, comme on l'a vu pour Katyn, l'insurrection de Varsovie et tant d'autres actes horribles.

Alors j'ai vu qu'il fallait aussi tirer la leçon philosophique et anthropologique de l'« école du courage, du dévouement et du sacrifice ». Nous étions à l'origine le contraire des SS, mais le triomphe et le pouvoir ont fait des bolcheviks quelque chose en fait d'analogue, parfois pire, parfois moindre, avec une idéologie humaniste servant de masque. Et puis l'essentiel de l'expérience n'était pas seulement l'« école du courage, du dévouement, du sacrifice ». Il y avait quelque chose d'autre, d'une part une expérience fondamentale du problème de l'erreur, d'autre part une expérience anthropo-sociologique des profondeurs.

L'ERREUR CLÉ : LA RATIONALITÉ MAL PLACÉE

Alors que la plupart des ex-communistes sont devenus amnésiques sur eux-mêmes, je suis un des rares à avoir incorporé les leçons de l'expérience vécue de l'intérieur. Je n'ai rien oublié de la façon dont je pensais, des arguments que je me donnais. J'ai voulu comprendre et analyser ce qu'il y avait d'erroné et de pervers dans les processus en œuvre dans mon esprit. C'est parce que je n'ai pas cherché à oublier cette expérience que je me suis débarrassé non seulement de certaines idées « fausses », mais d'un mode de penser que l'on retrouve ailleurs non seulement dans toute foi, mais aussi dans tout système de pensée qui devient doctrinal. Mon erreur gigantesque m'a permis par la suite d'être vigilant contre les nouvelles sources d'erreur, et le chercheur sourcilleux pourrait s'en rendre compte : jamais, depuis 1949 et surtout 1956, je n'ai versé dans les innombrables erreurs qui ont été les « vérités » de l'intelligentsia de gauche française.

Mes erreurs fondamentales sur l'URSS et le communisme furent philosophiques et non empiriques. Elles vinrent d'une rationalité qui m'a rendu fort suffisant alors qu'elle était insuffisante, et l'illusion de rationalité m'a abusé. Ainsi je savais que l'URSS était loin d'être un « paradis socialiste » ou le pays de la « vraie liberté ». Mais j'ai transformé l'idée complexe selon laquelle « on ne peut juger l'URSS isolée de son passé et de son avenir » en une idée mutilante qui me permettait d'escamoter la réalité de son présent.

J'ai à deux ans de distance commis deux erreurs contraires à partir de la même logique dialectique. L'erreur de 1940-1941 où je pense que l'Allemagne hitlérienne sera dépassée par sa propre victoire, l'erreur de 1941-1942 où je pense que l'URSS stalinienne dépassera dans la victoire mondiale du socialisme son caractère obsidional, et épanouira les virtualités incluses dans son idéologie. S'il m'a fallu à peine un an pour passer d'une erreur à l'autre, c'est qu'il y a eu accélération de l'Histoire, passage en un an de l'hégémonie triomphale de l'Allemagne nazie à la résistance de l'URSS.

Dans l'une et l'autre erreur intervient ma volonté d'universalisme. Dans la première, je veux annuler en moi toute détermination juive singulière, et, ne voulant pas être déterminé par le statut des juifs qui me prive d'avenir et de liberté, je mets entre parenthèses le problème de mon propre sort et je pense que le sort historique de la masse des Européens, et non celui de la minorité juive, doit déterminer mon jugement. Dans la seconde, je me suis convaincu que la cause de l'URSS est celle de toute l'humanité, et que Moscou est non la capitale d'un empire, mais le phare de l'espèce humaine. Dans l'un et l'autre cas, il y a l'idée sous-jacente que l'universel est historiquement en marche (ce qui apparaît dans mon sot article de 1944 « Où sont les philosophes ? »). J'ai en fait servi à la fois l'universel abstrait qui détruit tout ce qui lui fait obstacle, et l'universel menteur qui sert de masque à des pouvoirs et intérêts particuliers.

Et, derrière ma foi dans la victoire finale de l'universel, il y avait le besoin de donner un sens aux tragédies et aux horreurs de l'Histoire. Il fallait, pour qu'il y ait ce sens, que l'horreur soit dépassée par elle-même, c'est-à-dire que la force destructrice implacable se transforme finalement en force civilisatrice. Et, ici, pour soutenir le sens « rationnel » que je voulais lire dans l'apocalypse, intervenait souterrainement un mythe sacrificiel. Je pensais, au cœur des hécatombes de la guerre mondiale, que la rédemption avait besoin de sacrifices humains (dont le mien évidemment). Je voulais que le sacrifice donne sens à l'absurde massacre.

Alors que je vois dans les erreurs que je viens d'indiquer les effets d'une rationalité complexe pervertie, je vois dans mon idée de l'efficacité révolutionnaire l'effet d'une rationalité simplifiante débile. Je m'étais convaincu que le bien le plus précieux du Parti était son unité. Unité, unité, pas de divisions, pas de scissions. Une fois décidée, il faut suivre *la Ligne*. Hors de la Ligne, pas de salut. Peu importe que les idées déviantes aient quelque justesse. Plus juste était le nécessaire maintien de l'unité du commandement.

C'est pour cela, pensais-je rétroactivement après la victoire de Stalingrad, que les purges staliniennes de 1937 étaient justifiées, même si la mascarade des procès de Moscou était répugnante. Ainsi était légitimée l'organisation monolithique du Parti, le contrôle permanent des cadres et des militants, bref, tout l'appareil de surveillance policière inhérent au stalinisme.

Plus encore, cette justification de l'unité par l'efficacité amenait à privilégier l'efficacité contre la moralité. Des notes de début 1944, notamment sur l'*Antigone* d'Anouilh, me montrent quasi obsédé à opposer le révolutionnaire responsable à l'anarchiste (incapable de changer le monde parce qu'il le refuse en bloc). Notre vulgate hégéliano-marxiste nous amenait à ricaner des « belles âmes » et des « grands cœurs » incapables de la moindre action efficace. Et cette idée s'est dégradée dans le mépris des « mains propres » et la nécessité d'avoir les « mains sales » si l'on veut agir pour la révolution. « Il a les mains propres parce qu'il n'a pas de mains », disait-on avec mépris. Les pires saloperies du stalinisme étaient moralement justifiées, et les actes moraux étaient moralement disqualifiés...

J'ai découvert progressivement combien était inepte cette conception de l'efficacité. En fait, la concentration de tous les pouvoirs dans les mains de Staline avait failli aboutir à la défaite en 1941 puisque Staline avait exécuté les généraux compétents comme Toukhachevski et n'avait pas donné crédit aux informations l'avertissant de l'attaque allemande. En fait, dans l'Angleterre démocratique, la pluralité des points de vue, la liberté de critique ont fortifié le pays en guerre. Après le dégoût, j'ai découvert la stupidité de la morale des mains sales[1].

---

1. Je renvoie au chapitre 3, « Auto-éthique », p. 84.

Toutes ces erreurs intellectuelles et morales étaient les produits de la combinaison entre deux formes de rationalisation. La première était une rationalité qui voulait se complexifier (dialectiser) pour intégrer les tragédies de l'Histoire et qui, devenant machine à justifier, s'est corrompue et dépravée. La seconde était la rationalité simplificatrice fondée sur une logique de l'unité comme condition de l'efficacité. Cette double rationalisation était l'irrationalité même puisqu'elle camouflait en elle et se rendait invisible la croyance religieuse, mystique, messianique dans le parti-patrie.

Je crois que la grande leçon intellectuelle tirée de mon expérience de conversion au communisme est de comprendre comment un processus mental rationalisateur peut faire quitter la rationalité, voire obéir à une aspiration religieuse. C'est grâce à la réflexion autocritique que je suis devenu capable de concevoir ce processus mental et c'est cette réflexion qui m'a aidé ensuite à bien concevoir ce qu'est la rationalisation, qui a les mêmes racines que la rationalité, mais qui en est l'ennemie mortelle. Je me tiens désormais pour un champion de la rationalité parce que je lutte contre son sosie dément : la rationalisation.

La leçon anthropo-sociologique

Et voici la seconde leçon : l'expérience anthropo-sociologique des profondeurs.

J'ai acquis dans l'appareil du Parti (je n'étais pas qu'un simple militant mais un « permanent » bien que je sois demeuré toujours à sa périphérie) une expérience inoubliable à la fois psychologique, sociologique, culturelle, religieuse. Une expérience de possession. Nous avons été « possédés » pas seulement par des démons intérieurs, mais par le Parti, extraordinaire puissance d'envoûtement et d'hallucination installée à l'intérieur de nous-mêmes.

J'étais déjà moi-même, bien avant mon adhésion, « possédé » par le mythe de la fraternité (car, comme j'ai essayé de le démontrer ailleurs, nous sommes possédés par les idées et les croyances que nous possédons[1]). J'ai été possédé par la foi en un monde meilleur, ce qui a renforcé la possession de mon esprit par la fraternité, laquelle renforçait ma foi en un monde meilleur. L'intense communauté de vie et de mort dans l'action résistante a accru cette possession, ce qui a permis à l'appareil du Parti, possesseur de la vérité de notre croyance et de notre mythe, de nous posséder dans et par son organisation même.

Le mot « totalitaire » prend son sens car l'appareil concentre en lui le pouvoir théologique (la vérité scientifique absolue du marxisme-léninisme), l'autorité politique suprême, le contrôle policier sur ses membres, tout cela joint à la discipline militarisée. La foi religieuse, la crainte respectueuse de l'autorité, l'obéissance *perinde ac cadaver* convergent et s'intègrent l'une dans l'autre. Le Parti est patrie au sens plein du mot, il dispose en lui de la souveraineté du père et il porte en lui la substance maternelle suprême : celle de l'humanité, matrie suprême, qui, comme disait Joffe, a été l'infini de ceux qui, ne croyant pas en Dieu, ont cru en l'espèce humaine[2].

Ainsi l'appareil a modelé un type humain à la fois possédé et halluciné. La possession par les forces supérieures théologico-politiques conduit à l'obéissance

1. *Les Idées*, *op. cit.*, p. 117-127.

2. Joffe, vieux bolchevik désespéré par l'URSS devenant stalinienne, écrit cette phrase sur l'« infini de l'espèce humaine » dans son testament, avant de se suicider en 1928. Le testament, interdit par la censure en URSS, a été porté en France par Pierre Naville.

absolue, au sacrifice de soi et au sacrifice d'autrui, à une vision hallucinée où la liberté semble esclavage et l'esclavage liberté, où le camarade devient espion hitléro-trotskiste et le despote, bienfaiteur de l'humanité. J'ai vu l'état de possession, quasi permanent chez les « permanents », se manifester en hystérie permanente.

L'être humain, qui porte en lui les possibilités du meilleur et du pire, a pu actualiser dans le communisme le meilleur et le pire, et souvent en même temps et dans une même personne. Tant de virtualités humaines se sont actualisées, de l'amour le plus sublime à la cruauté la plus horrible ! Ce qui a manqué seulement ou plutôt qui a été perverti pour se mettre au service de l'abêtissement, y compris de son propre abêtissement, c'est l'intelligence.

J'ai vu ce que cette incroyable machine pouvait faire d'un homme, comment elle le transforme, et comment cet homme se retransforme hors de la machine où le Torquemada ou la Torquemadette redeviennent alors d'ordinaires quidams. J'ai vu l'état d'infantilisme permanent de la confiance absolue dans l'autorité du Parti. J'ai vu l'état de paranoïa permanent du militant voyant partout les ignobles complots de l'ennemi contre les forces du bien. J'ai vécu l'expérience d'un monde clos, s'autojustifiant dans l'enthousiasme permanent et l'indignation permanente, où toute velléité de lucidité était dénoncée comme ignorance, sottise, vilenie.

Ce qui m'a semblé important à dire en 1991, dans ma préface à la réédition d'*Autocritique*, ce fut donc le phénomène de possession : *Je n'ai pas cessé de réfléchir sur cet étonnant pouvoir du Parti, qui peut faire du même être humain un héros ou un monstre, un martyr ou un bourreau. J'ai vu que le Parti était une sorte d'être à la fois mythique et réel, possédant littéralement l'esprit de ses permanents et celui de ceux qui avaient foi en lui. Je savais déjà que chaque humain est multiple et complexe, et que les ignobles sont ceux chez qui, selon les circonstances ou hasards de l'existence, l'ignominie prend les commandes de la personnalité. Ainsi le Parti, qui attirait à lui souvent les meilleurs, ceux qui voulaient lutter contre l'exploitation et la domination, ceux qui ressentaient le grand appel de la fraternité, sélectionnait à l'intérieur de son organisation, à partir du moment où il prenait le pouvoir (avec d'heureuses exceptions), ce que chacun avait de pire et il développait en chacun ce pire.*

Je voudrais en venir maintenant à l'aspect complexe de l'expérience de vie au sein du Parti. Jaynes[1] a émis la thèse que, dans les empires théocratiques de l'Antiquité, les individus avaient deux chambres séparées dans leur esprit : l'une était occupée par les problèmes de la vie personnelle, quotidienne, l'autre par le pouvoir impérial-théocratique. Les deux chambres ne communiquaient pas, et dès qu'il y avait message ou appel dans la chambre théocratique, l'individu y obéissait en automate. Ainsi en était-il chez les « permanents » de l'appareil dans leur vie quotidienne. J'ai vécu une telle expérience dans une banlieue périphérique de l'appareil, au sein de la FNDRIP où j'étais chargé du journal *Le Patriote résistant.* Je ne me souviens pas si ce fut de notre temps, à Robert Antelme et moi, mais il y eut une scission qui sépara de la « Fédé » tous ceux qui voulaient que celle-ci, notamment après un appel de David Rousset dans *Le Figaro,* dénonce les camps de concentration soviétiques. Étaient restés les communistes, qui contrôlaient la « Fédé », les « progressistes »

1. Julian Jaynes, *The Origin of Consciousness in the Breakdown of the Bicameral Mind,* Boston, Houghton Mufflin, 1976.

et des ignorants. Le président, le colonel Manhès, semblait un sans-parti, un « patriote honnête ». Il avait été au cabinet de Pierre Cot avant la guerre (probablement déjà alors sympathisant de l'URSS), puis, résistant, avait été déporté à Buchenwald où il avait été protégé par Marcel Paul, qui était le responsable français de la section communiste du camp, et à qui il vouait une totale adoration. Dès qu'il y avait quelque problème avec Manhès, Paul était prévenu et manœuvrait aussitôt pour remettre le récalcitrant sur la bonne ligne. Le secrétaire général était Maurice Lampe et son second Fredo Ricol. Lampe avait tous les aspects du vieux brave homme ; il nous semblait très débonnaire, nous parlait avec aménité, égrenait des souvenirs de la guerre d'Espagne et de Buchenwald. Fredo, avec qui nous étions liés d'une amitié plus personnelle, était jeune, actif. Chacun avait ses vertus, ses traits sympathiques.

Ainsi vivions-nous rue Leroux, avec Maurice Lampe et Fredo Ricol. Il y avait un climat de bonne camaraderie, avec comme partout des petites inimitiés, des jalousies, des histoires de cœur, des liaisons secrètes. Nous partagions même avec Fredo des tranches de vie privée, mais quand il s'agissait du Parti ou des questions politiques, Ricol comme Lampe devenaient soudain des apparatchiks hallucinés, parlant uniquement en langue de bois. Puis ils redevenaient normaux. Fredo avait réussi à créer une maison de post-cure pour ex-déportés à Fleury-Mérogis. Il avait fallu donner quelques pots-de-vin, entrer dans des combines, mais c'était pour la cause des déportés. Il ambitionnait de remplacer Lampe, usé, bureaucratisé. Lampe avait été le second de Marty à Albacete aux Brigades internationales durant la guerre d'Espagne. Que d'exécutions, de tortures peut-être, auxquelles il avait dû participer, dont il ne soufflait mot. Il se révéla capable de manœuvres impitoyables pour se défendre contre Fredo. La bataille avait lieu dans l'ombre, aux sommets de l'appareil. Lampe était soutenu par Marty ; Fredo, qui faisait partie d'une grande famille communiste comptant Raymond Guyot, membre du Bureau politique, Lise Ricol et son mari London, alors aux sommets à Prague, était soutenu par son clan. Ricol aurait peut-être gagné mais Lampe fit état des irrégularités qu'avait dû commettre Fredo pour la maison de postcure, et la lutte fut tranchée par le Bureau politique au détriment de l'un et de l'autre. Lampe fut « renvoyé à la production », c'est-à-dire perdit le poste de permanent qu'il n'avait cessé d'occuper depuis sa jeunesse, et Ricol fut écarté de même. Une nouvelle équipe fut choisie pour succéder à l'ancienne ; c'est à cette occasion que l'appareil me proposa d'entrer à *L'Humanité* (Fredo et Lampe avaient dû l'un et l'autre faire de bons rapports sur moi) et que j'ai refusé cet honneur.

Apparemment, la Fédération des déportés est autonome. En fait, toutes les décisions sont prises au siège central du Parti. Apparemment, il y a un conflit balzacien entre un jeune ambitieux et un dirigeant vieilli, mais c'est un conflit entre apparatchiks obéissant inconditionnellement l'un et l'autre au Parti, et ce conflit se mène avec des ruses et des manœuvres particulières, car, derrière ce conflit, il y a le haut appareil. Ce fut le conflit le plus soft auquel j'aie pu assister ; je l'ai raconté pour indiquer que, même dans une oasis apparemment paisible, l'hôtel particulier de la rue Leroux, le monde du silence du Parti était souterrainement présent et possédait non seulement de façon administrative les postes de commande, mais aussi de façon psychique les têtes qui commandaient aux postes de commande. Il y avait de vrais sentiments d'amitié au sein de l'hôtel de la rue Leroux, c'était une vie comme partout ailleurs. Toutefois, la thèse de Jaynes était vérifiée : les permanents avaient deux vies, chacune commandée par sa chambre, mais la chambre haute avait l'autorité maîtresse. Dès que le Parti décidait, la chambre haute vidait la chambre basse de tout sentiment personnel.

Comme le national-socialisme hitlérien, le communisme stalinien a revivifié avec une puissance extrême des phénomènes qu'on imaginait disparus depuis l'Assyro-Babylonie ou l'Égypte pharaonique. En fait, ces phénomènes s'étaient seulement atténués au cours de l'Histoire, ils réapparaissaient en des périodes paroxystiques comme durant la Terreur de 1793 ou la Semaine sanglante de 1871. Ils resurgissaient sans cesse dans le monde contemporain, en temps de guerre, comme la guerre de 14-18 où Français et Allemands furent également convaincus de combattre pour la culture, le droit et la civilisation contre les forces ignobles du mal. De plus, comme je l'ai dit plus haut, on trouve très souvent, dans la vie politique, la bonne-mauvaise foi, l'indignation permanente contre « les salauds », la langue de bois et l'usage dévoyé de l'intelligence pour justifier l'injustifiable, pour rationaliser l'imbécillité.

De même que la névrose ou la psychose poussent à l'extrême des états psychologiques normaux, de même la possession et le phénomène de « double chambre » éclairent des phénomènes communs à toute appartenance religieuse, politique, idéologique, et, par là, leur connaissance peut servir à l'amélioration de nos perceptions, conceptions et comportements. Cette expérience m'a ainsi été très utile pour élaborer, de *L'Homme et la Mort* jusqu'aux *Idées*, ma conception anthropologique qui fait la part de l'hallucination dans la perception, même quotidienne[1]

---

1. Cf. *Pour sortir du XXe siècle, op. cit.*, p. 17-26.

et qui considère la possession comme phénomène presque normal au sein d'une croyance forte. Elle m'a servi à reconnaître l'importance du mythe, de l'imaginaire, du sacré – et cela dans notre monde apparemment laïcisé –, camouflé sous l'apparence de la raison et de la science. Elle m'a permis de comprendre la réalité des Idées[1], qui sont capables de prendre possession de nos esprits et de nous immoler pour leur gloire.

Elle m'a donné une leçon générale sur la rationalité elle-même : il ne suffit pas de se croire rationnel pour l'être – cela vaut pour tous et pour chacun. La rationalité pervertie et la rationalité simplifiante sont les maladies dégénératrices qui menacent à chaque instant l'exercice de notre pensée. La formidable erreur de l'esprit que j'ai commise m'a rendu ultra-sensible au problème de l'erreur de pensée. La conscience aiguë du problème de l'erreur de pensée a joué un rôle incitateur majeur dans l'entreprise de *La Méthode* qui constitue un effort polyvalent contre les pièges de la fausse rationalité. Cet effort, qui vaut pour les conceptions philosophiques et scientifiques, est d'importance vitale pour la pensée et l'action politiques.

Elle m'a permis enfin de mettre au jour et d'étudier dans son organisation même le phénomène de l'immunologie idéologique, par lequel les systèmes d'idées *s'auto-défendent, attaquent, contre-attaquent toutes perturbations ou offenses que peuvent leur apporter les événements, les arguments, les faits*[2]. Et, du même coup, cette expérience m'a donné, je l'espère, une extrême vigilance à l'égard des phénomènes d'hallucina-

1. *Les Idées, op. cit.*, p. 113-129.

2. Cf. *Pour sortir du XXe siècle, op. cit.*, p. 89-110 ; *Les Idées, op. cit.*, p. 129-137.

tion, de possession, d'hystérie et d'intimidation[1] qui reviennent sans cesse dans la vie politique et culturelle.

MON ANTI-COMBAT PERMANENT

De 1956 à 1994, mon activité politique s'est effectuée hors de tout parti ; elle s'est menée sur deux fronts communiquant l'un avec l'autre, d'une part celui de la nécessité de repenser la politique, d'autre part celui de la volonté de lutter contre l'erreur et l'illusion.

Une première repensée politique s'est effectuée en 1963 dans mon texte *Introduction à une politique de l'homme*, publié en 1965. Elle s'est développée dans *Pour sortir du XXe siècle* (1981), s'est poursuivie dans des articles comme *Le Grand Dessein* (1988), regroupés dans *Le Nouveau Commencement* (1991), puis *La Pensée socialiste en ruine* (1993) et s'est re-située dans « l'âge de fer planétaire » avec *Terre-Patrie* (1993). Je ne vais pas ici résumer le sens de ce travail proposant la refondation et la régénération de la pensée et de l'action politiques qui me semblent de plus en plus nécessaires.

Sur le front de la lutte contre l'erreur et l'illusion, j'ai procédé, parfois simultanément, de deux manières :

– effectuer des diagnostics pour concevoir tous les aspects d'une situation et d'un problème, en tenant

1. L'intimidation a le caractère non pas d'une prise de possession intérieure, mais d'une contrainte extérieure à laquelle on n'ose résister : l'évidence communément admise autour de soi intimide celui qui voudrait la contester parce qu'il serait aussitôt honni ou rejeté. L'intimidation émane en fait de tout milieu dominant, de toute idée jugée indiscutable. Parfois je me suis tu, je n'ai pas relevé, je n'ai pas voulu une fois de plus m'opposer. Mais, surtout ces dernières années, la possibilité de faire des articles dans *Le Monde* m'a permis de m'exprimer à de nombreuses reprises.

compte des incertitudes et des contradictions, c'est-à-dire en affrontant et révélant les complexités ;

– s'opposer à l'« hystérie » politique qui suppose toujours possession et hallucination. Je parle d'hystérie dans le sens d'une pathologie qui transforme des états subjectifs en phénomènes objectifs, et conduit à croire en la réalité de ce qui a été obtenu par suggestion (hypnotique/hallucinatoire) ou/et auto-suggestion.

La lutte contre l'erreur/illusion/hystérie m'a mobilisé pendant presque quarante ans contre l'autre négationnisme, celui qui niait non le caractère génocidaire des camps hitlériens, mais les exterminations massives du système stalinien et, bien sûr, la nature même de la Soviétie. Ce négationnisme résultait de l'action convergente de l'hallucination, de la possession idéologique et de l'intimidation, bien au-delà même de la sphère du Parti communiste. La majorité de l'intelligentsia de gauche, se fixant uniquement sur les crimes nazis, se mobilisant uniquement contre ceux qui voulaient nier ou même atténuer la monstruosité nazie, a constamment refoulé jusque vers 1973-1975 tous les témoignages et toutes les données révélant le caractère massif des déportations, enfermements et liquidations par millions en URSS. Nivat dit justement : « Le pire était que ces esclaves [du Goulag] étaient niés, que la propagande en faisait des privilégiés de la grande "refonte de l'homme", que ces metropolis subarctiques étaient transmutées en petits paradis socialistes[1]... »

1. Deux images s'imposent à moi, qui s'affrontèrent directement dans les années 70. D'une part, celle de l'intellectuel d'Occident, marxiste d'idées, socialiste d'esprit, bourgeois de vie, avec ses mesquineries, ses habitudes, son confort, son conformisme, son attachement à l'argent et à la réputation ; et d'autre part l'image du *zek*, l'homme matricule concentrationnaire, le vrai prolétaire de l'univers stalinien, incarné par Soljenitsyne, rejeté dans les Enfers par cet intellectuel bourgeois d'Occident regrettant *in petto* qu'il n'ait pas crevé au goulag comme les autres.

Aujourd'hui, en dépit de l'effondrement de la Soviétie, on continue, sous le motif de ne pas banaliser le génocide hitlérien, de banaliser les millions de victimes du KGB et du Goulag, en même temps qu'on a minimisé toutes les exactions commises par Israël à l'encontre des Palestiniens. Ma résistance contre ces mensonges et illusions s'est exprimée non par des imprécations et des hurlements, mais par l'argumentation et le diagnostic sur la nature du communisme soviétique. J'ai commencé en 1956-1957 à centrer sur l'appareil ma critique de ce communisme (l'idée a été captée en 1970 par Althusser qui a ignoré la reconnaissance de dette), puis j'ai effectué en 1982 mon diagnostic approfondi sur la *Nature de l'URSS* où, entre parenthèses, parmi mes hypothèses sur le futur, j'envisageais, à l'occasion d'un changement de secrétaire général, la possibilité d'une évolution réformatrice suivie d'une désintégration[1]. (Ce livre, inaperçu des soviétologues, est aujourd'hui traduit en Russie et en Pologne.) Et quand tout fut accompli, ma préface de 1991 à *Autocritique* a essayé de considérer sous l'angle de sa complexité propre l'extraordinaire aventure du communisme soviétique.

En ce qui concerne l'autre négationnisme, qui conteste l'existence d'une machine exterminatrice des juifs dans les camps nazis, j'ai procédé non par demande d'interdiction et poursuites judiciaires, mais par une argumentation qui me semble décisive[2]. De même, bien sûr, et on l'a vu au chapitre 4 de ce

1. *De la nature de l'URSS*, Paris, Fayard, 1983, p. 245-246. J'ai exposé la même hypothèse dans *Pour sortir du XXe siècle*, *op. cit.*, p. 351 : *Cette puissance inouïe est en même temps d'une faiblesse inouïe, et il suffirait d'un déchirement ou rupture* à partir du sommet *pour qu'une désintégration en chaîne atteigne le système tout entier*; et dans *Penser l'Europe*, *op. cit.*, p. 159.

2. Cf. *Pour sortir du XXe siècle*, *op. cit.*, p. 182-195.

livre, j'ai résisté constamment au judéo-centrisme, d'abord subjectivement pour moi-même, puis en intervenant par l'écrit quand celui-ci provoqua à mes yeux une insupportable illusion et hystérie.

Au cours de la période 1954-1968, c'est par principe anticolonialiste que je me suis opposé avec mes amis à la guerre française menée en Algérie mais c'est par résistance à l'erreur, l'illusion et l'hystérie que je me suis opposé à la diabolisation du mouvement messaliste, criminalisé par le FLN comme organisation de traîtres stipendiés par l'occupant français. Mes diagnostics sur le gaullisme manifestent mon opposition radicale aux généraux rebelles d'Algérie, mais aussi ma résistance à l'hystérie autour de moi qui considère de Gaulle comme fasciste ou au minimum dictateur. Dès mai 1958, mon article dans *Arguments* envisage la possibilité que de Gaulle apporte la paix par la négociation en Algérie. Puis, durant l'ère gaullienne, je fais deux articles dans *France Observateur,* l'un sur le double « Je » de De Gaulle, l'autre sur la France d'après guerre. Je suis répulsif au « conservatisme évolutif » mais je crois reconnaître des vertus à une politique internationale qui *favorise la recherche de formules nouvelles par rapport au capitalisme bourgeois et au socialisme d'État.* (Ce qui reste naïf dans mes analyses vient de ce que le mot « bourgeois » suscite en moi une réaction « hystérique » dès que je qualifie par ce terme une politique ou une situation ; puis, sans pour autant devenir un résigné, je cesserais de voir dans les termes « bourgeois » et « capitaliste » les deux concentrés des maux de l'humanité.) En décembre 1965, à l'occasion de la campagne électorale qui oppose Mitterrand à de Gaulle, mon article du *Monde* intitulé « La contradiction » exprime mon impossibilité de choisir devant l'ambivalence de chaque candidat. Pour moi, Mitterrand *n'a pas cette inspiration poétique qui peut, dans les circonstances où les appareils embouteillés sont obligés de laisser passer un homme, devenir une force politique.* Déjà, à ce moment où une coalition autour du candidat Mitterrand constitue une première ébauche d'Union de la gauche, j'écris : *Voter pour une coalition en laquelle on ne peut actuellement croire, ce serait rejeter le long travail d'élucidation qu'on pense avoir accompli, pour répondre au vieux roulement de tambour, à la vieille chanson. Il faut savoir se dégriser politiquement.* Je n'ai cessé de me considérer de gauche, mais je n'ai jamais bu la bibine de l'Union de la gauche.

En mai 1968, j'ai vécu, ai-je dit, une « extase de l'histoire », mais je n'ai participé à aucune activité politique. J'ai tenu à faire mes diagnostics à chaud, tous indiquant les ambiguïtés et incertitudes du mouvement ; j'ai refait des diagnostics durant l'automne 1968, puis en 1978 et en 1988, prenant en charge chaque fois la modification du regard porté sur l'événement en fonction des expériences historiques des années postérieures.

Après une éruption de maoïsme, vietnamisme et castrisme hystériques, les années 1975-1980 voient le collapsus de la grande religion de salut terrestre et de toutes les illusions qui la fondaient et l'accompagnaient. Mais, paradoxalement, l'essor de l'Union de la gauche sous direction mitterrandienne répand de façon molle et diluée toutes les illusions progressistes qu'ont abandonnées les intellectuels qui ont fait le voyage au bout du soleil, mais que découvrent avec un retard de vingt-cinq ans les enseignants et militants du PS qui sont restés en vase clos dans leurs écoles ou leurs permanences sans connaître ni les illuminations ni les foudroiements des grands orages planétaires. Le congrès d'Épinay apporte un retour de la sève d'espérance au PS, mais au prix de la régression intellectuelle (l'Union de la gauche a fait oublier les justes diagnostics de la SFIO sur l'URSS).

L'élection du 10 mai 1981 (où je m'abstiens) me trouve attentiste et attentif: mon attentisme est commandé par *un complexe de méfiance, de prudence, de scepticisme, de contentement, de sympathie, d'espoir*[1]. Le dosage de ces ingrédients du complexe se modifie selon les événements, mais en 1982 j'ose, tout en exprimant ce que je trouve positif dans ce début d'expérience, formuler mes réserves critiques dans une série de quatre articles de *Libération*, « Le rose et le noir » (février 1982), et dans un article du *Monde* (octobre 1983) où je m'inquiète de l'éventuelle disgrâce où pourrait sombrer l'expérience. Je n'ai pas cessé de souhaiter une véritable métamorphose du PS, qui à mon avis devrait être le milieu du renouvellement politique que je souhaite, et à l'égard de qui j'ai un attachement pathologique, puisque cet espoir n'a cessé d'être déçu, y compris après l'électrochoc de mai 1993.

Je continuais sur ma lancée de résistance à l'illusion et l'erreur, quand les événements de 1988-1989 m'ont transporté de bonheur. L'écroulement, non tant du gigantesque empire que du gigantesque mensonge, a paru enfanter, selon l'expression de Hegel pour le premier 89, « un splendide lever de soleil ». Mais je demeurais conscient des périls « damocléens » de l'ère planétaire[2]. L'apparent lever de soleil n'était que l'explosion d'une supernova. Nous entrions dans un nouveau chaos. Et, à nouveau, il me fallait,

1. Cf. *Le Rose et le Noir*, dont les textes ont été publiés en 1984 chez Galilée, p. 15.

2. Cf. mon article « L'ère damocléenne », dans *Le Monde* du 22 octobre 1990, repris dans *Un nouveau commencement*, Paris, Seuil, 1991.

dans le conflit du Golfe comme dans la guerre de Yougoslavie, tenter le diagnostic qui contextualise et situe dans l'histoire aussi bien le complexe du Moyen-Orient que le complexe balkanique. Il me fallait recommencer la résistance à l'hystérie, au moment de la guerre du Golfe où le mal était concentré sur le seul Saddam Hussein, au moment de la guerre de Yougoslavie où j'ai voulu indiquer qu'il y avait aussi le problème des Serbes devenant minorité dans une Croatie devenue indépendante. Il m'a fallu lutter contre l'illusion d'une guerre menée au nom de la liberté par une coalition comportant la dictature syrienne et la monarchie saoudite, et qui, dès que le pétrole fut sauvé, abandonna à la pire répression les Kurdes et chiites soulevés pour leur liberté. Il m'a fallu lutter contre l'illusion d'une Croatie démocratique alors qu'elle était sous le contrôle d'un parti hypernationaliste réprimant toute opposition. Cela non pas pour empêcher les prises de parti, mais pour les amener à se faire en toute lucidité. Ainsi pour le Golfe, je n'avais pas écarté l'idée d'une guerre, mais uniquement si l'Irak se refusait à la fois à l'évacuation du Koweit et à une conférence internationale sur le Moyen-Orient. De même, j'ai pris parti contre l'agression serbe en Bosnie, pour la Bosnie multi-ethnique et pour la libération du Kosovo.

Et aujourd'hui où je termine la révision de mon manuscrit, voici, à partir du livre de Pierre Péan[1], sous l'éclairage des médias, le surgissement du nœud gordien mitterrandien qui lie passé et présent, entremêle Vichy et la Résistance, et éclaire d'un jour nouveau l'illusion socialiste. Une fois encore, je réagis à ma manière, avec en plus le souci de spécifier mon

1. Cf. Pierre Péan, *Une jeunesse française. François Mitterrand, 1934-1947*, Paris, Fayard, 1994.

implication personnelle complexe. En effet, j'ai connu Mitterrand dans la Résistance. Je faisais partie du MRPGD qui a fusionné avec le groupe que nous appelions « Pinot-Mitterrand » et que nous savions très bien être né dans les entrailles de Vichy, Pinot ayant été commissaire aux prisonniers du gouvernement Pétain. J'ai connu Mitterrand, promu responsable du mouvement unifié, en 1943-1944, et j'ai admiré son courage personnel.

Or le cas Mitterrand répugne à l'esprit manichéen pour qui l'antagonisme entre Vichy et la Résistance ne peut être qu'absolu et permanent, sans qu'il puisse y avoir aucune contamination. Certes, il y eut en 1940 et début 1941 une résistance pure, gaulliste ou non, qui fut rejointe par le Parti communiste après juin 1941. Puis, après l'occupation de la zone Sud par les troupes allemandes en novembre 1942, elle-même consécutive au débarquement allié en Afrique du Nord, et dans le contexte d'un total renversement de la conjoncture mondiale avec la victoire de Stalingrad et les succès américains sur tous les fronts, il y eut une décantation et une hémorragie de Vichy. Une partie, *via* l'ORA, est passée au giraudisme puis au gaullisme, une autre partie, dont la Milice notamment, s'est faite l'instrument de la répression nazie, et entre les deux il y a eu beaucoup d'opportunismes, en particulier chez des fonctionnaires qui ont commencé à donner des informations et des gages à la Résistance.

Après la Libération, je n'eus aucune relation politique avec Mitterrand. Je gardais mon estime pour le résistant que j'avais connu, mais, comme je l'ai dit, je n'ai pu voter pour lui en 1965 ni en 1981. Inutile de dire que je ne fus pas un intellectuel de cour, que je n'eus pas le privilège des déjeuners présidentiels, que je fus même fustigé comme « ennemi du socialisme » par certains torquemadiens de l'« état de grâce ». Mais quand le ministère de la Recherche m'attribua la Légion d'honneur, je fus très heureux de pouvoir faire plaisir à mon père[1] et je demandai à Mitterrand de me remettre la décoration, ce qu'il accepta très aimablement. Bref, j'ai gardé amitié pour la personne et distance avec le politique. Du reste, j'ai interrompu ma collaboration à *Globe* quand il m'est apparu que ce journal était mitterrandolâtre.

Cela me renforce dans ma répugnance à l'actuelle hystérie anti-mitterrandienne, surtout quand elle vient de ses fidèles et suiveurs. Je trouve lamentable l'attitude de ceux qui gémissent d'avoir été trompés. Moi, quand j'ai fait mon autocritique, je ne l'ai pas faite sur le thème « on m'a trompé » mais sur le thème « je me suis trompé » ! Et, de même que j'avais l'essentiel des informations sur le stalinisme que j'ai rejetées de ma conscience, de même tout socialiste avait ou pouvait avoir l'essentiel des informations sur la jeunesse, les années de captivité, évasion, vichysme et Résistance de Mitterrand. De même qu'avant le rapport Khrouchtchev, communistes et progressistes se détournaient d'une connaissance qu'ils auraient pu et dû acquérir, de même les socialistes s'étaient masqué et camouflé, surtout au moment de la gloire et du pouvoir, une vérité à leur disposition. Au lieu d'essayer de comprendre pourquoi ils se sont trompés, à la fois sur Mitterrand et sur l'Union de la gauche, les voilà qui préfèrent renverser la statue par eux édifiée.

Et s'il fallait parler de l'homme Mitterrand, il faudrait évidemment considérer l'ambition, le cynisme, la ruse, la dissimulation qui ont nourri cette histoire d'une réussite mue par l'obsession du pouvoir. Il

1. Cf. *Vidal et les siens, op. cit.*, p. 338-339.

faudrait aussi admettre que Mitterrand est une sorte de « parrain » qui a toujours aimé étendre son réseau d'amitiés et de relations dans toutes les sphères de la politique et de la société. Mais l'homme a bien d'autres traits… Il a aussi ses convictions et ses fidélités, il possède ce patriotisme qui vient du fond des temps et qui a nourri de façon divergente Vichy et la Résistance, mais dont il a gardé le sentiment vécu du tuf commun. On peut déjà tenter le bilan politique, qui comporte des traits négatifs et des traits positifs, mais on discernera seulement plus tard l'importance des uns et des autres. Enfin, je dirai qu'à l'heure où j'écris, c'est-à-dire au dernier acte tragique où à la fois l'incurable maladie et les crocs des chacals accablent l'homme, le portrait de Mitterrand relève désormais de Shakespeare. Oui, il fut inhumain, mais l'inhumanité des autres l'humanise au moment de son malheur et de sa déchéance. Le président devient enfin grand parce que, dans l'infortune finale de sa prodigieuse aventure, il fait *bella figura* aux portes de la mort.

Une fois encore, comprendre n'empêche pas de juger, juger n'empêche pas de comprendre. L'homme Mitterrand est particulièrement complexe. L'histoire de France entre 1940 et 1944 est particulièrement complexe. Alors, les simplificateurs et manichéens, les désabusés d'un mensonge qu'ils s'étaient fait d'abord à eux-mêmes, dénoncent aujourd'hui l'idée même de complexité, prétendant qu'elle embrouille l'esprit, emberlificote le jugement, crée de la confusion favorable à l'ennemi. Ils résistent pour garder leur aveuglement et leur hystérie. J'ai bien compris pourquoi vous haïssez le mot de complexité. C'est que vous tenez à votre manichéisme, à votre dogmatisme idéologique, à votre simplisme, à votre paresse intellectuelle, à votre répugnance à tout auto-examen…

La possession, l'hallucination, l'hystérie prennent des formes diverses et nouvelles, elles reviennent souvent dans les mouvements fanatiques nationalistes et religieux, mais elles sont là aussi dans notre politique quotidienne, partout et toujours omniprésentes sous forme rampante ou locale. J'ai toujours eu la même réaction contre l'hystérie politique, m'efforçant sans cesse de contextualiser et d'historiciser. Je sais que je peux m'illusionner sur l'illusion, me tromper sur l'erreur, hystériser sur l'hystérie, mal traiter la complexité, c'est pourquoi je crois d'autant plus en la nécessité impérieuse d'une conscience qui nous permette de résister en tout temps et sur tout terrain à toutes les forces mentales, idéologiques, culturelles, historiques qui suscitent les innombrables formes d'erreur. Et, de façon inséparable, je crois en la nécessité de la repensée politique.

Ce qui reste

Ma passion politique m'a fait vivre intensément les grandes expériences communes de notre Histoire. Quelle époque ! Que de renversements et d'aveuglements ! Que d'orages ! Que de mythes et démythifications ! Quelles ferveurs religieuses sur fond de nihilisme, que d'amis proches dérivant dans le courant qui les emportait et se justifiant parce qu'« on ne fait pas d'omelettes sans casser d'œufs ». Quant à moi, toujours oscillant entre « réalisme » et « idéalisme », pragmatisme ou utopisme (et comprenant de mieux en mieux que le réalisme n'est pas réaliste, que le probable est aussi peu sûr que l'improbable), je crois avoir su éviter les grandes dérives et dégradations.

Que peut-il rester de toute cette expérience ? Fort peu, comme souvent. Il y a une déperdition naturelle de l'expérience non seulement dans la mémoire de qui l'a vécue, mais aussi dans sa transmission. Il y a aussi la dénaturation de l'expérience. Comme je l'ai rappelé plus haut, les martyrs deviennent souvent bourreaux. Kundera va peut-être trop loin quand il dit : « Tout sera oublié et rien ne sera réparé. » Mais il ne faut pas se faire d'illusion : beaucoup est oublié et presque rien n'est réparé.

Déjà, on oublie très rapidement l'événement qui dérange. Ainsi, nous fûmes nombreux à l'Ouest à nous détourner du sens de l'inaction soviétique au moment de l'insurrection de Varsovie en 1944. L'armée soviétique s'était arrêtée de l'autre côté de la Vistule, laissant massacrer par les SS les Polonais insurgés. Alors, comme tant d'autres, j'ai pensé que l'armée soviétique ne pouvait donner l'assaut, qu'elle avait besoin de reconstituer son approvisionnement, puis j'ai pensé que les Polonais auraient dû se révolter en synchronisme avec l'attaque soviétique (alors que l'insurrection de Paris, à laquelle j'ai participé, s'est décidée d'elle-même, les chars Leclerc étant encore loin, et c'est l'insurrection qui a déclenché l'avancée précipitée de la 2e DB sur Paris). Et puis j'ai rapidement oublié jusqu'à ce que la commémoration, cet été même de 1994, me rappelle brutalement que l'armée soviétique avait volontairement laissé massacrer une résistance non communiste.

La plus triste leçon de mon expérience politique est la non-transmissibilité de l'expérience, si ce n'est de façon trop marginale ou minoritaire pour être utile. Tout devrait donc recommencer mais pas exactement de la même manière : « Ceux qui ne peuvent se rappeler l'expérience sont condamnés à la répéter » (Santayana). On n'a pas tiré les leçons du nazisme ni du stalinisme. Les antidotes contre les futures illusions n'ont pas été produits. Il faut dire surtout que *les mêmes structures de pensée, incapables de tirer les leçons de l'expérience, sont toujours là. La réforme de pensée n'est pas encore à l'horizon…*

L'expérience du siècle nous dit de renoncer au messie historique, au salut terrestre, au sacrifice des générations pour le futur. Elle nous dit d'abandonner le rêve d'un futur radieux et de ne pas revenir au rêve d'un passé heureux. Il faut encore aller plus loin : nous sommes dans un monde où les conflits sont inéliminables, où les processus de désorganisation et ceux de réorganisation sont liés tout en étant antagonistes ; nous sommes perdus dans un monde promis à la mort. Il nous faut rejeter l'utopie d'un monde d'harmonie, de réconciliation, d'où seraient chassés non seulement le malheur mais même l'ennui. Cette utopie porte en elle non seulement l'illusion religieuse du salut, mais aussi la rationalisation et la fonctionnalisation qui sont les formes délirantes de la raison occidentale. Il y a heureusement une « bonne utopie », qui nous évoque un état actuellement impossible à réaliser, mais qui ne serait pas ultérieurement irréalisable, comme la suppression des guerres entre nations, la constitution d'une confédération terrienne, l'accession de tous les humains à la conscience de leur condition terrestre et à la qualité de citoyens du monde.

Nous avons besoin de nous projeter dans un futur possible, encore qu'improbable aujourd'hui. Mais nous devrions pouvoir vivre sans sacrifier le présent pour le futur, ni non plus abandonner le passé. Nous avons besoin de conserver un héritage culturel, nous avons besoin de conserver la fidélité à nos racines, Nous devons de toute façon conquérir notre présent, c'est-à-dire vivre de façon non seulement utilitaire et fonctionnelle, mais de façon poétique, l'état poétique étant celui auquel nous font accéder l'amour, la communion, la fête, la liesse et qui culmine en extase.

De même, nous devons vivre d'autant plus pleinement qu'elles sont rares et inattendues les extases de l'Histoire, ces moments de rupture des chaînes et des contraintes, de libération, et de fête, de communication et de communion, de joie collective et qui, par leur nature même, ne peuvent durer. J'en ai connu quelques-uns – la Libération de Paris, Mai 68, la révolution des œillets de Lisbonne –, j'en ai vécu par procuration quelques autres – l'Octobre polonais, la révolution hongroise, le Printemps de Prague... De plus en plus, je crois que ce qu'il faut attendre de la politique, ce sont des extases, moments de grâce, de communion, de communication, de fraternisation, moments fugitifs et sublimes comme les grands moments d'amour, et qui seuls donnent vie à notre vie en l'enivrant.

L'expérience me dit de rejeter le mot « socialisme » quand il est devenu à la fois creux et trompeur. Elle me dit de rejeter le mot « révolution » quand il prend un sens apocalyptique ou messianique de « lutte finale », et cela d'autant plus que nous n'avons même pas commencé une lutte initiale pour résister aux forces de barbarie et de mort qui menacent l'humanité. Je n'ai pas rejeté l'aspiration d'émancipation et de fraternité qui m'a porté vers le socialisme et la révolution. Nous ne pourrons certes pleinement la réaliser, mais j'inscris la fraternité non tant comme finalité idéale que comme vertu de résistance aux forces de barbarie. Nous revenons au mot ultime du Freud de *Malaise dans la civilisation*: Éros doit reprendre des énergies contre son non moins immortel ennemi Thanatos.

Dès que je suis entré en politique, j'ai subi la double pression : réalisme/révolutionnarisme, réalisme/éthique. Puis, endossant cette contradiction, je suis devenu, dès *Arguments*, un droitier/gauchiste. J'ai progressé dans la prise de conscience du problème, j'en ai modifié les termes mais je ne l'ai pas résolu. En assumant cette irrésolution, je me rends compte désormais que je dois assumer un principe d'incertitude qui lui est inhérent.

En même temps que j'ai abandonné le messianisme, j'ai fait en sens inverse une critique réaliste du réalisme et de ses failles, de façon à ne pas le confondre avec l'acceptation du fait accompli, et à l'ouvrir non seulement sur l'avènement du possible, mais aussi sur celui de l'improbable et de l'inattendu. En introduisant l'improbable et l'inattendu dans le réalisme, j'y ai introduit un principe d'incertitude.

Ainsi le réalisme est devenu incertain, comme l'est devenue l'espérance du progrès. L'acceptation de la réalité peut nous conduire à accepter l'ignominie ou l'horreur, et la rébellion contre la réalité peut susciter ignominie ou horreur. Il nous faut sauvegarder en nous la volonté éthique, mais nous devons aussi sans cesse affronter des contradictions éthiques.

Ainsi je retrouve à la fois la contradiction et l'incertitude : il nous faut résister contre le réel, mais de manière réaliste, sans être pourtant assuré de la victoire. L'appel à la résistance du 18 juin 1940 de De Gaulle se fondait sur un refus éthique de l'asservissement de la France, mais il se fondait en même temps sur l'idée réaliste que les forces énormes de l'Amérique et de l'Union soviétique n'étaient pas encore entrées dans la bataille et que leur intervention devait changer le destin de la guerre.

J'ai dit et répété à quelles erreurs conduisaient les meilleurs intentions quand elles se fiaient uniquement à elles-mêmes ou à une idéologie trompeuse. Le problème de l'erreur est capital dans la vie, dans l'histoire, dans la politique[1]. Certes il n'existe aucun moyen infaillible d'éviter l'erreur, mais il y a des méthodes de protection, détection et lutte contre l'erreur. Sans cesse nous devons diagnostiquer le réel pour ne pas nous tromper. D'où l'importance, pour le diagnostic, de la connaissance complexe : elle permet d'éviter les erreurs grossières qui viennent de l'incapacité à contextualiser et à globaliser les données, les événements, les problèmes.

Mais l'incertitude demeure. L'incertitude est à la fois dans la nature du réel et dans l'écologie de l'action. L'écologie de l'action, que j'ai définie ailleurs[2], signifie que toute action politique, dès qu'elle est lancée, échappe à la volonté et à l'intention de ses initiateurs et que ses effets à long terme sont imprédictibles. La nécessité du diagnostic, qui peut être erroné, et la nécessité de prendre une décision nous conduisent au principe d'incertitude politique. La réponse à ce défi est dans le pari, consciemment assumé avec ses chances et ses risques, et dans une stratégie qui puisse se modifier et se réformer en cours d'action. Sans cesse, nous sommes contraints au choix et au pari. Évidemment, l'incertitude demeure dans la nature du pari et dans la nature de la stratégie.

L'action politique n'est manichéenne qu'à ses bas degrés, et le manichéisme a pour effet de camoufler

---

1. Cf. l'erreur de sous-estimer l'erreur, in *Science avec Conscience*, *op. cit.*

2. Cf. *La Méthode*, tome 2, *La Vie de la Vie*, *op. cit.*, p. 81-84.

l'aléa et l'incertitude de l'action. Or il faut prendre conscience enfin que *la politique est l'art de l'incertain*. Ce qui nous amène à un principe d'incertitude politique généralisé.

Le principe d'incertitude ne nous dit pas que nous ne pourrons améliorer les relations entre humains, ni que l'humanité ne pourra réussir à civiliser la terre. Il laisse la porte ouverte à l'espérance. Je n'ai pas renoncé à l'espérance, mais j'ai voulu l'associer à l'expérience, tout en la situant en dialogue avec la désespérance.

Peut-on scruter le futur ? Nous vivons en cette fin de siècle un véritable désastre historique qui a déferlé dans l'ex-Union soviétique. Va-t-on vers un désastre historique généralisé ? *Terre-Patrie* a évoqué les énormes problèmes liés les uns aux autres de l'ère planétaire : le dérèglement économique international, le dérèglement démographique mondial, la dégradation de la biosphère, la crise et les tragédies du développement, le double processus d'unification et de balkanisation de la planète, la crise universelle du futur, les nouveaux maux de civilisation, le développement incontrôlé et aveugle de la techno-science, la crise et les régressions de la démocratie, le retour des anciennes barbaries et leur alliance avec la barbarie techno-bureaucratique. L'humanité pourra-t-elle ne pas se laisser submerger par ces problèmes ?

J'ai souvent dit que nous étions dans *Nuit et Brouillard* et que nul ne pouvait présager l'avenir. Nous pouvons seulement, sauf catastrophe, savoir ou prévoir :

– que le développement du capitalisme a provoqué et provoquera le développement de l'anticapitalisme ;

– que les aspirations qui ont nourri communisme et socialisme seront toujours renaissantes ;

– que le contre-courant écologique s'amplifiera en

même temps que les développements technico-industriels qui dégradent la biosphère ;

– que le contre-courant à la logique invasionnelle de la machine artificielle suscitera une aspiration de plus en plus ample à la convivialité ;

– qu'un contre-courant au consommationnisme se développera sous deux aspects, d'une part dans la recherche d'une consumation (intensité de vie, extase, jeu, fête), d'autre part dans la recherche d'une nouvelle frugalité, tempérance et simplicité ;

– qu'un contre-courant au déchaînement de la violence et de la haine se formera dans une éthique de la pacification des âmes et des esprits ;

– que le contre-courant déjà très puissant contre l'homogénéisation civilisationnelle se traduira par des ressourcements de plus en plus divers et puissants, le problème étant de savoir s'ils comporteront le ressourcement dans la Terre-Patrie ou la pure et simple refermeture dans l'ethnie, la nation, la religion. Tel sera l'enjeu décisif du futur.

Ce qui importe dans le présent, et qui seul pourrait préparer un autre futur, c'est l'éthique politique de la résistance. Résistance aux formes modernes et anciennes de la barbarie humaine, qu'attestent tous les contre-courants que je viens d'évoquer.

Mon démon politique : la reliance

J'en reviens à la question initiale de ce chapitre : pourquoi, depuis mes quinze ans, la politique est-elle présente en moi ? Je vois maintenant que la politique a été et est demeurée pour moi, à travers tous mes avatars propres et tous les avatars de l'Histoire, ma façon d'être *relié*. Oui, c'est mon lien avec la société et avec l'humanité. J'ai perdu la religion du salut terrestre, mais je n'ai pas perdu la religion de la reliance. Je suis passé de la reliance profonde du salut collectif à la reliance profonde de la perdition commune. Et mon mythe constant de la fraternité, qui me vient des profondeurs de mon destin orphelin, n'a cessé de me relier par l'esprit, par le cœur aux frères et sœurs en humanité. C'est lui qui reverdit et refleurit, de façon ultime dans *Terre-Patrie.*

Ma reliance a toujours voulu demeurer dans la dimension de l'universel. J'ai voulu non pas être la conscience de l'humanité, mais me situer du point de vue de la conscience de l'humanité. Cela m'a conduit à l'universalisme abstrait, qui a sous-estimé l'importance des racines religieuses, ethniques, nationales, et qui accepte, pour le bonheur de l'humanité, le sacrifice des populations rétives. Cela m'a conduit à l'universalisme délirant, c'est-à-dire à la religion du salut terrestre. Mais j'ai maintenu sans discontinuer la barre en direction de l'universel. Je me suis engagé pour l'humanité dans une guerre mondiale. J'ai été longtemps à tort anti-européen par mondialisme abstrait. Dès *Arguments,* j'ai prôné la pensée planétaire et, avant l'essor du tiers-mondisme, j'ai lié mon souci du sort du monde au souci du tiers-monde[1]. Jusqu'en 1990, je me préoccupais plus de ce qui se passait à Moscou que de ce qui se passait à Paris parce que je pensais que notre destin, y compris celui de Paris, allait se jouer à Moscou.

Je ne me suis jamais désintéressé de la France, mais la France a été inévitablement provincialisée. Hors des grandes crises françaises, comme la guerre

1. Mais sans l'illusion tiers-mondiste ; j'écrivais dans *Autocritique* (1958) : *Le tiers-monde recommence l'histoire des nationalismes européens et l'histoire du socialisme d'appareil, parfois simultanément, avec des caractères tantôt plus progressifs, tantôt plus régressifs encore.*

d'Algérie, Mai 1958 et Mai 1968, je m'intéressais plus aux problèmes et misères qui surgissaient dans le monde qu'aux problèmes et misères, moins graves, de l'Hexagone. Depuis deux ans certes, je me sens de plus en plus préoccupé par la France, parce que je sens y couver une crise sans visage, une dépression cyclonique sans encore d'orage, et que je crois sentir que quelque chose de très important pourrait venir de notre pays. Je garde un espoir spécifique pour la France, pays « classique » de l'invention politique. Je garde un espoir de renaissance européenne. Mais, en même temps, je suis de plus en plus préoccupé par la communauté de destin terrestre, et j'ai enfin trouvé et fondé dans l'idée de Terre-Patrie la justification d'un universel à la fois concret et singulier.

9
Pandémonium

Qui suis-je ? Ma singularité se dissout dès que je l'examine et, finalement, je suis convaincu que ma singularité vient d'une absence de singularité. J'ai même en moi quelque chose de mimétique qui me pousse à être comme les autres. En Italie, je me sens italien et voudrais que les Italiens me sentent participant à leur italianité. L'autre jour, parlant à un auditoire champenois, je me suis senti champagnisé. Ah oui, je voudrais être comme eux. J'adore être intégré et, pourtant, je ne suis pas tout à fait des uns et des autres. Je pourrais être de partout, mais je ne me sens pas pour autant de nulle part, je suis enraciné ici.

Ce n'est pas l'exercice d'un talent singulier, ni la possession d'une vérité admirable qui me distinguent. Si je me distingue, c'est par l'usage non inhibé ou rigidifié d'une machine cérébrale commune et par mon souci permanent d'obéir aux règles premières de cette machine cognitive : relier toute connaissance séparée, la contextualiser, situer toute vérité partielle dans l'ensemble dont elle fait partie. Mes capacités d'analyse sont moyennes, mes capacités de synthèse également, mais je n'utilise pas les unes sans les autres. Je n'ai pas subi la marque forte d'une culture familiale, ni celle des évidences imposées par l'éducation.

Aussi ma superficielle domestication, mon faible *imprinting*, mon « marranisme » ont fait de moi un échantillon représentatif d'humanité, animé par les aspirations et contradictions anthropologiques, littéralement un *homme quelconque*. Je doute beaucoup, je crois beaucoup. J'ai l'impression que j'ai peu de préjugés, je me sens ouvert à des idées qui se contredisent les unes les autres, et je me perçois intérieurement libre. Elle m'est bonne cette liberté qui compense tant de qualités absentes !

Le paradoxe est que j'ai été libre non seulement parce que j'ai obéi inconsciemment à mes démons, mais aussi parce qu'ils se sont entre-combattus dans mon pandémonium. Ceux-ci ont été d'autant moins entravés que je n'avais subi qu'une faible empreinte culturelle de la famille et de l'université. Ainsi, en conservant mes indéterminations premières et en subissant la discorde de mes démons, j'ai acquis l'autonomie de l'esprit.

Je suis ce que je suis parce que je me suis nourri à mille fleurs. J'ai énormément assimilé, très peu rejeté, et pourtant je suis typé – pourquoi ? Ma différence vient justement d'avoir assimilé tous les ingrédients de la culture française et européenne, et cette assimilation a été justement permise par mon post-marranisme et mon inculture originelle. Ma culture, assimilée en autodidacte, ne s'est pas ordonnée selon l'*imprinting*. Je n'entre pas dans les catégories dans lesquelles on doit nécessairement et « normalement » s'inscrire, aussi bien doctrinales que disciplinaires. Je ne suis pas rattaché à une école, je n'ai pas suivi une route balisée, mes ouvrages ont été tous hors norme depuis *L'An zéro* et *L'Homme et la Mort* jusqu'à *La Méthode* et *Terre-Patrie*. Ainsi ces produits de synthèse semblent des aérolithes venus de nulle part...

Au merveilleux colloque sur l'enfant Mozart de Città di Castello, j'ai terminé ainsi : *À la demande : « Quel âge avez-vous ? », il faudrait pouvoir répondre avec plénitude : « J'ai tous les âges de la vie humaine. »* De fait, chacun d'entre nous, en prenant de l'âge, a conservé les âges précédents. Sénèque constate justement dans une lettre à Lucilius : « Nous ne sommes plus jeunes mais, chose plus triste encore, nos âmes le sont toujours ; et, ce qui est pire, sous l'air imposant du vieil âge, nous gardons les défauts de la jeunesse [...] et de l'enfance même. » Et Oscar Wilde ajoute – je cite de mémoire : « Ce qui est terrible quand on vieillit, c'est qu'on reste jeune. » On sait que le vieillard redevient enfantin, dès qu'il se trouve écarté des contraintes et nécessités de la vie adulte. Mais l'adulte oublie et cache l'infantilisme qui demeure en tout être.

J'ai vécu d'une façon singulière la surimpression des âges. J'ai été vieux dès l'âge de dix ans, tout en demeurant enfant, et je suis demeuré en bien des points non seulement enfantin, mais infantile. La mort de ma mère a déterminé en même temps un vieillissement irrémédiable et une infantilisation durable.

J'ai gardé la curiosité et le questionnement de l'enfance, je n'ai pas fait le deuil de mes interrogations et aspirations d'adolescence, je n'ai été que superficiellement et insuffisamment adulte. J'aimerais ne pas avoir été trop adultéré. Je n'ai pas réussi à devenir adulte (à moins que j'aie réussi à ne pas le devenir), mais j'ai acquis une maturité vers vingt et un ans, avant l'âge « normal », quand, dans la

Résistance, j'ai assumé des responsabilités de vie et de mort. À vingt-six ans pourtant, après mon échec dans la vie adulte normale, je souhaitais écrire un livre intitulé *Rimbaud, les secrets de l'adolescence.* Je voulais du même coup réassumer ces « secrets » que l'adulte oublie. Dirais-je qu'ils me parlent toujours aussi fort ? J'ai perdu l'adolescence sans acquérir ce qui constitue sa perte : la résignation.

Mon incapacité à faire le deuil de ma mère est devenue mon incapacité à faire le deuil culturel et le deuil social : de même que je n'ai pu me résigner à la perte de l'amour, de même je n'ai pu me résigner à m'enfermer dans un secteur de la culture, me résigner à l'état des choses et à l'état de fait dans le monde. Je n'ai pas fait le deuil de la connaissance, j'ai voulu sinon connaître tout, du moins connaître partout, j'ai sauvegardé les questions dont on fait le deuil quand on veut s'inscrire dans la culture, et celles qu'on oublie quand on veut s'inscrire dans la société. C'est cela sans doute mon adolescence prolongée.

Contrairement à toutes les normes, j'ai fait à l'âge de cinquante, soixante ans un réapprentissage général, je me suis fait une nouvelle culture (dans laquelle j'ai intégré ma culture précédemment acquise), j'ai voulu par deux fois repenser ma pensée. Mais, bien qu'issue d'une poussée adolescente, la formidable mise en chantier de *La Méthode* ne pouvait être qu'œuvre de maturité.

C'est maintenant, vieillissement et rajeunissement mêlés, que je ressens en moi tous les âges de la vie. Je suis sans cesse le siège d'une dialogique entre enfance/adolescence/maturité/vieillesse. J'ai évolué, varié, toujours selon cette dialogique. En moi se lient mais aussi s'opposent les secrets de la maturité et ceux de l'adolescence.

Je me repose les questions que je me posais il y a trente-cinq ans à la fin d'*Autocritique*: *Que reste-t-il de vous ? Êtes-vous devenu poreux, rongé, squameux, spongieux ? Vous êtes-vous trempé, durci, blindé, effrité ? Avez-vous résisté à la lente dérive de l'âge ? Avez-vous gagné les secrets de la maturité sans perdre les secrets de l'adolescence ?*

Sparsa colligo

La dispersion est la menace permanente qui pèse sur mon ouverture et sur ma quête. Encore aujourd'hui, je cherche au jour le jour à saisir le monde en sa multiplicité et son devenir, je lis revues, brochures les plus diverses. Je voudrais arrêter, cesser de m'instruire... Tout ce que je lis disperse ma réflexion, et en même temps la stimule... Toutefois, je suis débordé ; les textes, articles, livres à lire s'amoncellent, s'épandent, me noient... En dépit de ma conscience de plus en plus aiguë de l'inachevé et de l'inachevable, je continue à lancer mes filets pour pêcher l'océan. Heureusement, j'ai pu à plusieurs reprises conquérir des périodes de reconcentration, assimilation, réflexion, intégration... Aujourd'hui, une fois de plus, il me faudrait une longue phase de reconcentration... Qui m'aidera ?

Ma singularité est d'avoir voulu relier le divers, *sparsa colligo,* et d'avoir fait mon œuvre sur ce principe. Tout ce que j'ai fait a toujours comporté l'assimilation et la réunion de ce qui était disjoint, informations et idées compartimentées. Dans l'acte de réunion, il a pu jaillir des étincelles catalysant des formes nouvelles, des *émergences* justement, c'est-à-dire des qualités qui apparaissent dans la réunion en système de parties qui isolément ne sauraient avoir aucune de ces qualités. Mon sens des vérités contraires, mon refus des vérités isolées ont suscité les principes d'une pensée complexe, c'est-à-dire d'une pensée qui relationne ce qui, d'origines diverses et multiples, forme un tissu unique et inséparable : *complexus*.

Et voilà ce que je crois découvrir au terme de ce livre. Je n'ai pu élaborer *La Méthode* que parce que j'ai pu opérer une jonction et une reliance entre mes deux cultures successives. Une première culture, celle de mes études, de mes curiosités dans les « humanités » et de mes travaux dans les sciences humaines, a nourri mon besoin de situer tout savoir et tout examen dans l'histoire, et mon besoin, justifié par Marx, d'articuler les uns aux autres les savoirs disciplinaires. *L'Homme et la Mort* m'a amené à intégrer l'apport de penseurs anthropologiques qui, outre Marx, furent Freud, Ferenczi, Jung, Rank, Bataille, Bolk, puis l'aventure d'*Arguments* me fit intégrer Adorno, Horkheimer, Marcuse. Ce que me donna mon expérience en sciences humaines, ce fut la possibilité de comprendre l'importance anthropologique, culturelle et civilisationnelle de l'imaginaire et des mythes, et ainsi d'envisager aussi bien l'homme que la société de façon multidimensionnelle. Puis l'expérience de la sociologie du présent m'enjoignit de ne jamais dissoudre dans les abstractions théoriques le concret, les événements, les êtres, l'existence. Ce que m'apporta mon expérience politique c'est le sentiment très fort de la difficulté d'éviter l'erreur et l'illusion dans les idées et croyances. Alors que le scientifique des sciences physiques croit posséder tous les moyens expérimentaux et logiques d'exclure l'erreur et l'irrationnel, j'ai appris, pour ma part, que la plupart de ces scientifiques si rigoureux dans leurs travaux, étaient des bébés-éprouvette dans leurs opinions et jugements politiques : car l'on ne peut extraire les phénomènes et les événements du monde pour les mettre dans des laboratoires artificiels. Le grand et incontrôlable laboratoire de la vie est soumis irrémédiablement aux tourbillons et aux cataclysmes.

C'est donc non par rejet de cette culture du monde politique, des humanités et des sciences humaines, mais au contraire *sur le terreau de cette culture* que je me suis lancé dans une autre culture, à partir du moment où j'ai pu entrer dans les « trois théories » (cybernétique, information, système). J'ai trouvé les outils conceptuels que j'ai alors utilisés, modifiés, articulés, complexifiés. La complexité, jusqu'alors toujours rencontrée mais jamais reconnue, a nourri la recherche qui m'a permis de la nommer, d'en faire la théorie, d'en dégager le paradigme. *La Méthode*, produit de mon développement dans ma nouvelle culture, est en fait le fruit de la copulation entre mes deux cultures.

D'une façon plus concentrée, je peux dire que *La Méthode* a intégré en elle quatre apports principaux :

– l'apport d'une tradition philosophique d'affrontement des contradictions qui, née en Occident avec Héraclite, s'est poursuivie avec Nicolas de Cuse, Pascal, Hegel, Marx, Adorno, Jung, et s'est trouvée prolongée scientifiquement avec Bohr, Gödel, Lupasco ;

– l'apport des « trois théories » (information, cybernétique, système) et des théories de l'auto-organisation et de l'auto-production (von Foerster, Maturana, Atlan) ;

– la réflexion philosophique sur la nature de la science (Husserl, Heidegger) ;

– la réflexion épistémologique sur la première révolution scientifique du XXe siècle, suscitée par l'irruption de l'incertain (désordre, indétermination, aléa, chaos) et effectuée par Bachelard, Popper, Lakatos, Kuhn, Holton, Feyerabend ; j'y ai ajouté une réflexion sur la seconde révolution scientifique en cours qui, aux objets des disciplines compartimentées, substitue le caractère inséparable des réalités systémiques (écologie scientifique, sciences de la terre, cosmologie).

Dans cette élaboration intégrative, j'ai certainement prolongé un mouvement de pensée qu'Héraclite a fondé en Ionie et Lao-tseu en Chine. Le philosophe chinois Yi-zhang Chen[1] voit les prolongements actuels de la dialectique de Fang Yizhi et de Hegel dans Gödel, Hofstadter et moi-même : « Le point de vue de Morin, écrit-il, n'est pas isolé et possède un arrière-plan historique très profond, il relève d'un courant de pensée humaine dont la source est lointaine et le cours large, et qui réunit les intuitions géniales et les visions pénétrantes des sages des civilisations orientale et occidentale. » Il ajoute : « Ce courant de pensée resurgit et se renouvelle au fil des temps sous des formes inédites et même scientifiques. » Mais je n'ai pas fait que scientifiser un grand courant philosophique, j'ai voulu qu'une pensée pertinente puisse se dégager à partir d'une navette ininterrompue philosophie/science. J'ai essayé de prolonger scientifiquement la philosophie et philosophiquement la science.

Sacrilège ! Que de frontières traversées sans passeport ! Que de postes de douane nargués ! Que de sanctuaires profanés ! Que de haines ineptes pour une aventure de bonne volonté ! Quelle impossibilité de comprendre que la pertinence s'acquiert en dépassant la spécialisation et non en s'y enfermant ! Que de refus se justifiant par l'illusion imbécile que *La Méthode* est un super-système qui se voudrait exhaustif alors que j'y ai mis au contraire l'aléa,

1. Dans sa thèse *Exploration des significations de la dialectique à travers les études comparatives sur cette notion en Chine et en Occident.*

l'incertitude et l'inachèvement. Quelle méconnaissance que de m'imaginer dans la stratosphère des idées générales, alors que tout mon effort est de lier l'empirique et le théorique, le concret et l'abstrait, la partie et le tout, le phénomène au contexte. Oui, je me suis voué aux idées. Mais je me suis voué non tant aux idées générales qu'aux idées génériques : ce sont les idées nucléaires, celles qui sont au noyau des systèmes de pensée ou de croyance, celles qui sont capables de désorganiser ou réorganiser ces systèmes, celles qui permettent de générer une pensée, ce que j'appelle, sous un autre angle, les paradigmes.

Je n'ai pu faire ce travail que parce que j'ai attendu la maturation et conquis un espace-temps de réflexion et d'élaboration. Mais j'ai pu le faire parce que je suis demeuré plus que jamais ouvert à des influences venues de tous horizons, parfois d'auteurs réputés incompatibles (comme Pascal, Kant et Hegel) ; aucune carapace doctrinaire durcie n'est venue figer mon intellect. Plus profondément, comme je l'ai dit dans l'Introduction générale à *La Méthode*, je me suis senti branché sur le patrimoine planétaire, animé par la religion de ce qui relie, le rejet de ce qui rejette, une solidarité infinie. De même que la vallée reçoit les torrents qui viennent des versants opposés, j'ai pu élaborer la pensée complexe en « rassemblant l'épars ». L'Esprit de la Vallée a été et demeure en moi le lieu de rencontres toujours actives, y compris entre des poussées contraires.

Relier, relier. C'est devenu non le maître mot, mais l'Idée-Mère. La connaissance qui relie, c'est la connaissance complexe. L'éthique qui relie, c'est l'éthique fraternitaire, la politique qui relie est la politique qui sait que la solidarité est vitale pour le développement de la complexité sociale.

La connaissance complexe n'a pas de terminus, et cela non seulement parce qu'elle est inachevée et inachevable, mais aussi parce qu'elle arrive d'elle-même à l'inconnaissance. Derrière la complexité, il y a l'indicible et l'inconcevable. Sous les concepts, il y a le monde. Sous le monde ?...

Pourquoi notre monde a-t-il en lui, dès l'origine, des potentialités organisatrices qui, à partir des interactions nucléaires, électromagnétiques et gravitationnelles, s'actualisent en noyaux, atomes, galaxies, étoiles, et un jour, quelque part dans un trou perdu d'une petite galaxie périphérique, se sont actualisées en un premier être vivant ? En remontant à la genèse de l'univers, on arrive à l'idée d'auto-production du monde à partir d'un vide qui serait comme le non-être de Hegel, dépourvu de toute détermination, donc identique à l'être.

Je crois donc que le monde s'est auto-produit[1]. Mais alors l'auto-production devient un grand mystère. Elle nous évite la question paradoxale que l'on peut poser à toute explication par un Dieu créateur : qui donc a créé ce Créateur ? Mais elle nous pose une autre question paradoxale : comment un monde peut-il s'auto-créer *ex nihilo* ? Nous pouvons rétrocéder par l'esprit jusqu'au rayonnement issu de l'événement initial et concevoir un chaos génésique. Comme je le souligne dans *La Nature de la Nature*, le chaos est non pas seulement à l'origine, il est sous-jacent à notre monde qui

1. C'est dire que je poursuis l'idée spinoziste de la créativité immanente d'une Nature naturante, et l'idée hégélienne d'une auto-production de la nature qui entraîne l'auto-production du sujet.

est un *chaosmos.* Or l'explication par le chaos porte en elle l'inexplicabilité du chaos lui-même.

Ce qui s'est imposé à moi, tout au long du travail de *La Méthode,* ce sont les limites de l'entendement humain, les limites de la logique, les limites de la connaissance, la superficialité et la fragilité de la conscience. C'est l'en dessous et l'au-delà du concevable, l'en dessous et l'au-delà du pensable, où s'évanouissent les séparations de l'espace et du temps, où la matérialité se dissout, et où la réalité elle-même se décompose... Certes notre connaissance est inachevée, mais elle comporte en elle à jamais quelque chose d'inachevable[1].

Je suis conjointement arrivé à l'idée que le surgissement de contradictions et d'antinomies nous signale les profondeurs du réel. Celles-ci se révèlent là où nos instruments théoriques et logiques échouent, là où notre logique s'affole et se paralyse. La connaissance de la connaissance nous enseigne que nous ne connaissons qu'une mince pellicule de la réalité. La seule réalité qui nous soit connaissable est coproduite par l'esprit humain, avec l'aide de l'imaginaire. Le réel et l'imaginaire sont co-tissés et forment le complexus de nos êtres et de nos vies. La réalité humaine en elle-même est semi-imaginaire. La réalité est seulement humaine, et elle n'est que partiellement réelle.

Depuis *L'Homme et la Mort* (1951), *Le Cinéma et l'Homme imaginaire* (1956), jusqu'aux *Idées* (1991), j'ai

1. Cf. le paradoxe de Spencer-Brown, dans *The Laws of Form*: si le monde voulait se connaître, il aurait besoin de se distancier par rapport à lui-même et pour cela il susciterait un pédoncule dont l'extrémité s'éloignerait à distance suffisante pour le considérer. Mais au moment où cette extrémité, dotée d'un pouvoir cognitif autonome, se retourne sur le monde, elle est trop séparée de lui pour que le monde puisse se connaître lui-même, et le moment de la réussite est celui de l'échec.

toujours eu fortement la conscience de la réalité de l'imaginaire, des mythes et des dieux. Dans *Autocritique*, j'ai compris que le réel n'existe pas sans une injection d'imaginaire et de mythe, et que l'imaginaire est un ingrédient de la réalité. Puis j'ai découvert que la réalité physique perd sa substance dès qu'on l'observe au microscope électronique, que la particule est un être semi-fantomatique. J'ai donc été amené à complexifier et relativiser l'idée de réalité.

Ainsi que je l'ai écrit, il y a *brèche dans le réel, ouvrant une brèche dans l'intelligibilité, brèche dans la logique, inapte à se refermer démonstrativement sur elle-même ; par ces deux brèches s'effectue une hémorragie de ce qu'on continue à appeler le réel, qui suscite la ruine irréparable des fondements de la Connaissance. L'idée de fondement doit sombrer avec l'idée de dernière analyse, de cause ultime, d'explication première. La crise des fondements de la connaissance scientifique rejoint la crise des fondements de la connaissance philosophique, l'une et l'autre convergeant sur la crise ontologique du réel pour nous confronter au problème des problèmes, celui de la crise des fondements de la pensée*[1].

À la place des fondements perdus, il y a une « vase » (Popper) sur laquelle s'élèvent les pilotis du savoir scientifique, une « mer de boue sémantique » (Mugur-Schächter) à partir de quoi émerge le concevable... Ce que nous indique la physique : notre réel se dissout dans la bouillie subatomique. Le Temps et l'Espace n'occupent que l'aspect phénoménal du réel. Ce réel phénoménal, je ne l'ai jamais dévalué au profit d'un nirvana ; nos vies, nos amours, nos souffrances ont une réalité absolue. Je dois assumer la contradiction entre mes deux sentiments, celui de la faible réalité de la réalité et celui que cette faible

1. Cf. *La Méthode*, tome 3, *La Connaissance de la Connaissance*, Paris, Seuil, 1986, et « Points Essais », 1992, p. 14.

réalité est pourtant notre seule forte réalité, puisqu'en elle se trouvent nos amours, nos passions, nos souffrances. *Samsara et nirvana sont les deux faces opposées du même.* Le réel est mystère, mystère dans les deux sens : dans le premier sens, c'est l'inconnu/inconnaissable ; dans le second sens, c'est une cérémonie profane/sacrée où nos vies jouent et se jouent.

Mais qui sommes-nous, *homines sapientes-dementes* ? Nous sommes à l'extrémité d'une aile cosmique, poussés dans et par une aventure qui nous dépasse. Nous sommes possédés par les mythes, les dieux, les idées. Nous sommes des somnambules presque totaux. Notre pensée ne prend vie qu'à la température de sa propre destruction. Tout le secret du monde est en nous, mais nous l'ignorons et il nous est incompréhensible : c'est peut-être le mystère du mystère.

Les explications mythiques, religieuses et rationalistes nous occultent l'inexplicable qu'elles portent pourtant en elles. La science qui croit tout éclairer aveugle. Or la science véritable est celle qui arrive à la connaissance de l'ignorance. Pascal l'avait bien su : « Les sciences ont deux extrémités qui se touchent. La première est la pure ignorance naturelle, où se trouvent tous les hommes en naissant. L'autre extrémité est celle où arrivent les grandes âmes qui, ayant parcouru tout ce que les hommes peuvent savoir, trouvent qu'ils ne savent rien et se rencontrent en cette ignorance d'où ils étaient partis : mais c'est une ignorance savante, qui se connaît. »

Plus on va vers le connu, plus on va vers l'inconnaissable. La nouvelle connaissance conduit à la nouvelle ignorance. La compréhension conduit à l'incompréhensible. « Le savoir de l'ignorance conduit à l'ineffable » (Nicolas de Cuse).

La connaissance est la voie nécessaire pour arriver à

la docte ignorance, celle qui se connaît comme ignorance à partir de sa science, celle qui frémit aux frontières de l'indicible, de l'impensable et où l'invisible nous arrose alors de ses rayons.

Il nous faut l'explication pour arriver à l'inexplicable.

Jean de la Croix[1] a exprimé ces vérités dialogiques suprêmes dans *Entreme donde no supe* (Je suis entré où ne sais) :

Tout ce qu'il savait avant
Très bas lui semble maintenant
Et sa science augmente tant
Qu'il en demeure sans savoir
Toute science transcendant

Plus il monte haut
Moins il comprenait
Ce qu'est la nuée ténébreuse
Qui éclairait la nuit
Aussi celui qui le savait
Demeure toujours sans savoir
Toute science transcendant

Ce savoir en ne sachant pas
Est de si haut pouvoir
Que les savants argumentant
Jamais ne le peuvent vaincre
Car leur savoir ne parvient pas
À ne pas entendre entendant
Toute science transcendant

1. 1542-1591. Auteur de *La Nuit obscure, La Montée du Carmel, La Vive Flamme d'amour, Le Cantique spirituel.* Les extraits ci-dessous sont tirés de *Poésies complètes,* édition bilingue, traduction Bernard Sésé, José Corti, « Ibériques », 1991.

Et voici plus fortes que jamais, plus complémentaires que jamais dans leur antagonisme, mes quatre polarités : le doute, la foi, le mysticisme, la rationalité. Pascal est justement devenu le penseur de ma maturité parce qu'il porte en lui leurs complémentarités antagonistes, et que celles-ci ont produit justement la pensée des *Pensées*.

Pascal a conscience de l'impossibilité de la foi à se fonder en raison. Pascal a conscience des limites de la raison. Pascal sait que tout peut être mis en doute. Pascal a vécu une expérience mystique. Il a exercé pleinement la pensée rationnelle, y compris sous sa forme scientifique expérimentale. Mais il sait qu'il y a un au-delà de l'ordre de la raison et qui est celui de la charité. Il a, dans sa conception du Pari, intégré le doute et la raison dans la Foi.

Et moi, je suis rationnel, mais non parmi les rationalistes ; mystique, mais pas parmi les mystiques ; j'ai foi, mais non parmi les croyants en religion.

Je me veux défenseur et illustrateur de la rationalité. Bien qu'elle soit limitée, elle est fiable lorsqu'elle est ouverte et comporte son autocritique. À mes yeux, la rationalité, c'est le dialogue avec l'irrationalisable. J'essaie, je veux les faire dialoguer…

Je n'ai jamais chassé l'incertitude, même quand j'ai eu foi dans le salut terrestre. Mon hégéliano-marxisme comportait le risque philosophique et le pari. Puis j'ai toujours travaillé avec l'incertitude cognitive jusqu'à ce que celle-ci soit inhérente à ma conception de la complexité. J'ai intégré l'incertitude dans l'action (conception de la stratégie) et, surtout, j'ai reconnu l'inévitabilité du Pari dans l'éthique et la politique. Je retrouve l'incertitude originelle désormais au plus profond, là où elle s'enfonce dans l'indicible et l'inconcevable. Et c'est sur cet indicible que je peux disposer l'idée d'auto-fondation, d'auto-production du monde... Je peux édifier mon credo sur la vase, la boue et le mystère.

Mon mysticisme est non seulement dans le sentiment du mystère, mais aussi dans ma relation à ce qui fait la poésie de la vie, *un mode de vivre dans la participation, l'amour, la ferveur, la communion, l'exaltation, la fête, l'ivresse, la liesse et qui culmine en extase*[1]. Il est dans l'expérience de ce que Max Scheller appelle « la faculté de fusion avec le courant de vie universelle, qui rattache les uns aux autres les hommes en tant qu'unités vitales. C'est en effet une règle (dont les raisons profondes nous échappent) que l'actualisation de la faculté de fusion cosmique avec la nature extra-humaine s'accomplit indirectement, à la faveur de la fusion affective inter-humaine[2]. »

Enfin j'ai mis mon Pari dans l'éthique de l'amour et dans l'éthique de la fraternité. Je vis et pense dans le commerce entre ma foi et mon doute, le commerce entre ma raison et mes mythes. Dans le mouvement même où je lie l'humanisme des Lumières, le romantisme de la Nature, la conception scientifique de l'homme, de la terre et du cosmos, et l'espérance de la perdition, je retrouve mes quatre polarités : la rationalité, la foi, le doute, le mysticisme...

C'est cela le nœud de « ma » complexité, complexité qui m'a toujours travaillé, jusqu'à l'émergence de la pensée complexe. Mon absence d'*imprinting*, mon néo-marranisme, mes expériences de vie,

1. Cf. *Terre-Patrie*, *op. cit.*, p. 201-202.

2. Max Scheller, *Nature et Forme de la sympathie, Contribution à l'étude des lois de la vie émotionnelle* (1913), Paris, Payot, 1950, p. 164-166.

intellectuelle, politique et personnelle, tout cela m'a prédisposé et éduqué à nourrir ma propre complexité de pensée et à reconnaître et affronter la complexité de la vie et du monde. J'ai l'impression que mon sens de la complexité surgit quasi instinctivement de mon sens de la contradiction, de mon sens de l'incertitude, de mon sens du temps, des évolutions, de l'histoire, des événements, des accidents et bifurcations, de l'auto-observation, de mon sens de la multidimensionnalité, de ma répugnance aux manichéismes, et cela sur tous terrains, philosophique, scientifique, politique, et bien sûr de vie quotidienne...

La complexité n'est pas tout, n'est pas la totalité du réel, mais c'est ce qui peut le mieux à la fois s'ouvrir à l'intelligible et révéler l'inexplicable.

La part d'inexplicable se trouve dans mon propos même. E. voudrait que j'explique ici ma curiosité « polyphile » : mais comment expliquer cette curiosité ? Étant donné qu'elle est naturelle mais inhibée en chacun, j'explique seulement ce qui ne l'a pas inhibée en moi.

La pensée complexe ne tarit pas l'étonnement. Je vis dans l'étonnement. Mon étonnement n'est plus seulement enfantin – « Qu'est-ce que c'est ça ? », « Pourquoi elle roule l'automobile ? », « Pourquoi le soleil il brille ? » C'est aussi, et surtout, un étonnement de la conscience s'éveillant dans l'inconnu du connu et découvrant que plus évident est le connu, plus profond est son inconnu...

Tout m'étonne, toujours, de plus en plus. D'être là, de vivre, de mourir, de voir les têtes dans la rue de regarder ma chatte qui me regarde... Tout est incroyable.... Ma conscience s'étonne que je sois un être physique, une machine, un automate, un possédé, et elle s'étonne d'être consciente dans tant d'inconscience.

Comme est étrange l'être ange…

Je suis environné par le mystère. J'ai le sentiment de marcher dans les ténèbres, entouré par des galaxies de lucioles qui à la fois me cachent et me révèlent l'obscurité de la nuit

… d'elle toute origine vient
bien qu'elle soit de nuit[1]

ÉTHOS ET CREDO

Dans cette nuit, l'amour est mon mythe, mon credo, mon pari.

L'image sublime de la mère disparue a perdu sa chair, ses contours. Je ne sais même plus quel est le son de sa voix. Ma mère est devenue totalement mythe : en s'évanouissant, elle est devenue immense ; sa substance s'est répandue dans le monde, me laissant avec un trou noir au fond de l'âme. Et, dans la nuit, la Lune qui porte son nom, *Luna*, concentre en elle sa mort et sa vie.

Je suis chaque fois aimanté quand, dans la nuit, m'apparaît la pleine lune :

Luna ! Luna llena, luna llena
Tan oronda, tan redonda
En esta noche serena…
Yo te ve, clara Luna
Siempre pensativa y buena[2].

1. Jean de la Croix, *Aunque es de noche.*

2. Lune, lune pleine, lune pleine/ Si bombée et si ronde/ Dans cette nuit sereine/ Je te vois, claire lune/ Toujours pensive et bonne (Antonio Machado).

C'est la *casta diva* qu'invoque la Norma :

Costa diva, che inargenti
Queste sacre antichi piante
A noi volgi il bel semblante
Senza nube e senza vel[1].

Le trou noir de mes dix ans a suscité une force gravitationnelle inouïe. Je suis tellement troué que j'ai besoin d'être irrigué de toute part. Sœur, frère. Amour sublime. Amour besoin. Amour souffrance. Amour consumation. Amour guérisseur. Amour rédempteur. Amour transfigurant. Des visages de femmes portant un mystère immense m'ont donné le sentiment du divin, du sublime, ont appelé le culte, l'adoration... L'amour m'a donné la pleine combustion pour mon travail, il m'a guéri quand j'étais malade, sauvé quand j'étais perdu.

La constance de la dimension politique chez moi vient de ce que je me suis senti relié ombilicalement à la matrice commune. Sans vouloir m'abstraire de mes enracinements et de mes appartenances singulières, j'ai constamment voulu ne pas me laisser enfermer dans ma détermination particulière (intellectuel, juif, français, européen), de façon à me sentir relié au destin humain. La religion du communisme s'est développée sur ce lien. Et j'ai pu véritablement reconnaître les quatre composants de sa texture dans *Terre-Patrie*: la communauté d'origine terrestre, la communauté de nature humaine, la communauté de destin planétaire, la communauté de perdition terrestre.

1. Chaste déesse, qui argenté/ Ces antiques végétations sacrées/ Tourne vers nous ta belle apparence/ Sans nuages et sans voile.

Du coup, j'ai retrouvé ma perdition, mais elle n'est plus solitaire ; elle est devenue celle de l'humanité, orpheline du cosmos, enfant perdue de l'Univers. Le cosmos lui-même se disperse, va vers la désintégration. Mais j'ai en même temps retrouvé sinon la Mère, du moins la substance maternelle dans la Terre-Patrie. Je sais maintenant qu'il n'y a pas de fraternité sans maternité, et qu'il y a aussi besoin de paternité. Au nom de la Mère, du Frère et du Père, je suivrai ma voie où « le chemin se fait en marchant ». Mon marranisme est désormais assuré et mon pari est résolu. Je mènerai encore sous les ricanements mon engagement pour la culture qui relie et intègre, ainsi que mon application pour la réforme de pensée. Je continuerai à colporter l'Évangile de la perdition à l'usage des Terriens. Comme je l'écrivais dans *Arguments* dès 1959, je serai encore de ceux qui ont *toujours besoin de se sentir possédés par les démons qui nous font sortir un peu de nous-mêmes pour aimer, comprendre et essayer d'agir sur l'histoire humaine*[1]...

Je n'ai pas oublié les risques, incertitudes, contradictions. Ils sont dans mon viatique. Je sais que les temps de résistance vont continuer. Je sais qu'il faut sans cesse recommencer à zéro, que tout s'oublie, qu'un conformisme succède à un autre conformisme, qu'aucun acquis n'est acquis, que le monde est très malade, que l'aventure est inconnue, que s'il peut y avoir une terre sauvée, il n'y aura pas de terre soumise ni de terre promise.

« L'heure nouvelle est au moins très sévère » pour tous et pour moi-même. Je ne sais si je pourrai faire ma réforme de vie. Je ne sais si je pourrai fuir pour me retrouver... Il y a toute une partie du message du

1. « L'homme dans la relativité généralisée », *Arguments*, n° 16, deuxième trimestre 1959.

démon qui a conduit le vieux Tolstoï d'Iasnaïa Poliana à la gare d'Astapovo, et qui se trouve aussi dans *Siddharta* comme à la fin du *Jeu des perles de verre*, à laquelle je n'ai pas obéi…

La cruauté du monde

Le cosmos est né orphelin, sans Dieu-Père, ni même Mère qui l'aurait porté dans un utérus pré-cosmique, il a jailli d'une flatulence du vide primordial, il est né de pet inconnu. C'est l'orphelin craché par l'infini et projeté dans les séparations de l'espace et les séparations du temps.

Notre univers est catastrophique dès le départ. Depuis la déflagration formidable qui l'a fait naître, il est dominé par les forces de dislocations, de désintégrations, de collisions, d'explosions, de destruction. Il s'est constitué dans et par le génocide de l'antimatière par la matière, et son aventure terrifiante se poursuit dans des dévastations, carnages et dilapidations inouïs. L'issue est impitoyable. Tout mourra.

Dans ce désastre effroyable, sont apparues des faibles forces d'association et d'agrégation qui ont profité des rencontres innombrables au cours du tohu-bohu pour lier les particules en noyaux, puis astres et atomes. Mais les milliards de galaxies ne constituent que des minorités isolées et perdues dans un désordre et un vide incommensurables.

Né sur une minuscule planète au sein d'une violence extrême d'orages, éruptions et tremblements de terre, la vie, fruit d'associations entre myriades de macro-molécules, lutte cruellement contre la cruauté du monde et résiste avec cruauté à la cruauté de la vie. Tout vivant tue et mange du vivant. Les végétaux eux-mêmes se nourrissent des sels minéraux issus des résidus cadavériques. Tout cycle écologique de vie est en même temps un cycle de mort, ce cycle de mort est en même temps un cycle de solidarité, ce cycle de solidarité est en même temps un cycle de destruction. Les espèces luttent contre la mort, les unes, insectes et poissons, en multipliant leurs œufs, les autres, oiseaux et mammifères, en protégeant leur progéniture.

Sans ces forces faibles de résistance à la cruauté, il n'y aurait pas la vie. Sans ces forces faibles, il n'y aurait que désolation. Mais sans l'intégration de la cruauté par la vie, il n'y aurait pas de vie non plus. Les forces faibles d'association qui constituent la vie intègrent et combattent cette cruauté. Au sein de la cruauté du monde et assumant cette cruauté, les forces d'union, de communication, d'auto-éco-organisation de la vie, si faibles soient-elles, ont été capables de se répandre dans les océans, de s'étendre sur les continents, de s'élancer dans les airs. La vie est l'« unité cachée de la bonté et de la cruauté » qu'évoque Frank Herbert dans *Dune*.

La cruauté est constitutive de l'univers, elle est le prix à payer pour la grande solidarité de la biosphère, elle est inéliminable de la vie humaine. Nous sommes nés dans la cruauté du monde et de la vie, à quoi nous avons ajouté la cruauté de l'être humain et la cruauté de la société humaine. Les nouveau-nés naissent en hurlant de douleur. Les animaux dotés de systèmes nerveux souffrent, peut-être aussi les végétaux, mais ce sont les humains qui ont acquis les plus grandes aptitudes à la souffrance en acquérant les plus grandes aptitudes à la jouissance. La cruauté du monde est ressentie plus vivement et plus violemment par les créatures de chair, d'âme et d'esprit, qui peuvent souffrir à la fois de la souffrance charnelle, de la souffrance de l'âme et de la souffrance de l'esprit, et qui, par l'esprit, peuvent concevoir la cruauté du monde et s'en horrifier.

La cruauté dans les relations entre humains, individus, groupes, ethnies, religions, races est terrifiante. L'être humain contient en lui un grouillement de monstres, qu'il libère à toutes occasions favorables. La haine déferle pour un rien, un oubli, la chance d'autrui, une faveur dont on se croit privé. La haine abstraite pour une idée ou une religion se mue en haine concrète pour un individu ou un groupe ; la haine démente se déchaîne sur une erreur de perception ou d'interprétation. L'égoïsme, le mépris, l'indifférence, l'inattention aggravent partout et sans trêve la cruauté du monde humain. Et, dans les sous-sols des sociétés civilisées, on torture les animaux pour la boucherie ou l'expérimentation. L'excès de cruauté nourrit de lui-même par saturation l'indifférence et l'inattention, et du reste nul ne pourrait supporter de vivre s'il ne maintenait pas en lui un cal d'indifférence.

L'accroissement de la dépendance à l'argent, de l'indépendance par l'argent, et du pouvoir de l'argent généralise et amplifie les avidités impitoyables. La technique et la bureaucratie propagent une inhumanité glacée, mécanique, désintégrant par leurs quantifications les réalités vécues des êtres de chair, de sang et d'âme. La spécialisation et la compartimentation détruisent le sens de la responsabilité. Ainsi s'accroît la cruauté par indifférence, inattention et cécité.

Les seules résistances sont dans les forces de coopération, communication, compréhension, amitié, communauté, amour, à condition qu'elles soient accompagnées de perspicacité et d'intelligence, dont l'absence risque au contraire de favoriser les forces de cruauté... Elles sont toujours les plus faibles, mais c'est grâce à elles qu'il y a des sociétés vivables, des familles aimantes, des amitiés, des amours, des dévouements, des charités, des compassions, des élans du cœur, et que, de cahots en chaos, de chaos en cahots, le monde va, Caïn-caha, sans être ni totalement ni en permanence submergé par la barbarie. Ces vertus comportent elles-mêmes de la cruauté à l'égard de ce qui leur est extérieur, antagoniste ou simplement indifférent, mais c'est elles qui font la vie vivable, la mort non souhaitable ; ce sont elles qui, au niveau des humains, entretiennent ce qu'il y a de plus précieux, et qui est en même temps ce qui est le plus menacé et mortel, au premier chef l'amour.

Ce sont ces forces faibles qui nous permettent de croire à la vie, et c'est la vie qui nous permet de croire en ces forces faibles. Sans elles, il n'y aurait que l'horreur de la coercition pure, de la destruction de masse, de la désintégration généralisée. La pire cruauté du monde et le meilleur de la bonté du monde sont dans l'homme. Nous devons prendre conscience corrélativement de la perdition terrestre et de la cruauté du monde. Aussi l'évangile de la perdition comporte l'éthique de la solidarité qui est elle-même éthique de la résistance à l'immense cruauté du monde. La ligne de résistance se tient justement sur l'ourlet de l'horreur.

Nous devons résister à ce qui sépare, à ce qui désintègre, à ce qui éloigne, tout en sachant que la séparation, la désintégration, l'éloignement gagneront la partie. La résistance, c'est ce qui va à l'aide de ces forces faibles, c'est ce qui défend le fragile, le périssable, l'émergent, le beau, le vrai, l'âme. C'est ce qui peut faire une brèche dans le Plexiglas de l'indifférence, afin de sourire au sourire, consoler les pleurs,

Sourire, rire, blaguer, jouer, caresser, étreindre, c'est aussi résister.

Résister, résister d'abord à nous-mêmes, à notre indifférence et à notre inattention, à notre lassitude et à notre découragement, à nos vilaines pulsions et mesquines obsessions. Résister par/pour/avec amitié, charité, pitié, compassion, tendresse, bonté. La résistance à la cruauté du monde doit essayer de maintenir l'union dans la séparation, de lier ce qui est libre en le laissant libre, de susciter le repentir en accordant le pardon.

J'ai d'abord résisté au nazisme. Puis j'ai résisté au stalinisme. Puis je me suis efforcé de résister aux deux barbaries qui se sont unies dans ce siècle. Je crois que, spontanément ou volontairement, consciemment ou non, j'ai voulu résister à ce qu'il y a d'impitoyable dans la politique et dans les relations entre humains.

À la source de toutes ces résistances, je discerne aujourd'hui une résistance plus profonde, primordiale, à la cruauté du monde.

La poursuite de l'effort cosmique désespéré qui, chez l'humain, prend la forme d'une résistance à la cruauté du monde, c'est cela que j'appellerais espoir.

Table des matières

Du même auteur

LA MÉTHODE

La Nature de la Nature (t.1), Paris, Seuil, 1977, et « Points Essais », n° 123, 1981.
La Vie de la Vie (t.2), Paris, Seuil, 1980, et « Points Essais », n° 175, 1985.
La Connaissance de la Connaissance (t.3), Paris, Seuil, 1986, et « Points Essais », n° 236, 1992.
Les Idées. Leur habitat, leur vie, leurs mœurs, leur organisation (t.4), Paris, Seuil, 1991, et « Points Essais », n° 303, 1995.
L'Humanité de l'humanité. L'identité humaine (t.5), Paris, Seuil, 2001.
L'Éthique (t.6), Paris, Seuil, 2004, et « Points Essais », n° 508, 2006.
La Méthode, Paris, Seuil, « Opus », 2008.

COMPLEXUS

Science avec Conscience, Paris, Fayard, 1982, et Paris, Seuil, « Points Sciences », n° 64, 1990.
Sociologie, Paris, Fayard, 1984, et Paris, Seuil, « Points Essais », n° 276, 1994.
Arguments pour une Méthode. Autour d'Edgar Morin, Colloque de Cerisy, Paris, Seuil, 1990.
Introduction à la pensée complexe, Issy-les-Moulineaux, ESF éditeur, 1990, et Paris, Seuil, « Points Essais », n° 534, 2005.
La Complexité humaine, Paris, Flammarion, « Champs-L'Essentiel », n° 189, 1994.
L'Intelligence de la complexité (en collaboration avec Jean-Louis Le Moigne), Paris, L'Harmattan, 2000.

RÉFORME

La Tête bien faite, Paris, Seuil, 1999.

Relier les connaissances. Le défi du XXIe siècle, Journées thématiques conçues et animées par Edgar Morin, Paris, Seuil, 1999.

Les Sept Savoirs nécessaires à l'éducation du futur, Paris, Seuil, 2000.

Éduquer pour l'ère planétaire (en collaboration avec Raúl Motta et Émilio-Roger Ciurana), Balland, 2003.

ANTHROPOLOGIE FONDAMENTALE

L'Homme et la Mort, Paris, Corrêa, 1951, et Paris, Seuil, 1970, et « Points Essais », n° 77, 1977 (nouvelle édition).

Le Cinéma ou l'Homme imaginaire, Paris, Minuit, 1956.

Le Paradigme perdu : la nature humaine, Paris, Seuil, 1973, et « Points Essais », n° 109, 1979.

L'Unité de l'homme (en collaboration avec Massimo Piattelli-Palmarini), Paris, Seuil, 1974, et « Points Essais », 3 volumes, n°s 91-92-93, 1978.

Enfants du ciel. Entre vide, lumière, matière (avec Michel Cassé), Paris, Odile Jacob, 2003.

XXe SIÈCLE

L'An zéro de l'Allemagne, Paris, La Cité universelle, 1946.

Les Stars, Paris, Seuil, 1957, et « Points Essais », n° 34, 1972.

L'Esprit du temps, Paris, Grasset, (t.1) 1962, (t.2) 1976, et LGF, « Biblio-Essais », 1983 (nouvelle édition).

Commune en France : la métamorphose de Plozévet, Paris, Fayard, 1967, et LGF, « Biblio-Essais », 1984.

Mai 68 : la brèche (en collaboration avec Claude Lefort et Cornelius Castoriadis), Paris, Fayard, 1968, et Bruxelles, Complexe, 1988 (nouvelle édition suivie de *Vingt ans après*).

La Rumeur d'Orléans, Paris, Seuil, 1969, et « Points Essais », n° 143, 1982 (édition complétée avec *La Rumeur d'Amiens*).

Pour sortir du XXe siècle, Paris, Seuil, « Points Essais », n° 170, 1984, et édition augmentée d'une préface sous le titre *Pour entrer dans le XXIe siècle*, Paris, Seuil, « Points Essais », n° 518, 2004.

De la nature de l'URSS, Paris, Fayard, 1983.

Le Rose et le Noir, Paris, Galilée, 1984.

Penser l'Europe, Paris, Gallimard, 1987, et « Folio actuel », n° 20, 1990.

Un nouveau commencement (en collaboration avec Gianluca Bocchi et Mauro Ceruti), Paris, Seuil, 1991.

Terre-Patrie (en collaboration avec Anne Brigitte Kern), Paris, Seuil, 1993, et « Points », n° 207, 1996.

Les Fratricides. Yougoslavie-Bosnie 1991-1995, Paris, Arléa, 1996.

Le Destin de l'animal, Paris, L'Herne, « Carnets », 2008.

POLITIQUE

Introduction à une politique de l'homme, Paris, Seuil, 1965 et « Points Politique », n° 29, 1969 (nouvelle édition), « Points Essais », n° 381, 1999.

Pour une politique de civilisation (en collaboration avec Sami Naïr), Paris, Arléa, 1997, et « Arléa-poche », n° 76, 2002.

L'Affaire Bellounis (préface du témoignage de Chems Ed Din), La Tour-d'Aigues, Éditions de l'Aube, 1998.

La Violence du monde (avec Jean Baudrillard), Paris, Félin, 2003.

Culture et Barbarie européennes, Paris, Bayard, 2005.

Le Monde moderne et la question juive, Paris, Seuil, « Non conforme », 2006.

L'An I de l'ère écologique (suivi d'un dialogue avec Nicolas Hulot), Paris, Tallandier, « Histoires d'aujourd'hui », 2007.

Où va le monde ?, Paris, L'Herne, « Carnets », 2007.

Vers l'abîme ?, Paris, L'Herne, « Carnets », 2007.

VÉCU

Autocritique, Paris, Seuil, 1959, et « Points Politique », n° 283, 1994 (réédition avec nouvelle préface).

Le Vif du sujet, Paris, Seuil, 1969, et « Points Essais », n° 137, 1982.

Journal de Californie, Paris, Seuil, 1970, et « Points Essais », n° 151, 1983.

Journal d'un livre. Juillet 1980 - août 1981, Paris, InterÉditions, 1981.

Vidal et les siens (en collaboration avec Véronique Grappe-Nahoum et Haïm Vidal Séphiha), Paris, Seuil, 1989, et « Points », n° 300, 1996.

Une année Sisyphe. Journal de la fin du siècle, 1994, Paris, Seuil, 1995.

Pleurer, Aimer, Rire, Comprendre. 1er janvier 1995 - 31 janvier 1996, Paris, Arléa, 1996.

Amour, Poésie, Sagesse, Paris, Seuil, 1997, et « Points », n° 587, 1999.

TRANSCRIPTIONS DE L'ORAL

Planète, l'aventure inconnue (en collaboration avec Christoph Wulf), Paris, Mille et une nuits, 1997.

À propos des sept savoirs, Nantes, Pleins Feux, 2000.

Reliances, La Tour-d'Aigues, Éditions de l'Aube, 2000.

Itinérance (entretien avec Marie-Christine Navarro), Paris, Arléa, 2000, et « Arléa-poche », n° 98, 2006.

Nul ne connaît le jour qui naîtra (avec Edmond Blattchen), Bruxelles, Alice, 2000.

Dialogue sur la nature humaine (avec Boris Cyrulnik), La Tour-d'Aigues, Éditions de l'Aube, 2000, et « L'Aube poche essai », 2004.

Dialogue sur la connaissance. Entretiens avec des lycéens suivi de *Reliances*, La Tour-d'Aigues, Éditions de l'Aube, 2002, et « L'Aube poche essai », 2004.

DANS LA MÊME COLLECTION

AMSELLE, Jean-Loup, *L'Occident décroché*, 2008.
BAUSSANT, Michèle, *Pieds-noirs mémoires d'exils*, 2002.
BENSAÏD, Daniel, *Une lente impatience*, 2004.
BIRNBAUM, Jean, *Leur jeunesse et la nôtre*, 2005.
BONNAIN, Rolande, *L'Empire des masques*, 2001.
BOUJOT, Corinne, *Le Venin*, 2001.
BROUGÈRE, Gilles, *Jouets et compagnie*, 2003.
HEYMANN, Florence, *Le Crépuscule des lieux*, 2003.
JULLIEN, Vincent, *Sciences agents doubles*, 2002.
JULLIER, Laurent, *Hollywood et la difficulté d'aimer*, 2004.
KRACAUER, Siegfried, *L'Histoire – des avant-dernières choses*, 2006.
LAÉ, Jean-François, *L'Ogre du jugement*, 2001. *Les Nuits de la main courante*, 2008.
LAPIERRE, Nicole, *Pensons ailleurs*, 2004.
LEMONNIER, Pierre, *Le Sabbat des lucioles*, 2006.
LÖWY, Michael, *Franz Kafka rêveur insoumis*, 2004.
MESNARD, Philippe, *Témoignage en résistance*, 2007.
PLENEL, Edwy, *La Découverte du monde*, 2002.
QUESEMAND ZUCCA, Sylvie, *Je vous salis ma rue*, 2007.
ROBIN, Régine, *Berlin chantiers*, 2001. *La Mémoire saturée*, 2003.
SEGALEN, Martine, *Vie d'un musée, 1937-2005*, 2005.
STORA, Benjamin, *La Dernière Génération d'octobre*, 2003. *Les Trois Exils – Juifs d'Algérie*, 2006. *Les Guerres sans fin*, 2008.
TRAVERSO, Enzo, *À feu et à sang*, 2007.
VALENSI, Lucette, *Mardochée Naggiar*, 2008.
VARIKAS, Eleni, *Les Rebuts du monde*, 2007.
WARSCHAWSKI, Michel, *Sur la frontière*, 2002.

Pour l'éditeur, le principe est d'utiliser des papiers composés de fibres naturelles, renouvelables, recyclables et fabriquées à partir de bois issus de forêts qui adoptent un système d'aménagement durable.
En outre, l'éditeur attend de ses fournisseurs de papier qu'ils s'inscrivent dans une démarche de certification environnementale reconnue.

Ce volume a été composé
par IGS.-CP à L'Isle-d'Espagnac (Charente)
et achevé d'imprimer en septembre 2008
sur presse Cameron
dans les ateliers de Bussière
à Saint-Amand-Montrond (Cher)
pour le compte des Éditions Stock
31, rue de Fleurus, 75006 Paris

Imprimé en France

Dépôt légal : septembre 2008
N° d'édition : 01 – N° d'impression : 082471/1
54-07-6180/1